# 世界史の中のパレスチナ問題

臼杵 陽

講談社現代新書
2189

# はじめに

## パレスチナという土地をめぐる政治的紛争

二一世紀を迎えて一〇年以上が経過した現在、世界史ブームを迎えているといいます。今、なぜ人びとは世界史を求めているのでしょうか。おそらく世界がこれからどこへ向かうのか、先行きがよく見えてこないからでしょう。だからこそ、過去の歴史を巨視的に摑《つか》み、そして未来に向けて世界のあるべき姿を長期的な展望の下で大きな見取り図に描いてみたい、あるいはそのような見取り図がほしいという願望のあらわれであるかもしれません。一国単位の枠を超えて地球を一体として捉える「グローバル・ヒストリー」に熱い注目が集まっているのも同じような先行きの見えない現状を打開する策を見出すという切実な関心からなのでしょう。

現代世界を見渡してみるとまだまだ未解決の問題がたくさんあります。その中でももっとも深刻な様相を呈している民族紛争にパレスチナ問題があります。パレスチナ問題とはパレスチナという土地をめぐる政治的な紛争です。国際社会が解決を望み、紛争当事者も解決を望んでいるにもかかわらず、平和からは遠い状態にあります。イスラエル人の求める平和（シャローム）とパレスチナ人の願う平和（サラーム）がそんなにもかけ離れているのでしょうか。イスラエル人であれ、パレスチナ人であれ、それぞれの立場から「平和」を求めているはずです。にもかかわらず、解決の糸口さえ見出せていないのはなぜなのでしょう。アメリカ合衆国をはじめとする大国がこの問題を解決するために調停していますが、少しも和平交渉の進展はありません。

ただ、ここに至って二〇一二年一一月二九日に国連総会で、パレスチナが「オブザーバー国家」として承認されました。この日は一九四七年に国連パレスチナ分割案が採択されたのと同じ日でした。つまり、国連総会での分割決議から六五年目に当たるのです。しかし、アメリカやイスラエルといった紛争当事国あるいは関係国が認めていない以上、これ以上の和平交渉の進展は見込めないというのが現実です。

そこで本書は、二一世紀に入っても解決の糸口さえ見出せないこの難問を世界史という長期的・広域的な時空間のなかで位置づけ直して、いったいこのパレスチナ問題の根源はどこにあり、どのように展開し、そして現状はどうなっているのかを考えてみようという試みです。もちろん、そのような大それた試みが一冊の新書でなしうるとは思っていません。しかし、今、必要なことは、どうすれば解決するのかという視点からではなく、なぜこれまで解決できなかったのかという視点から根本的に考え直すことです。つまり、どのような解決の方向性がありうるのかを改めて考えるための素材を提供しようというのが本書のささやかな目標ということになります。

## ユダヤ民族が建設した「国民国家」

地球という単位でいえば猫の額ほどもない一神教の共通の聖地を抱えるこの小さな地域が、この一世紀以上にわたって世界政治問題の中心の一つになっています。最近ではパレスチナ／イスラエル紛争と呼ばれています。パレスチナの地にイスラエルというユダヤ人国家が建設され、そのためパレスチナの地から離散を余儀なくされたパレスチナ人の帰還の問題がパレスチナ問題の中心にあります。パレスチナ難民問題とその帰還権です。しかし、パレスチナ問題が数十年の単位では解決するのが難しいといわれるのは、ヨーロッパ社会で差別されてホロコーストという悲劇まで経験したユダヤ民族が新たな「国民国家」を建設したために、パレスチナ人という新しい犠牲者を生み出してきたという悪循環があるからです。そもそも、パレスチナ問題は近代の生み出した諸問題を抱え込んでいるので、とりわけ一九世紀以来の近代的な国民国家と国際政治のあり方を根底から問うているのです。

だからといって、一九世紀的な解決方法にしたがってパレスチナ人のためのパレスチナ独立国家を樹立すれば、この紛争が解決してパレスチナ問題もおのずから解消するのかといえば、少なくとも私はそれほど楽観的にはなれません。すでにパレスチナ民族国家が独立しさえすれば問題は解決して、どうにかなるといった事態ではなくなってしまっているからです。一九世紀以来、パレスチナ問題にはあまりにも多くの国際政治的な諸要因が複雑に絡み、そして政治的のみならず、経済的、宗教文化的な諸要因も加わって、その複合的な諸要因を解きほぐしようもないくらいに入れ子状の構造をもつ紛争になってしまっています。生半可な知恵を動員したところでどうにもならなくなっているのです。

二〇世紀終わりに米ソ冷戦が終焉して、アメリカの中東和平案に基づく和平交渉といったものも試みられてきました。冷戦終焉直後、一九九一年一〇月に父ブッシュ大統領の主導によるマドリード中東和平国際会議が開催され、さらに一九九三年九月にビル・クリントン大統領の仲介でイスラエルとパレスチナ解放機構（ＰＬＯ）とのあいだにオスロ合意（パレスチナ暫定自治に関する原則宣言）が締結されました。

このオスロ合意は今度こそ、和平への第一歩を踏み出したのだという期待を抱かせるに十分な、歴史的な意義をもつものでしたが、次第に合意の抱え込む問題が見えてきました。結局、オスロ合意に基づく和平交渉もうまくいかず、何度か起死回生の試みも行われましたが、シャロン政権成立後は事実上、棚上げされた状態になりました。

## 現状は「泥沼化」

パレスチナ問題は二一世紀に入ってから、かえって混迷の度合いを深めているといってもいいでしょう。この紛争に対して対症療法的な治療では完治することはむずかしいと誰もが感じています。しかし、かといって抜本的な治療法が見出されているわけでもありません。二〇〇三年三月のイラク戦争後、カルテット（米国・ロシア・EU・国連）と呼ばれる大国、地域統合組織、そして国際機関が、パレスチナ問題を解決するために「ロードマップ（行程表）」と称する新たな和平案を提出しましたが、この和平案もお蔵入りとなってしまってパレスチナ問題の解決には至らなかったのです。国際社会がいろいろと努力をしてもどうにもならない「泥沼化」といった現状があります。であれば、やはりこの紛争は構造的に深刻な問題をはらんでいると考えるしかありません。いわゆる「アラブの春」を経た現在、先行きがまったく見えません。短期的な視点から問題を見ていても、なぜ今の事態に至ってしまったのかわからないのです。

もちろん、米ソ冷戦終焉後、本来は公正な仲介者としてのアメリカがきちんとその役割を果たすべきにもかかわらず、これまで果たすことができなかったのはアメリカ国内政治とその外交政策決定過程における「イスラエル・ロビー」の影響が異常なくらい大きく、アメリカの国益を損なっていると指摘する衝撃的な研究も出版されました（J・ミアシャイマー、S・ウォルト著、副島隆彦訳『イスラエル・ロビーとアメリカの外交政策』講談社、二〇〇七年）。なぜアメリカのユダヤ人がアメリカ国内政治において、あるいはアメリカの中東外交において、その人口比率以上に強力な影響を及ぼしてきたのか、その歴史的な背景を考えざるをえません。となると、やはりヨーロッパ・キリスト教社会においてユダヤ人が被ってきた差別・迫害を世界史の中で改めて位置づけてみる必要があります。

## ヨーロッパ・キリスト教社会が生んだユダヤ人問題

だからこそ、本書はユダヤ人問題に端を発するパレスチナ問題の根源を歴史的にさかのぼって、その問題の核心はいったいどこにあるのかを探ることを目的としています。そこで、本書はパレスチナ問題と呼ばれる、パレスチナあるいはエレツ・イスラエル（イスラエルの地）という異なる名称をもつ同じ土地をめぐる紛争を、たんに政治的な問題あるいは宗教的な対立として捉えるのではなく、むしろ二一世紀の現在という地点から世界史的な文脈で改めて考えていかなければ、紛争の中心に横たわる本質は見えてこないという立場から議論していきます。

本書はこの紛争について大局的立場からの見方を提示するために、現代のパレスチナ問題に密接にかかわっている歴史の中の諸事件を段階ごとにいくつか取り上げて、あるいはこの紛争の世界史的な諸側面をいくつか切り抜いて、それぞれの時代相の中で現代に生きる立場から考えてみたいと思います。世界史の問題として考えるためには、どうしてもパレスチナ問題がなぜ解決できないかの中核となる問題を正面から取り上げざるをえません。それはユダヤ人問題です。パレスチナ問題はヨーロッパ・キリスト教社会が生み出したユダヤ人問題の帰結として生じたからです。

そもそも、歴史はイギリスの歴史家E・H・カーの指摘を俟《ま》つまでもなく、「現在と過去との間の尽きぬことを知らぬ対話」であり、すべて現在の視点から事実を選択して解釈したものともいえます（E・H・カー著、清水幾太郎訳『歴史とは何か』岩波新書、一九六二年）。本書もその意味ではユダヤ人問題に対する特定の立場からの解釈にならざるをえません。しかし、その立場性がじゅうぶんに自覚されていないと独善的な見方あるいは党派的な正当化になってしまいます。そのような立場の拘束性を自覚したとすると、どのような立場から世界史の中のパレスチナ問題という課題で見取り図を描けるのでしょうか。本書は、イスラエルとパレスチナ人の対立は、近現代史におけるユダヤ人問題の帰結として生じたパレスチナ問題の形成の中で作り上げられたという立場から記述されます。したがって、イスラエルとパレスチナ人の対立は、考古学や聖書学などの学知をも動員しつつ、古代の「物語」までも、その対立を固定化するために動員されてしまっており、だからこそ、その対立の根底に横たわる人為的な構図を理解しないかぎり、解決への処方箋は見えてこないという認識の上に立っています。はるか昔の話をしているとしても、それは現在の立場から再解釈された議論だということをつねに意識しています。もちろん、いろいろな立場の異なる解釈があることは当然のことであり、本書がとっている解釈が唯一正しいなどと主張するつもりは毛頭ありません。

私自身はアラビア語の世界からパレスチナ問題の研究に入りました。その後、エルサレムに留学して現代ヘブライ語も勉強しました。当事者として対立すると想定されているパレスチナ人とイスラエル人の両者の立場をすり合わせつつ、内在的に理解した上で、この問題の世界史における歴史的な構造を語っていくということができればと思っています。しかし、言うは易し、でなかなかむずかしい課題です。本書の目的はあくまで両者の対立を生み出した世界史的な構造を明らかにすることにあります。ナショナリズム的な排他性に基づく深刻な対立の存在とその対立に基づく認識上の亀裂をいったんは認めた上で、その対立の起源・生成を探究して、歴史的な展開を検証し、その現状を分析するという手法をとることになります。

**本書の構成**

本書は世界史という巨視的な場においてパレスチナ問題を考えるにあたって重要な事件を時代ごとに切り抜いて捉えるために、時間軸にそって三部構成で考えていきます。第一部「パレスチナという場所」では「パレスチナ問題の起源を探究する――中東政治の原型の形成」、第二部「列強の対立に翻弄されるユダヤ人とアラブ人」では「パレスチナ問題の展開を検証する――大国に翻弄される中東政治」、そして第三部「『アメリカの平和《パクス・アメリカーナ》』の終わりの始まり」では「パレスチナ問題の現状を分析する――中東政治でのアメリカ覇権の終焉」という三つの課題を考えます。探究・検証・分析という課題に基づく三大噺が、現代中東政治という観点から見てその形成・展開・現状というかたちで対応しているわけです。

第一部ではあくまで現代という時代状況を前提とした上で、世界史の中でパレスチナ問題の起源を考えるために三つの一神教の相互関係を検証します。まず、ユダヤ教徒がなぜヨーロッパ・キリスト教社会で迫害されてきたかという問題を、キリスト教とイスラームのユダヤ教への姿勢の違いから考えます。しかし、この場合もパレスチナ問題が決して宗教的な対立ではないということを検証するために、紛争の起源として前近代の一神教の相互関係のあり方を取り上げるのです。そして十字軍・レコンキスタ（再征服）・大航海時代を経て、オスマン帝国をめぐる東方問題で宗教がいかに国際政治における権力闘争の場で利用されつくされるかを考えます。

第二部ではパレスチナ問題がいかに国際紛争として欧米の大国に翻弄されてきたかという歴史を、一八八〇年代の帝国主義の時代から第二次世界大戦後までの約一世紀の時代を取り上げて検証します。パレスチナ問題がいまだに解決を見ないのは、国際政治と地域政治と国内政治の三層構造の中で相互にがんじがらめになっているからです。オスマン末期からその崩壊に至る旧秩序から新秩序が形成されるこの一世紀間のパレスチナ問題を、帝国主義の時代、英仏覇権の時代、米ソ覇権の時代に分類して考えることにします。

そして第三部では冷戦終焉後のアメリカ一極支配の到来が中東和平の試みの時代であると同時に、その失敗によってアメリカは中東での覇権を失っていきつつある、つまり「アメリカの平和《パクス・アメリカーナ》」の終わりの始まりという現状認識の下に現時点でのパレスチナ問題と中東和平プロセスについて考えていきます。

読者諸氏にあらかじめお断りしておきたいことは、本書はけっして通史ではないということです。先ほども触れましたように、本書は世界史の中のパレスチナ問題を考えるために、ある時代における事件を切り取って、時代の直面するテーマに沿ってその時代相を現代の視点から考えてみるということになります。したがって、第一部で扱うイエス処刑の問題は「イエス・キリスト殺し」のユダヤ人という宗教的な反ユダヤ主義が生まれる契機となる事件として取り上げますし、十字軍、レコンキスタ、そして大航海時代はその反ユダヤ主義が、「内なる敵」としてのユダヤ人への敵意から「外なる敵」のイスラーム教徒に向けられていく事件として議論されます。また、東方問題は十字軍的な精神の延長として、イスラーム世界であるオスマン帝国へのヨーロッパ列強の介入として考えます。東方問題は直接、現在のパレスチナ問題につながる歴史的事象であり、国際政治の要因と国内政治の要因が密接に絡み合って、国内政治が列強の代理戦争のような様相を呈するのです。

第二部で議論する帝国主義時代以降の一九世紀末から一九六七年の第三次中東戦争までの時期は、オスマン帝国末期から英米支配、そして中東におけるアメリカの覇権が確立する時期に相当しますが、第一部で取り上げた東方問題的なパターンが第一次世界大戦後の英仏の中東支配と中東域内の政治、そして第二次世界大戦後の米ソ冷戦とアメリカの反共封じ込め政策において繰り返されることになります。

さらに第三部では、第三次中東戦争以降、アメリカとイスラエルの同盟関係が強化され、また中東和平の模索が開始され、冷戦終焉を象徴する湾岸戦争を機にアメリカ一極支配が確立するとともに中東和平プロセスが開始され、九・一一事件以降、和平そのものが停滞してしまう同時代の事件を分析していくということになります。

それでは、これから一五回にわたる講義を始めたいと思います。本書で講義の形式をとって、話し言葉で進めていくのも、パレスチナ問題をより身近に感じていただきたいという思いからです。最後までお付き合いください。それではまず、パレスチナという場所の問題から考えていきたいと思います。

なお、本書で使用されているアラビア語や現代ヘブライ語の人名や地名には定冠詞「アル」や「ハ」が付くことが多いのですが、この両言語のカタカナでの表記にはさまざまな困難が伴いますので、必ずしも一貫した原則に基づいていないことをあらかじめお断りしておきます。

目次

中東地域の主権国家への分断／イギリスの「三枚舌」外交／大きな政治的禍根、バルフォア宣言／サイクス・ピコ秘密協定／達成されなかったアラブ統一国家独立の夢／バルフォア宣言をめぐる論争／ロイド＝ジョージ首相の反ユダヤ主義／「アラブ対ユダヤ」という新たな「民族」的対立／「ユダヤ人」か「それ以外の人びと」か／民族対立が固定化する〈場〉／委任統治は新たな「植民地支配」／ヨルダン川東西両岸／イラクという人工国家／アラブ人の反乱／アラブ側に宗教行政機関設立／ユダヤ教側にも首席ラビ庁設置／嘆きの壁事件で破綻した宗教を越えた共存／パレスチナ分割を提言したピール報告／事実上のバルフォア宣言破棄／ナチス占領下、ユダヤ人は避難先を失った

## 第8講　第二次世界大戦と国連パレスチナ分割決議案

イギリス、アラブ諸国との関係強化に／アラブ、ユダヤが出席するロンドン円卓会議の提案／イギリス省庁もパレスチナ分割案を撤回に／ロンドン円卓会議の決裂／「宥和政策」による「平和」崩壊／反英姿勢でアメリカに支援を求めたシオニスト／シオニストに同情的だったチャーチル／修正主義シオニストの反英武装闘争／労働シオニストと修正主義シオニストの対立／パレスチナのユダヤ社会、分裂の危機に

モフォビアという社会現象／「大国」はアメリカに歩調を合わせる／ビン・ラーディンの声明の世界的影響／イスラエル軍の議長軟禁、ハマース攻撃／アメリカ軍のイラク攻撃、フセイン政権崩壊／シャロン首相、「分離壁」の建設開始／ハマース圧倒的勝利／パレスチナ自治政府、事実上の分裂へ／ファイヤード首相のパレスチナ経済戦略／IMFはパレスチナ自治政府の財政改革を称賛／ガザの「トンネル経済」／イスラエル新政権の試金石、レバノン問題／イスラエル国防軍、ガザ軍事攻撃／トルコ、代表的イスラーム国家に

## 第14講 アラブ革命とパレスチナ問題の現状

民主化を求めた「アラブ革命」／「アラブの春」はアラブ世界では「イスラームの春」／ホブズボームが語るアラブ革命の「失敗」／一八四八年革命と「歴史なき民」／チュニジア青年の焼身自殺／長期的にはアラブ革命は「新市民革命」か／ヨーロッパ中心史観の克服が前提／ファタハとハマースの和解／パレスチナ住民のデモとシリア情勢／オバマ大統領が発言した国境線／パレスチナ国連加盟を求める申請書提出／国連総会でアメリカ拒否権発動／覇権国家アメリカの凋落／「イスラエル・ロビー」の存在／ユダヤ人国家への英米の対応の差／「特別な関係」がアメリカの否定的

# 第一部　パレスチナという場所

# 第1講　パレスチナという地域とその宗教と言語

## 「カナン」は約束の地

本講では中東地域の中のパレスチナの位置づけについて考えてみたいと思います。現在イスラエルという国家がある場所は、かつてパレスチナと呼ばれていたところです。アラブ人はローマ時代の呼称にしたがってアラビア語で「フィラスティーン（ペリシテ人の地）」と呼びました。ユダヤ教徒はヘブライ語の聖書の伝統にしたがって「エレツ・イスラエル（イスラエルの地）」と呼んでいます。

しかし、パレスチナという場所は歴史的には境界線で明確に区切られる地理的な範囲を指したものではありませんでした。もともと聖書にまつわる聖地エルサレムを中心とした漠然とした地域を指していました。『広辞苑第六版』の定義によれば（以下、特別に断らないかぎりは同じ辞典からの引用です）、「（ギリシア語の「ペリシテ人の地」から）西アジアの地中海南東岸の地方。カナンとも称し、聖書に見える物語の舞台」ということになります。「カナン」は同様に「聖書におけるパレスチナの称。神がアブラハムとその子孫に与えると約束した地。前一三世紀ごろ、イスラエルの民が定住」ということでパレスチナと同義になります。もちろん、古代ユダヤ王国があった場所でもありました。ローマ時代に一度、行政区としてパレスチナという名の地域が存在して以来、近代に至るまでパレスチナがはっきりとした国家名あるいは行政区としての名称をもったことはありませんでした。

## イスラエルと戦った民族

「歴史学の父」と讃えられるギリシアのヘロドトスは紀元前五世紀ころに書いた『歴史』の中で次のように述べています。「このフェニキア人は、彼ら自ら伝えるところによれば、古くは『紅海』辺に住んでいたが、その地からシリアに移り、シリアの海岸地帯に住むようになったという。シリアのこの地域およびエジプトに至るまでの一帯はパレスティナ（パライスティネ）と呼ばれている」（ヘロドトス『歴史』（下）、巻七、岩波文庫、一九七二年、六〇～六一頁)。つまり、パレスチナとはヘロドトスの時代から、現在のシリアの沿海地であるレバノンとエジプトの間の地域を漠然と指す名称として使われていたことがわかります。ペリシテ人の住む場所がギリシア語でパレスチナと呼ばれるようになったわけですが、ペリシテ人が「古代、前一三世紀頃エーゲ海方面より侵入し、パレスチナに住み、好戦的で、イスラエルの民を悩ませた民族」(『広辞苑第五版』)といった表現に示されているように、イスラエルの民が主体として記述されることが圧倒的に多いわけです。もちろん、『広辞苑第六版』では「イスラエルの民と戦った民族。パレスチナの語源となった」と書き改められることになります。

『広辞苑』の第五版から第六版での変更に典型的に現れているように、パレスチナという地域の歴史をイスラエルの民の歴史として聖書の記述だけに引きつけて理解するのは長い歴史の一部だけを切り取るということになり、それ以外の歴史的な事実をおろそかにすることになります。というのも、聖書にかかわるパレスチナの歴史以外は捨象されてしまうか、沈黙させられてしまう可能性があるからです。たとえば、イスラエルの民が来る以前のカナンの地はどうだったのか、第二神殿崩壊後からイスラーム勃興までのイスラエルの民の動き、さらにイスラーム勃興以来、パレスチナはどうなっていたのかといった問題が見えなくなり、イスラエルの民以外は実際にはほとんど語られなくなってしまうからです。

## 歴史的シリアの南部地域

パレスチナはオスマン帝国統治下に入って以来、歴史的シリアの南部地域と位置づけられてきました。歴史的シリアというのはビラード・アッ・シャーム（シャームの地）というアラビア語の地名を表しています。シャームというのはダマスクスという都市名も指しますが、同時に「シリア」全体をも指していますので「大シリア」とも呼ばれます。現在のシリア・アラブ共和国よりもずっと広い範囲を含んでおり、現在の国名でいえば、シリア、レバノン、ヨルダン、パレスチナ自治区、そしてイスラエルに相当する地域ということになります。第一次世界大戦後、シャームの地は主権国家群に分断されてしまったので、この表現は忘れ去られてしまっています。

しかし、パレスチナはこの用語法にしたがえば、大シリアの南部地域に相当するということになり、「南シリア」ということになります。このように現地にずっと住んでいる人びとの呼び方と、聖書的な理解でこの地域に向けられるまなざしでのパレスチナという呼び方にはおおきな隔たりがありました。パレスチナは聖地エルサレムがあるために一九世紀以来、欧米社会を中心に国際的に注目を浴びることになったのです。

## 中東の心臓部

一九世紀に入って、欧米キリスト教社会では「聖地マニア」というようなかたちでパレスチナへの関心が高まりました。巡礼地としてパレスチナが脚光を浴びるのは、蒸気船による地中海航路が開設されて大量かつ高速でヒト・モノ・カネが運搬されるようになってからです。欧米のキリスト教徒、とりわけアメリカのピューリタンにとってこの聖地は格別な意味をもっています。というのも、アメリカこそが「新しいイスラエル」だと考えていたからです。新しいイスラエルというのは、アメリカ人こそが神の御業を地上でなすために選ばれた現代の民族だということです。

したがって、新たな「約束の地」であるアメリカのキリスト者たちはこぞって元々の「約束の地」であるパレスチナに旅行してその記録を残しているのです。『トム・ソーヤの冒険』『ハックルベリー・フィンの冒険』で知られるマーク・トウェイン（一八三五～一九一〇年）の聖地巡礼記『イノセント・アブロード』（一八六九年）がその代表的なものです（第14講で触れます）。ともあれ、パレスチナは中東の心臓部にあるといってもいいでしょう。

これまで中東という地域名称を何の定義もせずに使ってきました。この中東という用語はヨーロッパから見た地域名称ですが、時代によってどこを指すかは異なっていました。

第一次世界大戦前の一九世紀にはパレスチナの位置する地域は近東と呼ばれていました。近東はオスマン帝国領を指すことが多かったからです。ヨーロッパの側からは伝統的にオスマン帝国のことは「トルコ」と呼び習わされていました。オスマン朝はイスラーム帝国ですので、統治の観点からはムスリムであるか否かが重要であって、民族は関係ありませんでした。したがって当時の「トルコ」という呼び方はヨーロッパの人びとが呼んだ他称ということになります。

同様に近東もヨーロッパ側からオスマン帝国領を漠然と指す用語でした。オスマン帝国の領土は小アジアのアナトリア地域を中心にヨーロッパ側のバルカン地域とアジア・北アフリカ側のアラブ地域(北アフリカ、アラビア半島を含む)から構成されていました。ヨーロッパ諸国がオスマン帝国領をめぐって争う外交問題は東方問題と呼ばれていましたが、その紛争の場が近東であったのです。

## 三つの一神教の聖地エルサレムを抱え込んでいた

パレスチナは三つの一神教の聖地エルサレムを抱え込んでいました。とりわけヨーロッパ諸国にとってエルサレムはキリスト教の聖地であっただけに、ヨーロッパのキリスト教徒はギリシア正教やカトリックなどの宗派の違いに沿って現地の同胞信徒を足場にしつつ、オスマン帝国の国内政治に介入してきたわけです。外交問題と内政問題が結びつくという、その後の中東の政治の原型といっていいような対外的要因が国内の代理戦争を生み出したのが東方問題といっていいのです。

一九世紀から二〇世紀初頭にかけてまだオスマン帝国が存在した時代には「近東」と「中東」ははっきり区別して使われていました。「近東」は先ほど指摘したように、東地中海地域を中心としたオスマン帝国領を指していましたが、「中東」はそれよりも東のアラブ湾(ペルシア湾)とイラン、アフガニスタンを指していました。というのも、この「中東」は南下政策をとるロシア帝国と、英領インドを領有する大英帝国とのあいだのグレートゲームと呼ばれる争いの場となった地域だったからです。

中東という地域名称はアメリカ海軍の戦略家アルフレッド・セイヤー・マハンが最初に使い始めた用語法です。マハンは日露戦争時の日本海海戦における帝国海軍連合艦隊参謀であった秋山真之の師としても知られています。

**アラブ連盟加盟国**

現在広く使用されている意味での中東は、西アジアから北アフリカを含む地域を指しています。言語文化的にはアラビア語圏(アラブ諸国)、トルコ語圏(トルコ共和国とソ連

**図1　中東諸国**

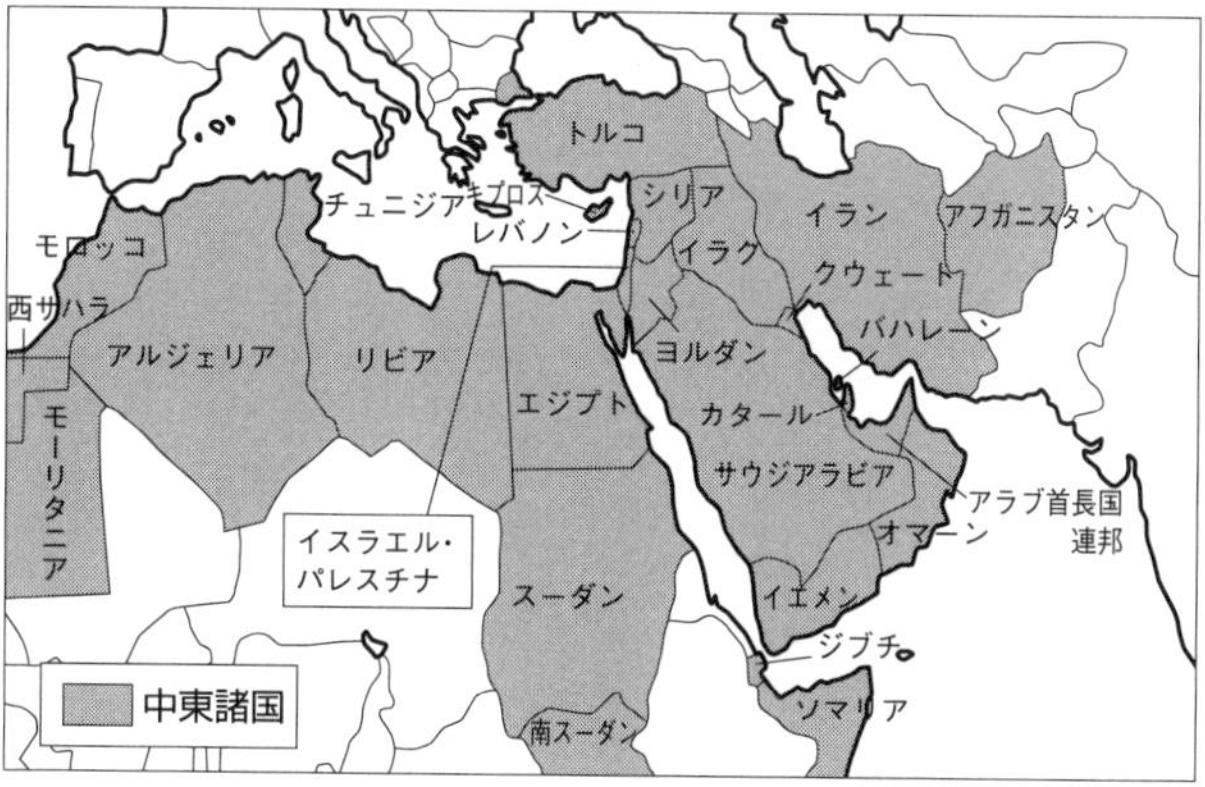


解体後の中央アジア・カフカースのチュルク語圏の国々)、ペルシア語圏(イラン、アフガニスタン)などの地域を含みますが、このような使用法は第二次世界大戦後に普及したものです。本書ではこの用語法を意味する場合は「中東」という言い方のみならず「現代中東」という表現も併用したいと思います。最近では中東・北アフリカ(MENA)という新しい表現もよく見かけるようになりましたが、ほぼ同じ範囲を示しています。

パレスチナは中東の中のアラビア語圏の西アジアと北アフリカの結節点に位置しています。現代中東地域の心臓部に相当するパレスチナにユダヤ人国家が建設されたのです。この現代中東におけるアラビア語圏を統合しようとする政治的組織としてアラブ連盟がありますが、このアラブ連盟は一九四五年に設立されました。

アラブ連盟はアラブの統一を目指す地域統合のための国際機関ですが、その原加盟国はエジプト（一九七九年三月、イスラエルとの平和条約締結を理由に加盟資格を停止されましたが、一九八九年五月に復帰しました）、シリア（二〇一一年一一月より資格停止）、イラク、ヨルダン、レバノン、サウジアラビア、イエメン（加盟時はイエメン王国）でした。そして追加加盟国として、一九五三年にリビア、五六年にスーダン、五八年にモロッコ、チュニジア、六一年にクウェート、六二年にアルジェリア、七一年にアラブ首長国連邦、バハレーン、カタール、オマーン、七三年にモーリタニア、七四年にソマリア、七六年にパレスチナ、七七年にジブチ、九三年にコモロが認められ、現在、二一ヵ国と一自治政府（パレスチナ）が加盟しています。

## イスラーム協力機構

アラブ連盟よりも大きな地域を包括してイスラーム諸国の政治的協力と連帯を目指す政治機構としてイスラーム協力機構（ＯＩＣ）があります（二〇一一年、イスラーム諸国会議機構を改称）。現在、加盟国はアラブ諸国を含む五七ヵ国、オブザーバーが五ヵ国・七組織（国連など）から構成されており、世界の約一五億人のムスリム（イスラーム教徒）の大部分を代表しています。ここで指摘しておきたいのは、パレスチナは歴史的にはアラブ世界に属しており、またイスラーム世界の重要な構成要素でもあるということです。パレスチナはイスラエルという国家が建設されたためにアラブ世界とイスラーム世界の人びとから政治的にずっと注視されているということです。

## スンナ派ムスリムが多数派

さて、パレスチナそのものに目を向けてみましょう。パレスチナ社会の多文化的性格を考えるために言語的・宗教的な少数派について概観してゆきたいと思います。シオニズム運動（第6講を参照して下さい）開始以前のパレスチナ人口の九〇％はスンナ（スンニー）派のムスリムでした。この圧倒的多数派であるスンナ派ムスリムは日常生活ではアラビア語を話していました。アラビア語はクルアーン（以前はコーランと表記されていました）に使われている言葉に基づく文語のフスハー（正則アラビア語）と、地域によって大きく異なる方言としてのアンミーヤ（方言）の口語アラビア語とに区別されます。しかし、いずれにせよ、アラビア語を話すスンナ派ムスリムがパレスチナの多数派を占めていたことには変わりありません。スンナ派ムスリムがパレスチナ社会の言語的・宗教的な多数派だとすると、その少数派は言語と宗教を基準にして分類することができます。

まず、第一のグループが、言語としてはアラビア語以外を話しているのですが、宗教的にはスンナ派ムスリムに属する人びとということになります。第二のグループはアラビア語を話しているが、宗教的にはスンナ派ムスリム以外に属している人びとです。そして第三のグループとしてはアラビア語以外を話し宗教的にはスンナ派ムスリム以外の人びとということになります。

### アラビア語を話しているユダヤ教徒

この分類方法は故アルバート・ホウラーニー（オックスフォード大学セント・アントニー校中東研究センター長）の著書『アラブ世界の少数派』（Albert H. Hourani, *Minorities in the Arab World*, London: Oxford University Press, 1947）に依拠したものです。表1「イスラエル建国前のアラブ世界におけるマイノリティ（少数派）」（三八頁参照）をごらんになっていただきたいのですが、この表は彼の分類に基づいています。細かい説明は抜きにしまして、ここで注目していただきたいのが、第二のグループBの中のⅢ「アラビア語を話しているユダヤ教徒」という人びとです。読者の中には不思議に思う方がいるかもしれません。アラビア語を話しているユダヤ教徒など存在するのか？　と。注意していただきたいのは、ここでは「ユダヤ教徒」と表現しており、「ユダヤ人」とは言っていない点です。この点はたいへん重要な論点ですので、ふたたび取り上げることになるかと思います。ただ、二一世紀に入った現在では、アラブ世界のユダヤ教徒は若干の例外を除き、もう存在していません。ユダヤ教徒のほとんどが一九四八年に新たに建国されたイスラエル国に移民してしまったからです。

だからこそ、ここでホウラーニーの少数派の分類を取り上げるのです。実は彼がイギリス外務省の委託を受けて、英外務省のシンクタンクである王立国際問題研究所（チャタムハウス）からこの小冊子を報告書というかたちで出版したのは、一九四八年にイスラエルが建国される直前の一九四七年であり、実際に報告書を書いたのは四五年前半だったからです。彼自身はマンチェスター生まれですが、父親はレバノン出身のギリシア正教徒だったそうです。アラブ世界の宗教的な少数派はキリスト教徒とユダヤ教徒です。

## 「ヘブライ語を話しているユダヤ教徒」に変身

ところが、イスラエルが建国されるとアラブ世界に住んでいたユダヤ教徒たちがイスラエルに移民してしまい、フランス領のマグレブ三国（モロッコ、チュニジア、アルジェリア）を除いて、アラブ世界からユダヤ教徒の社会がほぼ消滅してしまったのです。この事態はムスリムとユダヤ教徒の長い共存の時代が終わってしまうという文明論的な意味もあります。そして、ホウラーニーの分類に従えば、「アラビア語を話しているユダヤ教徒」

## 表1　イスラエル建国前のアラブ世界における マイノリティ（少数派）

**マジョリティ（多数派）　アラビア語使用＋スンナ派ムスリム**

---

**マイノリティ・グループA　非アラビア語使用＋スンナ派ムスリム**

①クルド系

②トルコメン系

③カフカース系（チェルケス、チェチェン）

---

**マイノリティ・グループB　アラビア語使用＋非スンナ派ムスリム**

**Ⅰ．非正統派ムスリム**

①シーア派ムスリム

②アラウィー派ムスリム

③ドルーズ派ムスリム

**Ⅱ．アラビア語を話しているキリスト教徒**

(1) ギリシア正教会

(2) 単性論派（モノフィジート）教会

①シリア正教会（ヤコブ派）

②コプト正教会

(3) ネストリウス派（アッシリア正教会）

(4) 合同（ユニエート）教会（東方典礼カトリック）

①マロン派カトリック教会

②ギリシア・カトリック教会

③コプト・カトリック教会

④シリア・カトリック教会

⑤カルデア・カトリック教会

(5) ローマ・カトリック教会

(6) プロテスタント諸派

**Ⅲ．アラビア語を話しているユダヤ教徒**

①ラビ派ユダヤ教徒

②カライ派ユダヤ教徒

③サマリア派ユダヤ教徒

**Ⅳ．その他**

①ヤズィーディ教徒（クルディスタン）
②マンダ（サービア）教徒（南イラク）
③シャバク教徒（クルディスタン）
④バハーイ教徒（イスラエル）

---

**マイノリティ・グループC　非アラビア語使用＋非スンナ派ムスリム**

(1) ペルシア語使用
①シーア派ムスリム
②バハーイ教徒
③ユダヤ教徒

(2) クルド語使用
①ヤズィーディ教徒
②シャバク教徒
③アラウィー派ムスリム
④シリア正教徒
⑤シリア・カトリック教徒
⑥ユダヤ教徒

(3) シリア語使用
①ネストリウス派キリスト教徒（アッシリア教会）
②カルデア・カトリック教徒
③シリア正教徒（ヤコブ派キリスト教徒）
④シリア・カトリック教徒

(4) アルメニア語使用
①アルメニア正教徒（グレゴリオ派）〈単性論派〉
②アルメニア・カトリック教徒
③アルメニア・プロテスタント教会

(5) ヘブライ語使用ユダヤ教徒（委任統治領パレスチナ）

(6) ヨーロッパ系諸語使用ユダヤ教徒（イディッシュ語、スペイン語、イタリア語等）

（出典：Albert H. Hourani, *Minorities in the Arab World*, London: Oxford U. P., 1947, pp. 1–2）

**図2　イスラエル建国後のアラブ諸国からのユダヤ教徒移民**

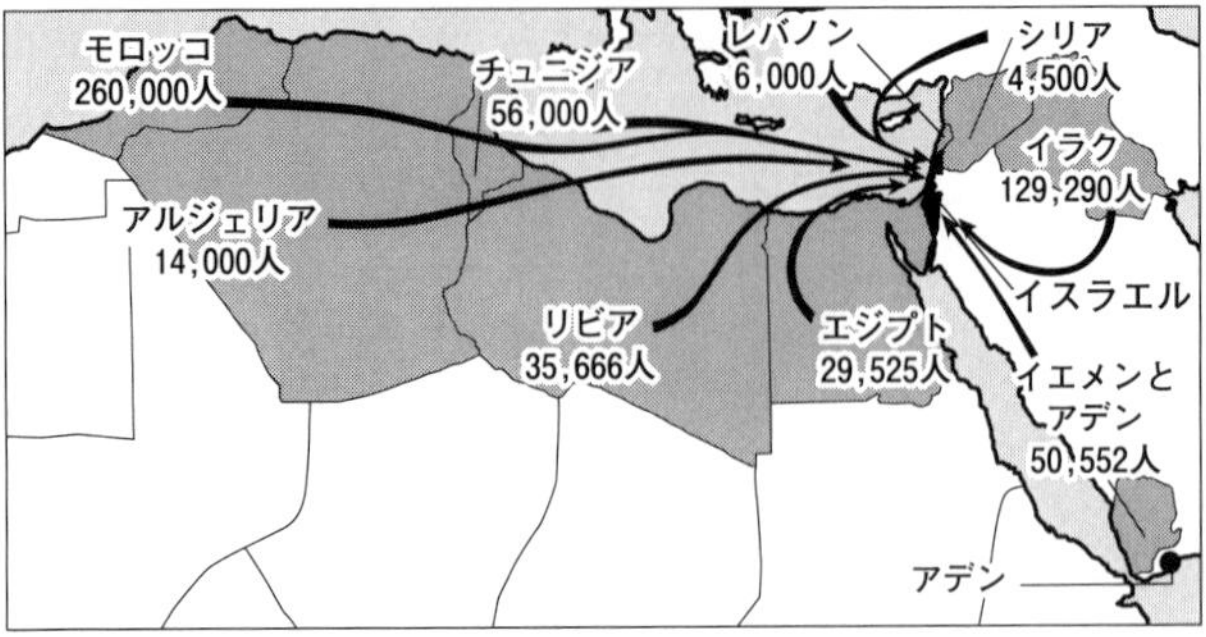


はイスラエル移民後、イスラエル国民として「ヘブライ語を話しているユダヤ教徒」に「変身」してしまうのです。「アラビア語を話しているユダヤ教徒」がアラブ・イスラエル紛争の渦中においてアラブとイスラエルの対立を自明のこととして捉えてしまう状況の中で、イスラエルという国民国家の一員として立ち現れてくるわけですので、現時点でのわれわれの常識からすれば「アラビア語を話しているユダヤ教徒」という表現に違和感をもってしまうのも仕方がないということになります（図2参照）。

しかし、「アラビア語を話しているユダヤ教徒」という表現は、パレスチナ問題の本質を考える上でとても重要ですので繰り返し述べておきたいと思います。というのも、「はじめに」で指摘しましたように、アラブとイスラエルの「民族」的な対立を自明のものとして考えてしまう傾向があるからです。「アラビア語を話しているユダヤ教徒」が存在したということは、この「民族」的な対立がけっして「二〇〇〇年来の宿命の対立」などの聖書時代以来のものではなく、アラブ人やユダヤ人という「民族」意識が近代になってナショナリズムのイデオロギーのおかげで形成されたためなのです。もちろん、ここで強調しておきたいことは、このような民族意識を議論する際に重要な点は、本人たちにとっては有史以来連綿として「血縁関係」であるかのように続いているものだという同胞的な感情に支えられているということです。民族という自意識がフィクションであるなどと主張しているわけではありません。むしろ、民族問題の解決がむずかしいのはこのような民族という自意識が強固なものとして存在しているためなのです。

## アラビア語を話しているキリスト教徒

さて、「アラビア語を話しているユダヤ教徒」がイスラエル国家建設の問題とつながったということを簡単に述べましたが、同時に「アラビア語を話しているキリスト教徒」の存在にも注目しなければなりません。私たち日本人の根強い偏見としてアラブ人といえばみんなムスリムであると思ってしまう傾向があるからです。けっして民族としてのアラブ人はムスリムだけではありません。ユダヤ教徒も含まれますし、キリスト教徒も含まれます。といいますのも、アラブ人というのは「アラビア語を話し、アラビア語に基づく文化的伝統を共有するもの」といったくらいの定義だからです。一九世紀に生み出された言語的なナショナリズムのおかげです。

日本が明治維新以降、中央集権国家を建設する過程において、それまで本居宣長の国学などの長い伝統の中で育んできた「日本人」という考え方を上からの教育で確固たるものとして確立していったことと同じです。

「アラビア語を話しているユダヤ教徒」として、現代世界の圧倒的多数を占めるラビ派ユダヤ教からは「ユダヤ教徒」とは認められてはいませんが、新約聖書ではサマリア人《びと》として登場するサマリア派ユダヤ教徒がごく少数ですが現存しています。ヨルダン川西岸のナーブルスという町の近くにある聖地ジャリズィーム（ゲリジム）山近くの村に現在でも住んでいます。

私自身もこの人びとの過越祭のときにその村を訪問したことがあります。この人びとはトーラー（旧約聖書の初めの五書）の伝統のみを重んじるユダヤ教徒の一派ということになります。

また、「アラビア語を話しているキリスト教徒」には、多くの宗派が存在しています。一般的には、ヨーロッパ中心的な視点からではありますが「東方諸教会」と括られることが多いようです。そもそも、キリスト教の諸教会の一部を、東方正教会を含めて「東方」

に押し込めることで、ローマ・カトリック（ラテン）教会的な「西方」を正統化するという操作が加えられている用語法ではあります。しかし、東方諸教会には、カトリック教会が五世紀のエフェソス公会議やカルケドン公会議を通じて異端として排除してきた「向こう岸」からの歴史として、カトリック教会と並行して発展してきた長い歴史があるのです。そのような東方諸教会の伝統の中でイスラームも生まれたのです。

## ギリシア正教徒

東方諸教会の中でもっとも重要な宗派はギリシア正教ということになります。一一世紀にカトリック教会と対立して分離独立したいわゆる「東方正教会」です。この人たちは自らアラビア語で「ルーム・オルトドクス」つまり「ローマ正教」と呼んでいるところにその特徴があります。この場合の「ルーム」（＝ローマ）」とは東ローマ帝国（ビザンツ帝国）のことで、ビザンツ帝国の流れを汲んでいることがこの名称から明らかです。

もちろん、エルサレムの正教総主教などはギリシア人ですが、一般信徒はアラブ人でアラビア語を母語とする人びとです。エルサレム旧市街には正教会の総主教座があります。正教会はカトリック教会と同様に、父なる神、子なるキリスト、聖霊はそれぞれのペルソナ（位格）を示したもので、この三つは一つだという三位一体説を信じています。

## ネストリウス派キリスト教徒

「アラビア語を話しているキリスト教徒」のグループとして次に挙げなければならないのは、ネストリウス派キリスト教徒です。アッシリア正教会とも言われています。カトリック教会によって四三一年のエフェソス公会議で異端として排斥され、東方に布教していきます。むしろ日本のわれわれには世界史の教科書にも登場する「大秦景教流行中国碑」で知られる「景教」の名前の方が、親近感がわくかもしれません。パレスチナでは少数ですが、エルサレム旧市街にある聖墳墓教会には礼拝場所を持っています。このネストリウス派のキリスト教徒は、キリスト性格論争ではイエス・キリストの人性と神性とを区別しなければならないという立場です。したがって、イエスは人の子として生まれてきたと考えており、マリアが「神の母」であることは否定します。アッシリア正教会は後にイスラームが成立するときに、神と人との関係という点から影響を与えたとも言われています。

「アラビア語を話しているキリスト教徒」の三番目は単性論派キリスト教徒です。モノフィジートとも呼ばれます。この諸教会は四五一年のカルケドン公会議においてカトリックから異端とされました。この流れに属しているのが、シリア正教会、アルメニア正教会、コプト正教会、エチオピア正教会などで、その名の会議で異端とされたので「非カルケドン派」とも呼ばれています。キリストの人性と神性をめぐるキリスト性格論争での対立では、ネストリウス派と違って位格としては一つであると主張した人びとです。

パレスチナに関して言えば、エルサレム旧市街にはアルメニア教徒地区があります。ここには聖ヤコブ教会および修道院があり、またアルメニア教徒たちの居住区もあります。一九世紀末から二〇世紀初頭にかけて、また第一次世界大戦頃にオスマン帝国領で起こった大虐殺から逃れてきたアルメニア教徒もいます。アルメニア教徒は、宗教的にはキリスト教徒であり、言語的にもアルメニア語であるという点で、言語と宗教が一致した民族集団であるということができます。もちろん、アルメニア人の中には次に述べるユニエート教会あるいはプロテスタントに改宗したアルメニア・カトリック教徒あるいはアルメニア・プロテスタント教徒もいます。

### ユニエート教会の信徒はローマ・カトリック教徒

「アラビア語を話しているキリスト教徒」の四番目は、ユニエート教会です。ユニエートというのは「一つになる」という意味ですが、何と一つになるのかというとローマ・カトリック(ラテン)教会と一つになるということです。つまり、彼らはローマ教皇の権威を認めますが、日々の典礼は独自のものを保っています。したがって、「合同教会」とか

「帰一教会」とか、場合によっては「東方典礼カトリック教会」などと訳すこともあります。この教会に属する人びとは元々東方諸教会に属していたために、その教会の名前としては元の教会名に「カトリック」を付けて呼ばれています。たとえば、ギリシア正教会から改宗した人びとは「ギリシア・カトリック教徒」と呼ばれています。「メルキット派」とも呼ばれます。また、ネストリウス派からのユニエート教会の信徒には「カルデア・カトリック教徒」があります。マロン派キリスト教徒もユニエート教会に属しますが、パレスチナでは北部に少数いるだけで、圧倒的多数はレバノンに居住しています。いずれにせよ、教会としてはカトリック教会との境目は厳密ではありません。

五番目は、これまで何度も言及しているローマ・カトリック（ラテン）教徒です。カトリック教徒は十字軍以来イスラームとの対立の歴史があるため、パレスチナのアラブ人の間にはそれほど多くありませんが、フランチェスコ修道会やドミニコ修道会など修道院というかたちでずっとパレスチナの地において活動していました。エルサレム旧市街にはカトリック教会のエルサレム総主教座がありますし、その近くの旧市街の城壁には一九世紀末にドイツ皇帝ヴィルヘルム二世がエルサレム訪問時に旧市街の城壁に穿《うが》った「新門」と呼ばれる出入り口がありますが、道路を隔てた正面には「ノートルダム・エルサレム・センター」というカトリック教徒のエルサレム巡礼者のための大きな宿泊施設があります。

## プロテスタント諸派

六番目はプロテスタント諸派です。プロテスタントの各派はパレスチナ社会では新参者です。アングリカン（英国国教会、聖公会）、ルター派、クウェーカーなどの宗派が存在します。このプロテスタント諸派は一九世紀以降、ユダヤ教徒やムスリムへの布教活動のためにパレスチナにやって来た新しいキリスト教会ですので、カトリックや正教会、アッシリア、コプト、シリア諸教会のように聖墳墓教会の中に礼拝所をもっていません。

最後に、「アラビア語を話しているスンナ派ムスリム以外」の中のドルーズ派ムスリムとチェルケス人について触れておきたいと思います。ドルーズ派の人びとは、自称としてはムワッヒドゥーン（一神教徒）と呼んでいます。シーア派イスラームからさらに分岐してできた宗派ですが、断食がないとか、メッカに向かって礼拝しないということでスンナ派ムスリムの中にはドルーズ派をムスリムとは認めないという人もいます。それはともかく、やはりイスラームの一派であることは間違いありません。そしてパレスチナ社会では北部に多く住んでおり、ハイファ周辺のカルメル山に沿ってたくさんのドルーズ派の村がありますす。ダーリヤト・アル・カルメルというドルーズの町は「アラブ」的なエキゾティシズムが味わえるということでユダヤ系イスラエル人にも人気のある観光スポットです。

現在のドルーズ派の人びとはイスラエル国籍を取得しており、その多くがイスラエル国防軍に徴兵の義務を負っています（宇野昌樹『イスラーム・ドルーズ派―イスラーム少数派からみた中東社会』第三書館、一九九六年）。

チェルケス人は、英語の表現でコーカサス人と言った方が分かりやすい方もいるかもしれません。一九世紀末にマッカ、マディーナ（メッカ、メディナ）巡礼のためのヒジャーズ鉄道建設の守備兵としてオスマン帝国から派遣されてきて、そのまま鉄道沿線の町々に住み着いたムスリムです。ヨルダンの首都アンマンの礎《いしずえ》を築いたのもチェルケス人です。イスラーム史においてはマムルーク（軍人奴隷）として知られ、諸王朝も築いています。現在のイスラエルにはチェルケスの村は二つしかありませんが、彼らもドルーズ派の人びとと同じくイスラエル国防軍に対して兵役の義務を負っています。

## 「モザイク」のような多文化・多民族社会

このように宗教と言語を基準にして少数派を説明していくと、パレスチナを含むアラブ世界の宗教・宗派は非常に複雑だという印象をもつかもしれません。このモザイクのような複合的な社会が存続してきたのは歴史的にイスラームが他宗教・宗派に対して寛容だったことに由来すると言えます。というのも、イスラームでは宗教共同体レベルで納税さえすれば共同体の自治が認められてきたという長い歴史があるからです。だからこそ「モザイク」のような多文化・多民族社会が出来上がってしまったのです。

逆に、一九世紀以降、近代欧米世界を席巻した「国民国家」という政治システムの下での国民形成が非常に難しかったという負の歴史をイスラーム社会は背負うことにもなりました。フランス革命以降、ヨーロッパを中心に広がった国民国家の下の国民は納税と徴兵の義務を負う見返りとして選挙を通じて政治参加が保証され、政治信条を自由にもち、意見を自由に語ったり、表現したりすることができるという政治的諸権利を獲得してきました。しかし、このような自由と民主主義はアラブ世界では十分に成熟したとはまだ言えません。もちろん、「アラブの春」といわれる事態が大きくアラブ社会を変えつつあることは言うまでもないことです。

もし複雑な社会構成をもつアラブ社会を上から統合して、画一化の方向にもっていこうとしたら、強圧的な手段を使わざるを得なくなるわけです。このことがしばしば独立直後に少数派の弾圧、あるいは場合によっては政府レベルによる大量虐殺につながってしまうことになります。これは多民族・多宗派国家の悲劇ではありますが、国民国家モデルではけっして問題の解決につながらないことを意味します。その典型例がイラクという国家でしょう。イラクは第一次世界大戦後、北部と南部の油田を一つの国家に組み入れるためにイギリスが強引に国境線を引いてしまって成立した国家です。したがって、北部にはスンナ派クルド人、中部にはスンナ派アラブ人、そして南部にはシーア派アラブ人が居住するといったように、異なった民族と宗教・宗派の集団によって構成されているため、近代的国民国家として国民統合を行うことがとても困難な状況にあります。

## エルサレム問題の重要性

したがって、エルサレム問題が国民国家モデルを超えるための試金石として、たいへん重要な意味をもちます。すでに述べたように、エルサレムは三つのセム的一神教（セム語を起源とする啓典をもつユダヤ教・キリスト教・イスラーム）の共通の聖地です（図3参照）。ユダヤ教の聖地「嘆きの壁（＝西壁）」は、イスラームの聖地アル・ハラム・アッ・シャリーフ（アラビア語で「聖域」の意。以下、ハラム・シャリーフ）の西壁にあり、ムスリムは西壁を「ブラーク（預言者が夜の旅の際に乗った天馬）」と呼んでいます。ユダヤ教の聖地「嘆きの壁」はかつての「神殿の丘」（モリヤの丘）の西壁に相当し、ユダヤ教徒の礼拝場所になっています。この名称は一九世紀にヨーロッパからの旅行者が、礼拝するユダヤ教徒の姿が嘆き悲しんでいるように見えたためにそのように呼ばれ始めたものです。ユダヤ教徒自身は「西壁」と呼んでいます。

## 図3　エルサレム旧市街

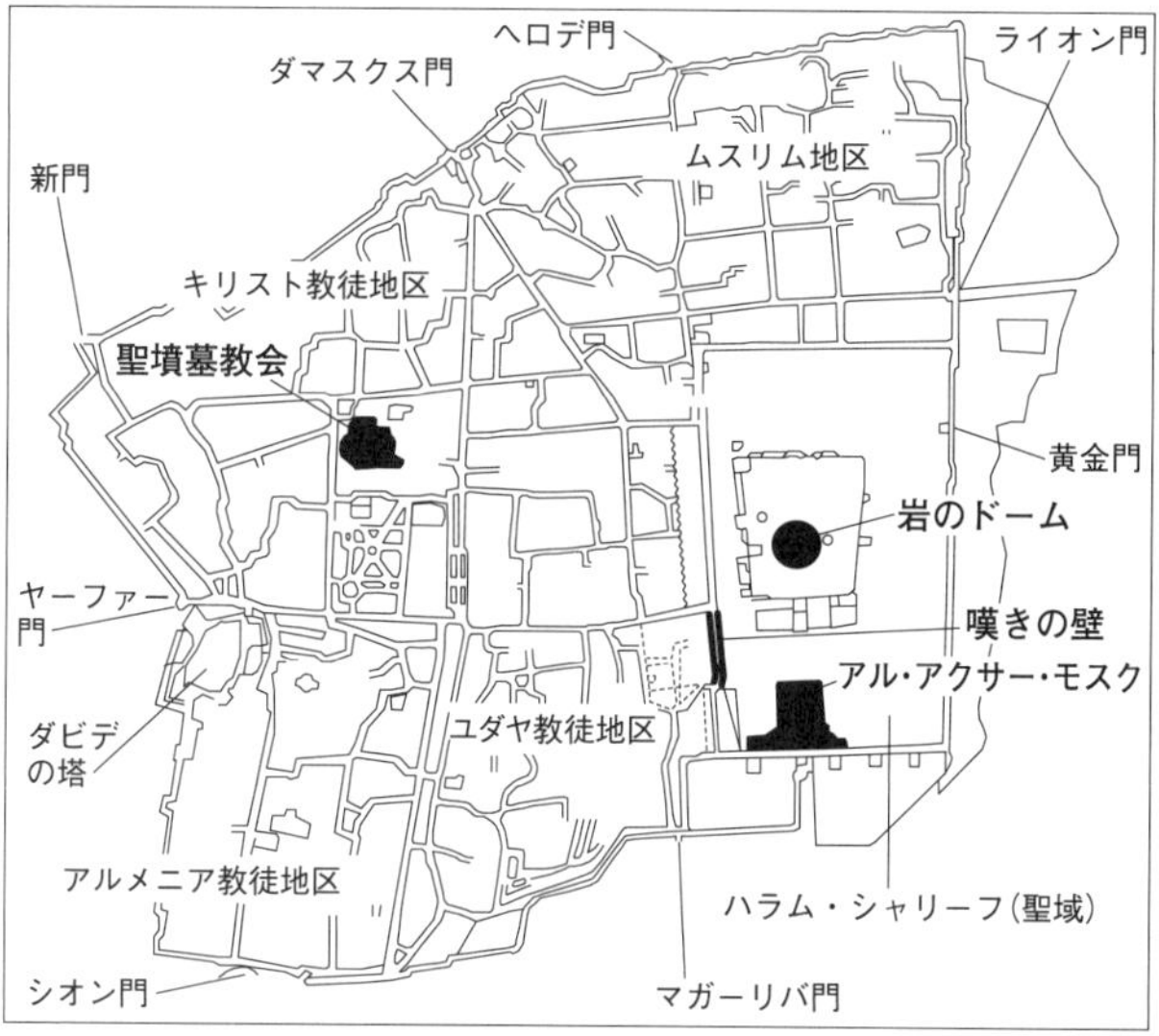


　他方、イスラームの聖地はハラム・シャリーフで、この聖域には岩のドーム（ウマル・モスク）とアル・アクサー・モスクがあります。とりわけ、アル・アクサー・モスクはクルアーン（コーラン）の中に「遠隔地の礼拝堂」として登場し、預言者ムハンマドが夢の中で「夜の旅（イスラー）」を行い、岩のドームから「昇天（ミウラージュ）」してアッラーとまみえたと伝えられる場所でもあります。

　キリスト教の聖地はエルサレム旧市街にある聖墳墓教会です。ここはイエスが十字架刑に処せられた場所といわれています。聖墳墓教会までの道筋はイエスが十字架を背負って歩いたとされるヴィア・ドロローサ（悲しみの道）でつながっており、エルサレム巡礼に訪れたキリスト者はイエスの苦難を追体験するためにイエスと同じように十字架を背負ってライオン門付近から聖墳墓教会まで歩きます。悲しみの道はエルサレム旧市街のムスリム地区からキリスト教徒地区にあります。パレスチナのキリスト教徒はムスリムと共闘して侵略者と戦ってきた歴史をもっています。

エルサレム旧市街はムスリム地区、キリスト教徒地区、アルメニア教徒地区、ユダヤ教徒地区に分けることができますが、この棲み分け自体は一九世紀のヨーロッパからの旅行者が呼び始めた区分であり、四つの街区が画然としてあるわけではありません（五一頁図3参照）。しかし、一九六七年の第三次中東戦争でイスラエルが旧市街を占領してしまうと、ユダヤ教徒地区は事実上、ほかの地区とは切り離されてしまったというのが現状です。

# 第2講　ユダヤ教から見たキリスト教と反ユダヤ主義の起源

## 「宗教」がどのように政治的に動員されるか

本講では、アブラハム的一神教あるいはセム的一神教と呼ばれる三つの一神教であるユダヤ教、キリスト教、そしてイスラームの相互関係について述べます。ここでいう一神教とは「唯一の神的存在者だけを認めてこれを信仰する宗教」ということになり、宗教というのは「神または何らかの超越的絶対者、あるいは卑俗なものから分離され禁忌された神聖なものに関する信仰・行事。また、それらの連関的体系。帰依者は精神的共同社会（教団）を営む」という意味に解しておきます。

一神教の相互関係を考えるのはあくまで現代的な文脈で「宗教」が果たす役割を考える

ためです。とりわけ、反ユダヤ主義《アンティ・セミティズム》という近代ヨーロッパ・キリスト教社会の生み出した最悪の差別思想の起源とその位置づけを探るために三つの一神教の関係を考えます。アブラハム的一神教やセム的一神教という表現は「旧約聖書」の内容に基づいて、始祖アブラハムに始まるユダヤ教に端を発して、共通の聖書を共有する一神教という意味で使われています。このように一神教の起源を聖書から述べてしまうと、しばしばパレスチナ問題、アラブ・イスラエル紛争、あるいはパレスチナ／イスラエル紛争といった問題は宗教的な争いとして理解されてしまうことになります。

しかし、そのような理解の仕方はパレスチナ問題の本質を見誤ることになります。むしろ本講で三つの一神教の相互関係をわざわざ説明するのは、三つの一神教は必ずしも紛争の根源というものではなく、現在の紛争が領土をめぐる政治問題であることを明らかにするためです。ただ、ここで「宗教」が問題にされるのは、政治問題をそれぞれの宗教の「共同社会（教団）」の立場から正当化する傾向があるからです。

パレスチナ問題の核心は実は「宗教」が「共同社会」によってどのように政治的に動員されるかというところにあるのです。ということで、本講では宗教と政治の関係を検討します。

## ユダヤ教徒とエルサレム

さて、エルサレムはこの三つの一神教の共通の聖地だといわれています。前講のエルサレム問題で触れたように、なるほど、エルサレム旧市街には三つの一神教の聖地があります。イスラーム教徒がハラム・シャリーフ（聖域）と呼んでいる場所は、ユダヤ教徒にとっては第二神殿跡である「神殿の丘」であり、聖書では「モリヤの丘」とも呼ばれています。第二神殿は、紀元前五八七年のバビロン捕囚の際に破壊されたソロモン神殿のあった場所に七〇年後に捕囚から解放されて紀元前五一六年に再建された神殿です。七世紀にムスリムがエルサレムにやって来たときはこの聖域は荒れ放題だったそうです。なぜそんな状態だったのかというと、紀元後七〇年の第二神殿崩壊後に離散を前提にして形成されたラビ派ユダヤ教の信仰からは、律法を守れなかったためにこの地域に入ることは神によって禁じられていたからです。だから、ムスリムが聖地に二つのモスクを建設したところで、そのこと自体はユダヤ教徒の信仰にとって当面は関わり合いのない問題でした。

ユダヤ教徒にとってはメシア（救世主）の来臨が解決する信仰上の問題であり、聖地としてその場所を占有すること自体は意味のないことだったので、聖地であるはずの場所が瓦礫《がれき》ばかりでエルサレムのどこかもはっきりしていなかったのです。実際、ユダヤ教徒が第二神殿の西壁に当たる嘆きの壁で礼拝を始めたのは一六世紀中頃のオスマン帝国のスレイマン大帝がユダヤ教徒に礼拝を許可してからといわれています。

もちろん、民族と領土を結びつける一九世紀的な新しい考え方であるナショナリズムが登場すると、特定の土地は特定の民族あるいは国家に属さねばならないと考えられるようになります。ユダヤ人ナショナリズムであるシオニズムからすれば、つまり、領土の概念のように土地を排他的に囲い込むというような発想からすると、ムスリムが後からやって来てユダヤ教の聖地を占拠してしまうのは実にけしからんという話になってしまいます。しかし、繰り返しになりますが、当の敬虔《けいけん》なユダヤ教徒たちからすれば、信仰の観点からは聖域に入ることを神によって禁止されているのであり、物理的な土地という〈場〉はメシア（救世主）の来臨という観点からほとんど問題にならなかったのです。だからこそ、前近代においてユダヤ教徒はこの聖地エルサレムを排他的に占拠するということは考えていなかったために、聖地をめぐる争いが現在のようなかたちの「領土問題」的な紛争としては顕在化することはなかったのです。

もちろん、一六世紀以降、ムスリムのイスラーム王朝であるオスマン帝国が聖地を支配してきたので、ユダヤ教徒はイスラームの下で「二級市民」の扱いを受けてきたといった議論もありますが、そもそも「二級市民」という表現自体があくまで近代ヨーロッパの物差しでの批判ということになります。オスマン帝国はイスラームという文明的な世界観によって統治されていたので、国民国家が前提となった市民という近代ヨーロッパ的な概念が入り込む余地はありませんでした。

## アブラハムの息子イサクをめぐる物語

ムスリムにとってハラム・シャリーフと呼ばれるこの場所は旧約聖書に記述されているアブラハムの息子イサクをめぐる物語を記念するところです。イサクの物語はクルアーンではイスマーイールの物語になっています。旧約聖書の記述とクルアーンの記述がもっとも異なる点は、アブラハム（アラビア語ではイブラーヒーム）が息子を犠牲《いけにえ》に捧げるよう神に命じられた故事において、その息子を旧約聖書ではイサク（アラビア語ではイスハーク）とするのに対して、イスラームではイシュマエル（アラビア語ではイスマーイール）とする点です。神に息子を犠牲に捧げるよう言われたのが「一人息子」であった以上、それは先に生まれたイスマーイール以外にありえないというのがイスラーム側の考え方なのです。

アブラハムはノアの息子シェム（セム）の系譜を継ぐ人で、アブラハムの長男で庶子のイスマーイールを通してイスラームに継承され、次男で嫡子のイサクを通してユダヤ教からキリスト教の系列につながっていくことになります。だからこそ、この三つの一神教は

「アブラハム的一神教」あるいは「セム的一神教」などと呼ばれることになるのです。この点については次講で再び取り上げます。

## ユダヤ教は啓示宗教

そもそも、ユダヤ教とは何でしょうか。「イスラエルに興った啓示宗教の一つ。唯一の神ヤハウェとの契約関係に基づき、これをまっとうするためにモーセを通して授けられた律法を守りつつ、メシアの来臨を信ずる。バビロンの捕囚以後は神殿を中心に発展したが、ローマによる神殿破壊の後、律法研究中心のラビ・ユダヤ教が誕生。今日に至るまでユダヤ民族を支える信仰伝統」ということになります。

ここで注目すべきは、ユダヤ教が啓示宗教であることが指摘されている点です。啓示宗教とは、日本の神道を自然宗教と分類するのとは異なり、唯一の絶対的な存在である創造主だけを認め、これを信仰する一神教のことをいいます。他方、自然宗教は、宗教の発達過程において、初期の自然発生的・原始的宗教の総称であり、主としてアニミズム・呪物崇拝・自然崇拝・多神教などを指すことが一般的です。

ところが、ユダヤ教は同時に、キリスト教とは対照的に、むしろ神道と同じように「民族宗教」と分類されたりします。それはユダヤ教が「ユダヤ民族を支える信仰伝統」だからです。しかし、そのような分類の仕方はキリスト教中心の姿勢が感じられなくもありません。ユダヤ教はイスラエルの民だけが神によって救済されるという「選民意識」があるとキリスト教的な立場から批判されることになるからです。そもそも、私たち日本人を含めて、ユダヤ教の啓典をキリスト教の立場から「旧約聖書」といったように何の躊躇《ちゅうちょ》もなしに「旧約＝神との旧い契約」と呼んでしまうところに問題があります。「新約＝神との新しい契約」の立場、すなわちキリスト教の立場からの見方ということになります。ユダヤ教の聖書は元来ヘブライ語（あるいは一部はアラム語）で書かれていますが、これを受け継いだキリスト教会が、新約聖書と区別して呼び出したからです。

## ユダヤ教の啓典は「タナフ」

これからはユダヤ教徒自身の呼び方にしたがって「タナフ」と呼ぶべきでしょう。「タナフ」というのは、その聖書を構成する内容から分類した「トーラー（律法）」、「ネビイーム（諸預言者）」、そして「ケトビーム（諸書）」の頭文字（T、N、K）を読んだものです。ヘブライ語では、「日本放送協会」のローマ字表記の頭文字をとってＮＨＫとするように略語で表記することがしばしばです。

たとえば、「ラムバム（RaMBaM）」というのは「ラビ・モシェ・ベン・マイモーン

（Rabbi Moshe Ben Maimon）」、つまりヨーロッパでの呼称であるマイモニデス（一一三五～一二〇四年）のヘブライ語名です。アンダルス（中世イスラーム統治下のイベリア半島）が生み出した偉大なユダヤ教哲学者・神学者のことです。したがって、ユダヤ教聖書の表紙には啓典の正式名称としてヘブライ語で「トーラー、ネビイーム、ケトビーム」と書かれています。しかし、いちいち言うには少々長すぎるので略語の「タナフ」で済ませているのです。

## 成文律法である聖書と口伝律法

さて、「律法」は狭義にはモーセ五書（キリスト教的には創世記・出エジプト記・レビ記・民数記・申命記）です。ただ、トーラーといえばユダヤ教の聖書全体を指す場合もあります。敬虔なユダヤ教徒はこのモーセ五書を毎週安息日に定められた節を一年かけて読み終えます。季節的には秋に相当するユダヤ暦新年のティシュレイ（第七）月二二日に申命記の最後の部分を読み終えて、再び創世記冒頭から読み始めるのです。「ネビイーム（諸預言者）」は、三大預言者と呼ばれているイザヤ、エレミヤ、エゼキエルの三書、その他にホセア、ヨエル、アモス、オバデア、ヨナなどの一二小預言者（キリスト教的な表現ですが）の書などがあります。また、「諸書」としては、詩篇、箴言、ヨブ記、雅歌、ルツ記、哀歌などがあります。

ユダヤ教の成立はモーセが出エジプト後、シナイ山で十戒を授けられてからと言われていますが、十戒には①唯一神である、②偶像崇拝の禁止、③神の名前をみだりに唱えてはならない、④安息日の順守、といった、神と人との関係（縦軸）を規定した条項、そして⑤両親の尊重、⑥殺人の禁止、⑦姦淫の禁止、⑧窃盗の禁止、⑨嘘の禁止、⑩隣人の財産を欲することの禁止、という、人と人との関係（横軸）を規定した条項があります。

とりわけ注目したいのは三番目の神の名前をみだりに唱えてはならないという規定です。現在に至るまでユダヤ教徒にとって神の名前はＹＨＷＨという子音で表記される神聖なヘブライ文字で示されるだけで正確な読み方はわからないのです。その意味は彼らはいつもこの神聖なる四文字が来ると「アドナイ（我が主）」と言っていたためです。ヘブライ語は基本的に子音だけの表記ですので、母音をどのように入れるかで読み方はいくつか可能性があります。「イェホワ、YeHoWaH」すなわち「エホバ」ともいわれる読み方、あるいは「ヤーウェ YaHWeH」「ヤハウェ YaHaWeH」などといった読み方です。

ユダヤ教には、書物として書き留められた成文律法である聖書とは別に、口頭で伝承された口伝律法があります。二世紀末、ラビたちが召集されて、口伝律法を書物として編纂した文書群が「ミシュナー（復唱、繰り返しの意）」です。ミシュナーに詳細な注解、つまり「ゲマラー（完成させるの意）」が書き加えられるようになると、パレスチナで編纂されたエルサレム・タルムードとチグリス・ユーフラテス川沿いのバビロニアで編纂されたバビロニア・タルムードという二種類のタルムードが成立します。現在、一般的にタルムード（「学ぶ」から派生した表現で、口伝律法や注釈の集成）と呼ばれているのはバビロニア・タルムードで、五〜六世紀頃に成立したと考えられています。つまり、タルムードとはミシュナー（口伝律法）とゲマラー（注解）から構成される文書ということになります。タルムードの完成によってラビ・ユダヤ教が成立するのです。

ただし、タルムードの伝統をもっていないユダヤ教の一派もあります。カライ派ユダヤ教です。書き残された原典としてのミクラー（聖書）のみを認めて、口伝のミシュナー・タルムードおよびそれに基づくハラハー（ユダヤ宗教法）を認めておらず、聖書とタルムードに準拠するラビ・ユダヤ教を批判しています。ミクラー（mi QRa`）のヘブライ語の三語根Q-R-`は「読む」という意味で、同じセム系言語のアラビア語のクルアーン（コーラン）も同じ語源です。カライ派ユダヤ教は、八世紀頃、バビロニアのラビ・アナン・ベン・ダヴィドを創始者として、現在でもイスラエル、エジプト、トルコ、クリミア半島などに少数ながらそのコミュニティが残っています。

## 民族宗教と呼ばれるユダヤ教、世界宗教と分類されるキリスト教

キリスト教はこのようなユダヤ教の伝統の中から生まれてきます。ユダヤ教は前述のように、しばしば民族宗教と呼ばれます。それは神の救済の対象が「イスラエルの民」だけで、非ユダヤ教徒は救済の対象にならないからであり、選民思想だと言われたりします。それに対してキリスト教は全人類を救済の対象とするので普遍宗教あるいは世界宗教と分類されます。ユダヤ教徒の世界観は、神の救済の対象であるユダヤ教徒と救済の対象にあずからないゴイーム（非ユダヤ教徒）に分けられます。メシア（救世主）の来臨によりイスラエルの民が救済されるのです。

しかし、キリスト教もこのユダヤ教のメシア思想を基本的には継承しています。そもそも、キリスト（油を塗られた人）とはヘブライ語のメシアのギリシア語読みに由来しているので、日本ではなんとなく姓名のように思っている人が多い「イエス・キリスト」とは「メシアであるイエス」という意味になります。歴史的にパレスチナで活動したイエスはユダヤ教徒であり、またラビ（ユダヤ教指導者）の一人であったわけで、ユダヤ教の立場からはキリスト教はナザレ出身のイエスを指導者とすることから「ユダヤ教ナザレ派」なのです。私たちはキリスト教をすでに出来上がった教会として見るために、キリスト教（実はカトリック教会のことです）がユダヤ教から生まれて独立したプロセスを捨象して

しまいがちです。

しかし、キリスト教の成立をユダヤ教から切り離して見てしまいますと、反ユダヤ主義の歴史的起源を考える場合に見えてこない部分があまりにもたくさんあるのです。

## 誰がイエスの処刑を求めたか

ところで、新約聖書にはイエスの生涯を記した福音書がありますが、そのうち共通した資料（ドイツ語の「資料」という意味の単語の頭文字をとってQ資料と言われます）を使って書かれたということで、マタイ、マルコ、ルカという三つの福音書は「共観福音書」と呼ばれます。他方、「ヨハネによる福音書」は共観福音書とは異なり、主としてイエスの神性と人間性とを示すことによって信徒に永遠の生命を得させようとする特定の神学的立場から書かれています。この四つの福音書のイエスの処刑にかかわる記述を見るとユダヤ教徒がなぜキリスト教徒に嫌われ始めたかが浮かび上がってきます。ローマから派遣されてきた総督ピラトによるイエス裁判の場面です。カトリック・プロテスタント両教会による新共同訳で見てみましょう。

注意して読んでほしいのは、傍線部に示されているように、誰がイエスの処刑を求めたかという点です。

「マタイによる福音書」（二七章一九～二五節）では次のような記述です。「……ピラトが裁判の席に着いているときに、妻から伝言があった。『あの正しい人に関係しないでください。その人のことで、わたしは昨夜、夢で随分苦しめられました。』しかし、祭司長たちや長老たちは、バラバを釈放して、イエスを死刑に処してもらうようにと群衆を説得した。そこで、総督が、『二人のうち、どちらを釈放してほしいのか』と言うと、人々は、『バラバを』と言った。ピラトが、『では、メシアといわれているイエスの方は、どうしたらよいか』と言うと、皆は、『十字架につけろ』と言った。ピラトは、『いったいどんな悪事を働いたというのか』と言ったが、群衆はますます激しく、『十字架につけろ』と叫び続けた。ピラトは、それ以上言っても無駄なばかりか、かえって騒動が起こりそうなのを見て、水を持って来させ、群衆の前で手を洗って言った。『この人の血について、わたしには責任がない。お前たちの問題だ。』民はこぞって答えた。『その血の責任は、我々と子孫にある。』」

## イエスを十字架刑に処した理由

実は一番古いといわれる「マルコによる福音書」（一五章八～一四節）にしても、「ルカによる福音書」（二三章一三～一八節）にしてもほぼ同じ内容です。ところが、もっとも遅く成立したといわれる「ヨハネによる福音書」（一八章三八〜四〇節）では次のように群衆や民衆という表現ではなく、「ユダヤ人」と明示しています。「……ピラトは、こう言ってからもう一度、ユダヤ人たちの前に出て来て言った。『わたしはあの男に何の罪も見いだせない。ところで、過越祭にはだれか一人をあなたたちに釈放するのが慣例になっている。あのユダヤ人の王を釈放してほしいか。』すると、彼らは、『その男ではない。バラバを』と大声で言い返した。バラバは強盗であった。」

「ピラト」とは「(Pontios Pilatos　ポンティオス―)ローマ領ユダヤの第五代総督（在位二六〜三六）。イエス＝キリストを裁く裁判で、無罪を認めつつも、ユダヤ教徒の圧力で十字架刑を定めた。生没年不詳」（電子辞書版『日本国語大辞典』）です。つまり、この辞書的な記述からもわかるように、福音書の記述では、イエス裁判の結果、イエス殺し＝十字架刑はピラト＝ローマ帝国の責任ではなく、ユダヤ教徒の圧力のためだということになっているのです。これにはいろいろな理由があるでしょうが、やはりコンスタンティヌス帝が三一三年にキリスト教を公認し、三八〇年にテオドシウス帝が帝国の国教とするわけですから、イエスの死の責任をピラト、つまりローマ帝国に帰するわけにはいかないでしょう。ここにローマ帝国によって「イエス・キリスト殺し」の責任がユダヤ教徒に押し付けられることになったわけです。

## 「異邦人」への宣教が決定づけられた

　福音書でのイエスの処刑の場面から次のようなことが明らかになります。パウロをはじめとする初期キリスト教会の指導者たちは、ローマ帝国の責任をユダヤ教徒に押し付けて、伝道の対象として異邦人を選ぶことになります。「だから、このことを知っていただきたい。この神の救いは異邦人に向けられました。彼らこそ、これに聞き従うのです」（使徒言行録二八章二八節）。このパウロの宣言によって「異邦人」への宣教が決定づけられます。キリスト教のユダヤ教からの決定的な決別です。イエスの福音は、ユダヤ教徒から離れて、異邦人が救いの歴史の担い手になるのです。福音の継承者は異邦人となったのです。

　ただ、ここで使われている「異邦人」というのはとても分かりにくい表現です。日本語ではたんに「外国人、異国人」と思ってしまう可能性も否定できません。実はこの「異邦人」とはユダヤ教徒から見て「異邦人」（つまり、非ユダヤ教徒＝キリスト教徒）のことであり、ヘブライ語ではゴイーム（単数形はゴーイ）のことなのです。英語ではGentileといいます。キリスト教の伝道からユダヤ教徒が除外され、キリスト教の救済の対象からユダヤ教徒を除く結果となります。

## ユダヤ教を教義的に否定するキリスト教

キリスト教の救済の対象からユダヤ教徒が除外される点については加藤隆さんがその著書『一神教の誕生―ユダヤ教からキリスト教へ』（講談社現代新書、二〇〇二年）において、キリスト教の伝道という人間の側の都合で「分け隔て」が生じる問題に関して次のような指摘をしています（図4を参照して下さい）。「『分け隔てしない』神を巡って、人間の間に『分け隔て』が生じているのである。『分け隔てしない神』を受け入れるかどうかによって、人間の間に『分け隔て』が生じていると言うことができるだろう。『分け隔てしない』という神の態度に、人間の態度が見合っていないのである。神に対して人間の側が抵抗しているということができるだろう。キリスト教世界においては、この状態がいまも基本的には継続していると言わねばならない」（同上書、三六―三七頁）。

だからこそ、ユダヤ教徒を排除する、ユダヤ教の否定としてのキリスト教の性格をも押さえておかなければならないのです。前述のとおり、イエスはユダヤ教のラビの一人であり、ユダヤ教徒の世界で活動しました。エルサレムには律法を担ったファリサイ派や神殿の祭祀を担ったサドカイ派などのユダヤ教の支配者層がいました。この宗教的支配者層から見れば、形骸化したユダヤ教のあり方を忌避して荒野で真の信仰を実現しようとしたエ

**図4　ユダヤ教とキリスト教の立場の違い**

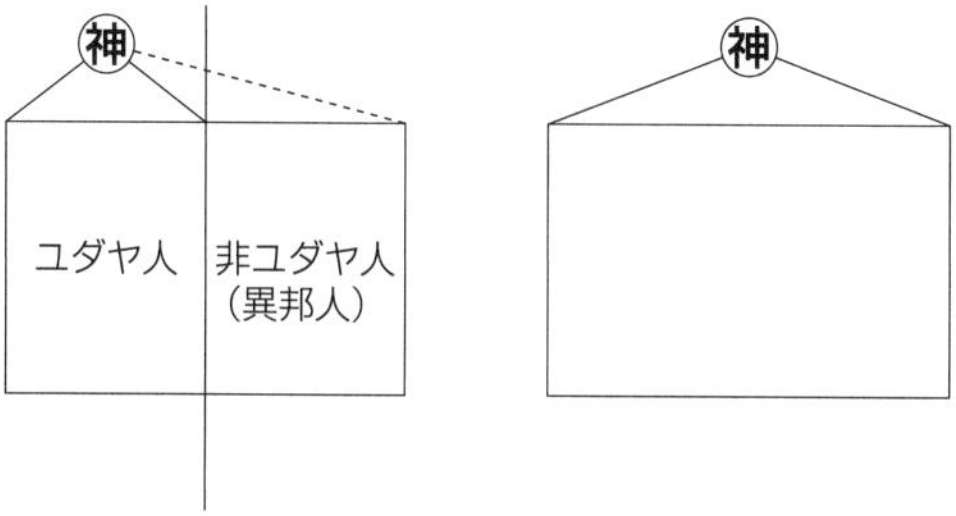


ユダヤ教の基本的立場　　キリスト教の基本的立場

**キリスト教徒と非キリスト教徒（＝ユダヤ教徒）の「分け隔て」**

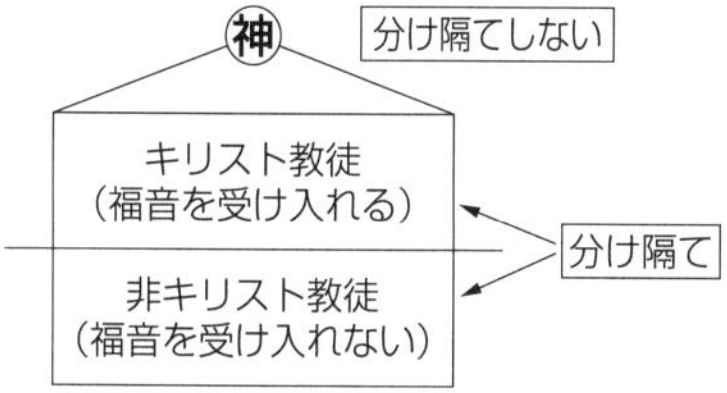


**「分け隔てしない」神を巡って人間に「分け隔て」が生じる**

（出典：加藤隆『一神教の誕生─ユダヤ教からキリスト教へ』講談社現代新書、2002年）

ッセネ派の流れをくむといわれるイエスは、既存の伝統的ユダヤ教社会の律法主義と神殿主義の克服あるいは変革を目指した反逆者でした。宗教的支配層はこの反逆者イエスの行動をそのままにしておくことができなかったのです。

　だからこそ、イエスは十字架にかけられたのです。しかし、総督ピラトはユダヤ教内部の対立を利用して、ローマ帝国の「イエス・キリスト殺し」の罪を回避したのです。この点がキリスト教の視座からは見えてこなくなってしまいます。

## ユダヤ教からの継承ではイスラームの方が忠実

前述のようにユダヤ教から見れば、キリスト教は「ユダヤ教ナザレ派」ともいうべき位置づけになります。ヘブライ語でキリスト教は「ナツルート」(「ナザレ(ナツラト)」が語源)と呼ばれます。このイエスの出身地を名前にしてしまうという表現法にも「ナザレのイエス」の名残があります。いずれにせよ、キリスト教はその母体であるユダヤ教の律法を教義的に否定します。例えば、ユダヤ教徒が絶対に口にすることのなかった豚肉をキリスト教徒は食べます。また、ユダヤ教徒が生後八日目にその男子に神との契約のしるしとして施す割礼(包皮を切り取る儀式)を、キリスト教徒は精神の割礼で十分だということで行わなくなります。ユダヤ教からの継承という意味ではイスラームの方が忠実といえます。イスラームでは豚肉食は禁止されていますし、割礼は行われているからです。

その上で、イエスの全人類への贖《あがな》いとしての十字架刑とその三日後の復活という奇跡を信じるイエスの弟子たちによって新たなキリスト教会が成立したという事実をここで確認しておく必要があります。したがって、キリスト教が宗教的に自立するには原理的にユダヤ教を否定する必要があったのでした。そこにこそ、逆説的ではありますが、キリスト教には反ユダヤ教的契機が成立当初から内在したといえる理由があるのです。

### 「イエス・キリスト殺しのユダヤ人」と「過越祭」

ところで、十字架刑をめぐる事件に内在したユダヤ教徒への差別・迫害の契機を見てきましたが、「イエス・キリスト殺しのユダヤ人」という宗教的な反ユダヤ主義の契機は、ヨハネによる福音書に登場した「過越祭」によって助長されることになります。過越祭はヘブライ語で「ペサハ」と呼ばれ、モーセの出エジプトを記念した行事です。イスラエル民族の救いを記憶して神に感謝する祭りで、子供たちも一緒に参加してユダヤ民族の苦難の歴史と信仰を伝えるものです。ユダヤ暦ニサン月（西暦三～四月）一四日に子羊を屠《ほふ》り、その晩にこれを食べます。この春祭はユダヤ教徒にとって、シャブオート（過越祭後の五〇日目に当たる七週節。キリスト教ではペンテコステと呼びます）、スコート（出エジプト後、祖先が荒野を放浪した仮小屋生活を記念する秋祭でユダヤ暦ティシュリー月（西暦九～一〇月）一五日から一週間の仮庵の祭）と共に三大祝節です。秋祭には、ユダヤ暦ティシュリー月一〇日に大祭司が自分とすべての民の罪を潔《きよ》めるための「贖罪の日（ヨーム・キップール）」があります。

過越祭ではユダヤ教徒は聖書に記されている出エジプトを祝って子供たちにユダヤ人の

苦難の歴史を語り継いでいるのですが、その歴史が記された本を「ハガダー（「語る」の意）」と呼んでいます。また、この過越祭の夕食の儀式を「セデル（「秩序、順序」の意）」と呼んでいます。このセデルではハガダーを誦《よ》みながら、赤ワインとマッツァー（イースト菌を使わないで焼いたパン。クラッカーのような食感）を苦菜とともに食します。最後に、みんなで「来年はエルサレムで！」と踊りつつ大団円を迎えるのです。その時にはすでに夜中になってしまっています。

実はこのセデルの儀式は大変有名な絵に描かれています。それはレオナルド・ダ・ヴィンチの「最後の晩餐」です。しかし、この絵はキリスト教的な立場から描かれていますので、ユダヤ教徒の儀式であることはすっかり消し去られています。多くの人がこの絵をユダヤ教の過越祭だとは思っていません。過越祭といえば、のちのカトリックの儀式である聖餐式を思い出してしまうのです。聖餐式とは「キリストがはりつけにされる前夜の、最後の食事を記念する儀式。パンとぶどう酒とを、キリストの肉・血になぞらえて、式に参加した人々に分ける」という意味の転換が行われてしまうことになるのです。

## ユダヤ教徒への差別・迫害

ヨーロッパ中世のキリスト教徒の目からは、この過越祭はユダヤ教徒が家に閉じこもって、何やら怪しげな秘儀を行っていると見えたとしても不思議ではありません。ところが、このようなキリスト教徒の疑心暗鬼が事件を引き起こすことになるのです。ユダヤ教徒がキリスト教徒の少年を誘拐し、キリストの受難に見立てて殺害した上で、その血を祭儀のために用いている、という中傷です。

史料上で確認できる最初のものは、一一四四年にイギリスのノリッジで発生し、それからイギリス各地、さらに大陸へと中傷の波は伝播したといわれます。儀式殺人（Ritual Murder）あるいは血の中傷（Blood Libel）と呼ばれる事件です。何ともおぞましい呼び名ではあります。もちろん、ユダヤ教徒が犯人だとする証拠はなく、キリスト教徒側の曖昧な証言や拷問の末の自白がほとんどだったといいます。また犠牲となったキリスト教徒の少年の遺体すら発見されない場合がほとんどでした。事件発生がペサハの時期に重なることが多いのも、ユダヤ人が祭日中、家にこもって行うセデルなどの儀式が「儀式殺人」の舞台としてでっち上げられることが多かったからです。春先になるとキリスト教徒の少年が行方不明になるという噂がどこからともなく立ってきます。その噂には、どうもユダヤ教徒がその少年をさらったのだという尾ひれがつくことになります。ユダヤ教徒たちがその秘儀のために少年の血と肉を使っているというものです。セデルの儀式で使う赤ワインとマッツァーが血と肉になぞらえられるからです。そのような噂が広がって、キリスト教徒たちはユダヤ教徒たちを襲うことになってしまうのです。ユダヤ教徒への差別・迫害は井戸に毒をもったといったような流言とも結びついてしまいます。

このような歴史的に根深い事件は過去だけのことではありません。現在でも、カトリック圏ではしばしば起こる事件です。有名な社会学の本ではエドガール・モラン著、杉山光信訳『オルレアンのうわさ―女性誘拐のうわさとその神話作用』(みすず書房、一九七三年)があります。オルレアンで起こったユダヤ商人に関する噂を調査したところ、結局デマだったということになるのですが、「儀式殺人」がその背景にあることがわかります。もちろん、このようなユダヤ教徒への嫌悪を示す事件が直接、ホロコーストにつながるわけではないことは確認しておく必要があります。あくまで国民国家が形成されてからの近代的な意味での反ユダヤ主義の登場を待たなくてはならないのです。

# 第3講　イスラームから見たユダヤ教とキリスト教

## イスラームとは「アッラーへの絶対服従」

本講ではイスラームがどのようにユダヤ教とキリスト教を見ているのかを考えていくのですが、まず、イスラームとは何かという問いから始めます。イスラームとは文字通りには「アッラーへの絶対服従」ということになります。アッラーとはイスラームの唯一絶対的な神のことです。アッラーに絶対服従している人がムスリムなのです。すべての人がアッラーの前に絶対服従した状態がサラーム（平安、平和）です。アッラーが預言者ムハンマドを通じてなされた啓示の言葉はアラビア語です。そのアラビア語の啓典がクルアーン（コーラン）です。しばしばクルアーンは翻訳してはならないといわれますが、イスラームではアッラーの言葉はアッラーの存在の「しるし」だから、これを翻訳してはならないということになるのです。イスラームが人知の及ばない絶対不可知の唯一神を信仰する一神教たるゆえんです。

しかし、実際には翻訳は存在しますが、それは翻訳ではなく、クルアーンの解釈を示したものにすぎません。たとえば、アラビア語本文にペルシア語の訳を加えたクルアーンもありますが、これは本文の解釈であって、翻訳ではありません。

なぜこのようなことから始めるかというと、イスラームといえばがんじがらめに約束事や規則ばかりに縛られていて不自由だというイメージを持っている人が日本には意外に多いので、あえて書いているのです。イスラームはクルアーンとスンナ（預言者ムハンマドの言行）あるいはその言行録であるハディースを法源とするイスラーム法（アラビア語でシャリーアといいます）の解釈（類推＝キヤース）とその合意（イジュマー）に基づく信仰体系といってもいいのです。それぞれの宗教の決まりごとはそれなりに理由があって決められています。その決まりごとの中で生きている人にとってその規範（イスラームの場合はシャリーアとその解釈）は「血肉化」されているので、外側からの尺度で判断するのはとても危険なことだということになります。日本人も日本社会の規範に縛られており、外国人から見ればしばしば不自由なものに映りますが、当人たちは少しも苦に思っていないことがあるのです。もちろん、その社会規範に抵触するとたいへんな「制裁」があるのは洋の東西を問わず共通しています。

## アラビア語の造語法

さて、アラビア語はアラビア文字で右から左に書かれます。アラビア語は「旧約聖書」の聖書ヘブライ語とともにセム語系の言語です。このセム語系の言語は独特の造語法をもっています。どのように単語が造られていくか、少しだけ説明してみましょう。アラビア語の単語は原則として三つの子音（「三語根」と呼んでいます）から構成されます。たとえば、本講の冒頭で挙げたイスラームという単語をとってみると、S—L—Mという三つの子音の文字からできあがっています。SaLaMa（サラマ）という三人称完了形の動詞がアラビア語の辞書の見出し語になります。原義は「服従する」という意味です。この三語根にaやiやuなどの母音を振って単語を造り上げるのです。

たとえば、iSLāMというように母音を振れば、「イスラーム」になります。「（神に）服従すること」という動名詞になるのです。だから、イスラームとは「アッラーへの絶対服従」という意味になります。SaLāMだと「サラーム（平和、平安）」という意味になります。イスラーム教徒があいさつのときに使う「アッ・サラーム・アライクム（あなたに平和を)」という表現はご存じの方も多いかと思います。また、muSLiMは「ムスリム(イスラーム教徒)」で、「(神に)服従する人(男性形)」という現在分詞のかたちになります。女性形は語尾に普通は発音されない「ターマルブータ」と呼ばれる女性形を示す文字を付加して「ムスリマ」になります。

アラビア語の造語法を知っていれば、これからたくさん出てくるイスラームにかかわる単語も理解しやすくなります。イスラームについての本にはカタカナ語が多くて覚えきれないという読者が少なからずいるかと思いますが、そのような方々もこのように考えてみて、アラビア語の単語に接してみてはいかがでしょうか。ちなみに、ヘブライ語も同じセム語系の言語ですのでよく似ています。あいさつに使う「シャローム」はShaLōMであり、アラビア語のSはヘブライ語のShに対応しますのでアラビア語のサラームと同じ語源だということがわかります。ただし、本格的なアラビア語やヘブライ語の辞書は三語根が見出し語になっていますので、ある程度文法を勉強しないと辞書も引けないということになってしまいます。

もちろん、今は電子辞書の時代ですので、他の言語と同様にアルファベット順に引くことのできる辞書もたくさんあります。

## シャハーダを宣誓する

さて、イスラームのもっとも基本的な考え方を凝縮した表現にシャハーダ（信仰証言）があります。イスラームに入信するときに宣誓するものです。「私は証言する。アッラー以外に神はいない。ムハンマドは預言者である」というものです。この表現はまず、シャハーダの一人称単数の動詞形にあたる「アシュハド（私は証言する）」と述べてから、その前半はまず、アラビア語で「ラー・イラーフ」と言って、「（一般名詞としての）神はいない」と宣言するわけです。それから間髪を入れず「（固有名詞としての）アッラー以外は」と除外の条件を付け加えるわけです。これはイスラームではアッラーを唯一神とする一神教（タウヒード）であることを宣言したものです。

イスラームのいちばん基本的な考え方は、アッラーは唯一絶対的な存在であり、万物を創造したアッラー以外には神はいないということなのです。普通名詞としての神はアラビア語ではイラーフと呼んでいますが、イラーフとは区別されるアッラーは宇宙をも生み出した万能の神なのです。

次にシャハーダの後半部分は「ムハンマド・ラスール・アッラー」と宣言します。このラスールという言葉は直訳すれば「メッセンジャー（伝令）」であり、アッラーの言葉を伝える人ということになります。神の言葉を預かっている人ということで「預言者」であ

**図5　アッラー、預言者ムハンマド、そして信徒との相互関係**

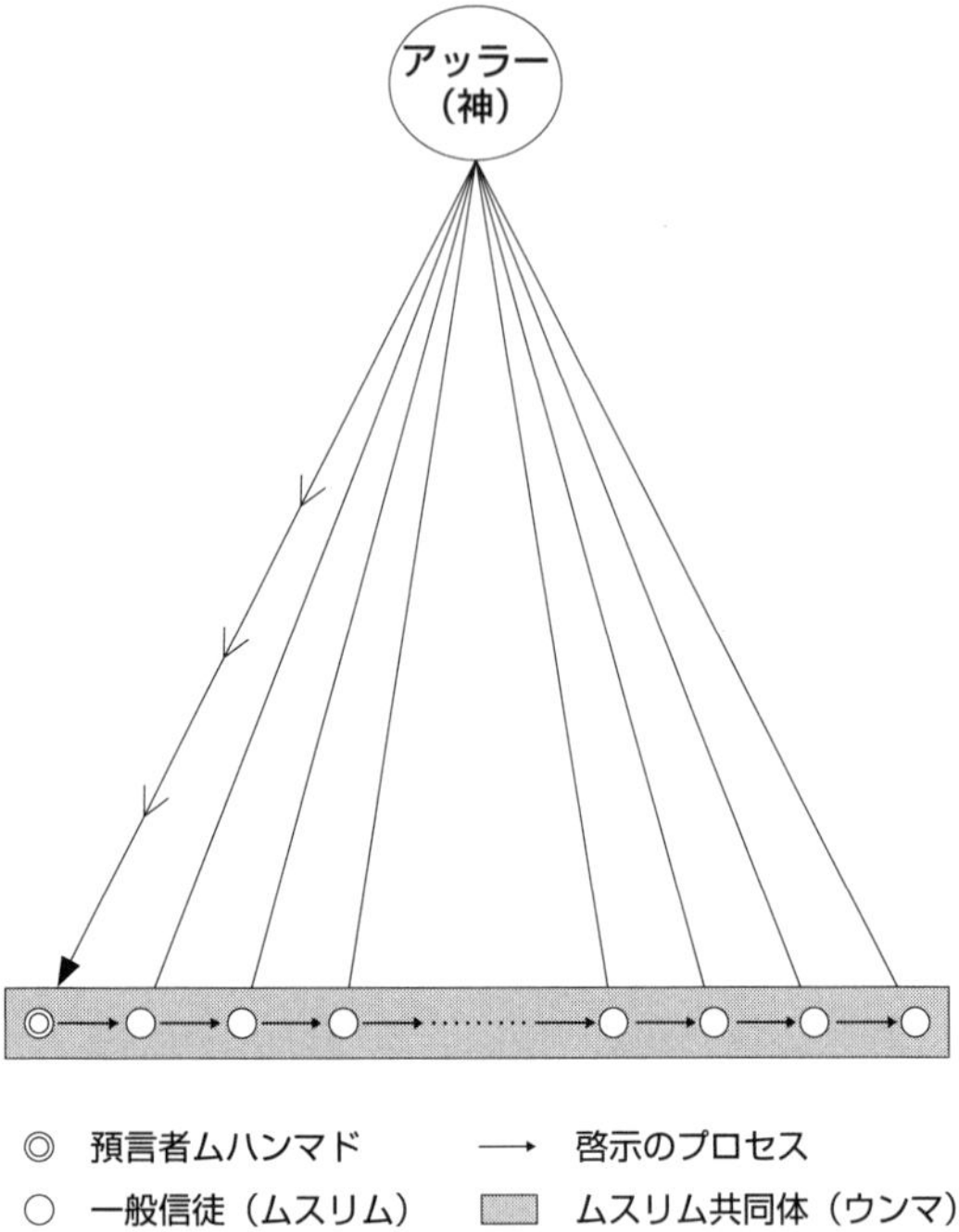


るわけです。アラビア語では預言者は一般的にナビーと呼ばれます。ただ、預言者（ナビー）のなかでも、とくに天啓の法（シャリーア）をもたらす使命をもつのが使徒（ラスール）です。もっとも、日本語の「使徒」という表現は、福音を伝えるイエス・キリストの一二人の弟子たちを意味する使い方の方が一般的ですので、キリスト教的な意味合いが含まれていないことには注意を払う

必要があります。また、預言者は、あくまで神の言葉を預かった人であり、未来を予測するといった意味のある「予言者」ではありませんので、この両者は区別していただければと思います。イスラームにおいてはあくまでムハンマドは人であって、キリスト教の三位一体説のように「父なる神、子なるキリスト、聖霊」といったような考え方はとりません。神とのタテの関係では神と人とは隔絶しており、ムハンマドはたんに人にすぎないのです。その意味ではキリスト教よりもユダヤ教の預言者のあり方に近いといえます（図5参照）。

## イスラームは起源と継承をアブラハムに求める

ムハンマドを預言者とする信徒（ムウミン）としてのムスリムの共同体はウンマと呼ばれます。イスラームの発展はウンマの拡大ともいえるわけです。六二二年のマディーナへのヒジュラ（聖遷）はウンマ拡大の契機だったわけですが、その後イスラームのウンマは近代以降、国境を越えてトランスナショナルな共同体へと発展していきます。ウンマを構成する信徒がムスリムです。ウンマは名詞形としては女性形ですが、ウンムになると「母」の意味になります。エジプトの著名な国民的女性歌手の名前がウンム・クルスームです。このウンマがどこかで母性のイメージにつながっているのは、ムスリムがお互いに

図6　イスラームから見た諸預言者の系譜と啓典

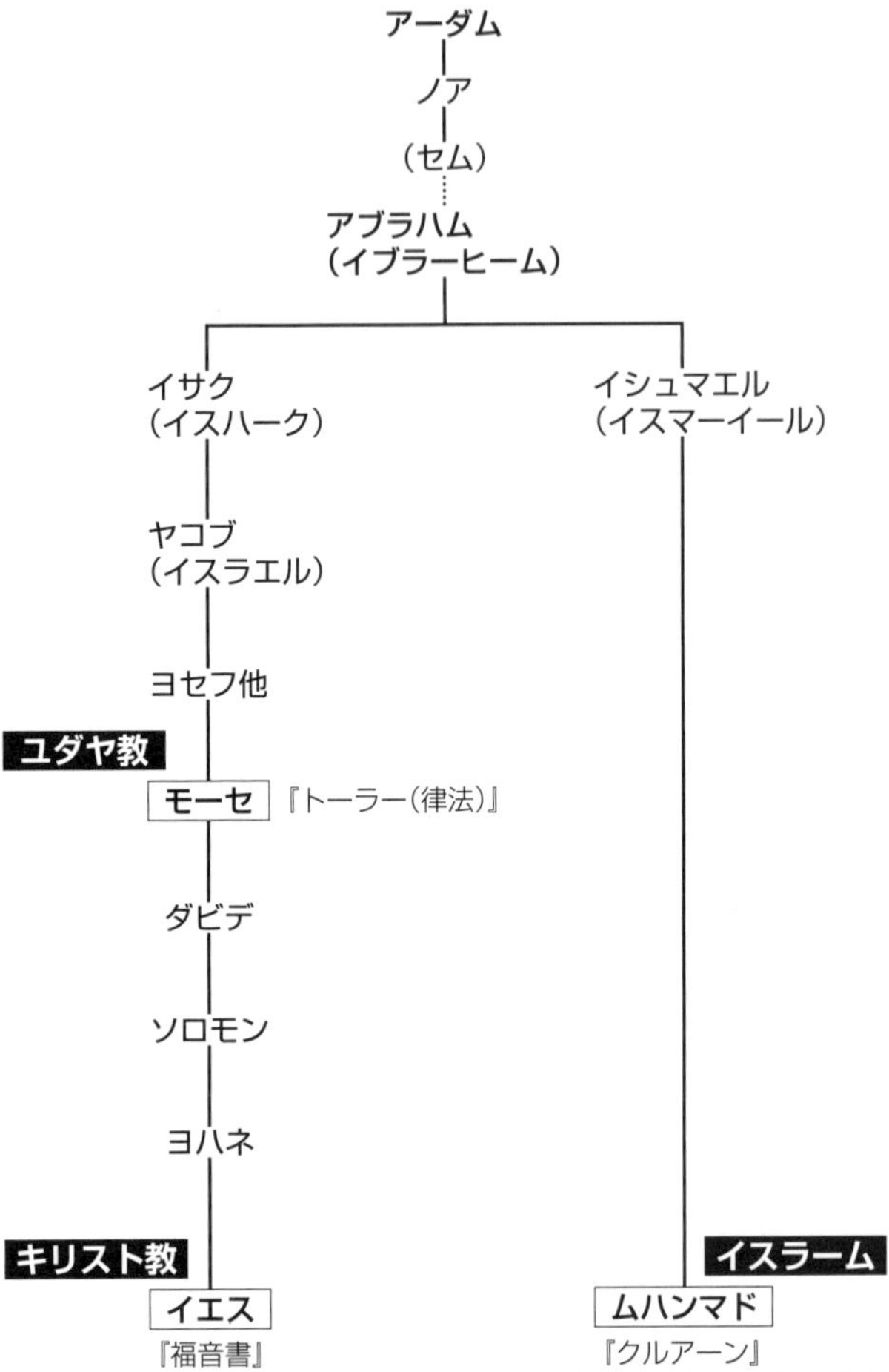


（出典：小杉泰「イスラーム」立山良司編『中東』自由国民社、1994年、46頁）に依拠して作成。

同胞（イフワーン）であることを示唆しています。ムスリムは本当の血のつながりを持つ者よりも絆は強いというメッセージであり、疑似的な血縁関係を強調するという意味ではたいへん強烈な表現であるともいえます。

イスラームはまた、自らを「アブラハムの宗教」と位置づけています。このことはイスラームがその起源と系譜的な継承をアブラハムに求めているということになります。系譜論的にイスラームはイシュマエル（イスマーイール）を通じて直接的にアブラハムに回帰します。イスラームはそのために、イサクを通じてアブラハムに遡及するユダヤ教とキリスト教に対抗し得るものとなったのです（図6参照）。

そもそも、アラビア語でアブラハムはイブラーヒームといいます。イブラーヒームは尊称としてアル・ハリールとも呼ばれ、パレスチナ自治区のヘブロンという都市のアラビア語名がアル・ハリールです。というのも、この地にはアブラハムの墓だと伝承される場所があるからです。ムスリムは「アル・ハラム・アル・イブラーヒーミー（アブラハムの聖域）」と呼び、ユダヤ教徒は「マクペラの洞窟」と呼んでいる場所です。現在はイスラエル軍の占領下にあり、自由に礼拝を行うような雰囲気ではありません。

## 人類が同胞であるという普遍性

ただ、イスラームにおいてそれ以上に大切なことはアーダムという共通の祖先から生まれた「バヌー・アーダム（アダムの子孫たち）」であるという意識です。このことはイスラームが共通の祖先をもつことで人類がみな同胞であるという普遍的なメッセージを投げかけているということであり、人類に帰着させる発想はイスラームの普遍性を担保しているということになるのです。この点は世界宗教であるイスラームの本質を考えるうえで、ひじょうに重要な点であります。

イブラーヒームはクルアーンに登場する諸預言者・使徒の一人で、ハリール・アッラー（アッラーの友）と呼ばれています。イスラームではイブラーヒームが「純粋な一神教徒（ハニーフと呼ばれています）」であり、イスラームは一神教を再興するものであり、純粋一神教の再興としての位置づけが明確にされたのです。

イブラーヒームは息子のイスマーイールとともにカアバ神殿を建設し、イスマーイールはそこに残って定住し、アラブ人の祖先となったとされます。一方、イブラーヒームのもう一人の息子イスハーク（イサク）の子孫はイスラエルの民となったのです。ユダヤ教、キリスト教、イスラームがセム的一神教といわれるのは、「最後の啓示」としてイブラーヒームの系譜を強調しているからです。いずれにせよ、このようにイスラームとユダヤ教

図7　イスラームの世界観

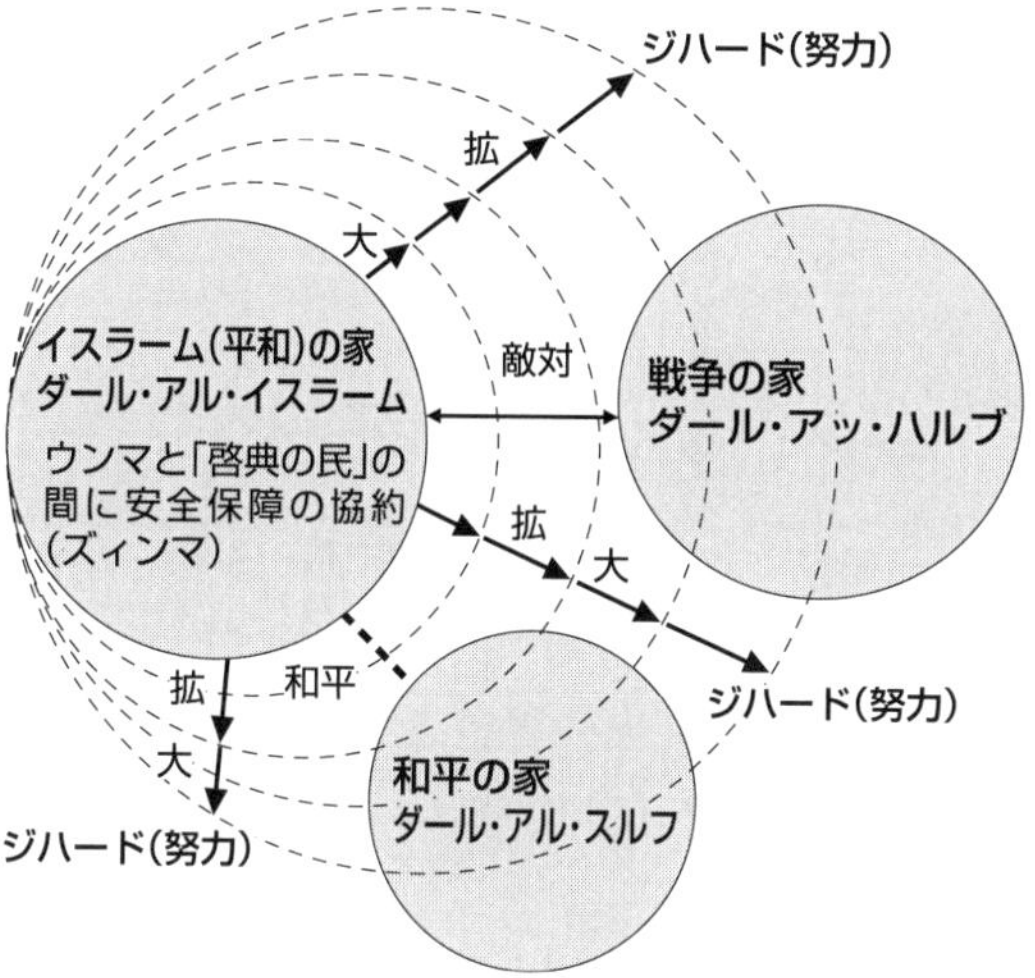


とが共通の祖として崇敬するのがイブラーヒーム（＝アブラハム）です。イスラームから見れば、アブラハムも預言者の一人です。アーダムから始まりノアを経る預言者の系譜はアブラハムで転機を迎えます。というのも、ユダヤ教もイスラームもアブラハムまでは預言者として重視するからです。

## 「イスラームの家」と「戦争の家」

イスラームの世界観に基づく近代の領域的な概念に近い区分として「イスラーム（平和）の家（ダール・アル・イスラーム）」と「戦争の家（ダール・アル・ハルブ）」という区別があります。「イスラームの家」ではイスラーム法が適用され、キリスト教徒やユダヤ教徒などの「啓典の民」ばかりでなく、ゾロアスター教徒や非ムスリムの外国人であるムスタアミン（安全を与えられた人）やズィンミー（保護を与えられた人）に対しても、それぞれの信仰とその共同体の存続を保障し、また個人の人権や財産を保護したのでした。

「戦争の家」はイスラーム法が適用されない非イスラーム的な領域ということになります。また、シャーフィイー派のようにイスラーム法学派によっては「平和の家」と「戦争の家」以外に「和平の家」（ダール・アッ・スルフ）」を加える見解もあり、「和平の家」はイスラーム世界との間に和平条約が締結された友好的な世界を指しています（八五頁図7参照）。

ムスタアミンとは、アマーン（通行安全と保護のための契約）が認められた者の意味で、とりわけオスマン帝国では信仰の自由、ジズヤ（人頭税）の免除などの特権が定められました。また、ズィンミーとは、イスラーム法の下で一定のズィンマ（保護）を与えられた被保護民としての非ムスリムを意味します。預言者ムハンマドがアラビア半島内に住む異教徒に保護を与えたのが始まりとされ、ズィンミーはムスリム統治下においてジズヤ（人頭税）とハラージュ（地租）の義務を負う見返りに、共同体として生命・財産の安全と信仰の自由が保障されました。法理論的には「啓典の民」であるユダヤ教徒とキリスト教徒のみがズィンミーとされますが、場合によってはゾロアスター教徒のようにユダヤ教徒とキリスト教徒以外の異教徒が保護を受ける場合もありました。初期イスラーム時代にはズィンミーは多数派でしたが、イスラームへの改宗が進むにつれて少数派となっていきました。

このような非ムスリムの被保護民は「イスラームの家」での安全が保障されるばかりではなく、「戦争の家」による侵害からも保護されました。また、商人などの活動は、この二つの家の相互の領域において安全通行保障を与えられることで保護されたのです。この二つの家の相互関係は後世のイスラーム法学者によりイスラーム法の国際関係（スィヤル）として整備されていきました。

このようなズィンマ制度はマディーナへのヒジュラ（聖遷）直後のマディーナ憲章にまでさかのぼることができますが、もっともよく知られているのは、六三八年に第二代カリフ（預言者の後継者）であるウマル・イブン・ハッタープがエルサレム入城に伴ってソフロニオス・エルサレム大主教と結んだウマルの協約と呼ばれる条約でしょう。ウマルの協約は、エルサレムでキリスト教徒がイスラームを承認し、ジズヤを支払えば、制限が付けられたものの、権利を保障すると規定されていました。本書の流れから言えば、最後のイスラーム帝国であるオスマン帝国でのミッレト制（宗教共同体の自治制度）はズィンマ制を統治機構に組み込んだものであると考えることができます。

## ムスリムの義務としての五行と六信

すべてのムスリムに課せられた義務として五つの信仰行為（五行）とその存在を信じることがムスリムであるための信仰上の義務である六信があります。五行は五柱とも呼ばれて、内面的な信仰箇条としての六信と対になっています。

五行は、①信仰告白（シャハーダ）、②礼拝（サラート）、③喜捨（ザカート）、④ラマダーン月の断食（サウム）、⑤ハッジュ月のマッカ巡礼（ハッジュ）です。

六信は、①唯一絶対神である「アッラー」の存在、②霊的な存在としての「天使（マラーイカ）」、③アッラーが自ら創造した人間を正しく導こうとして遣わす「使徒（ルスル）」、④使徒が携えて人びとに伝えた神の啓示である「啓典（クトゥブ）」、⑤「来世（アーヒラ）」、⑥「神の予定もしくは定命（カダル）」です。

六信のうちの③④で特記すべきは、ムハンマドとクルアーンだけを③④の信仰箇条とするのでなく、アーダム（アダム）、ヌーフ（ノアア）、ムーサー（モーセ）、ダーウード（ダビデ）、イーサー（イエス）などムハンマドに先行する使徒たち、さらにムーサーに授けられた律法（タウラート）、ダーウードに授けられた詩篇（ザブール）、イーサーに授けられた福音書（インジール）などのクルアーンに先行する諸啓典の存在を信ずることも求められている点です。このことがユダヤ教徒やキリスト教徒を「啓典の民」と考える思想の背景にあるので、イスラームの視点から一神教の相互関係を考える場合には重要なのです。そのなかで、使徒ムハンマドと啓典クルアーンは最後にして最良の使徒、啓典であると考えられています。だからこそ、六信での使徒、啓典はアラビア語の複数形が使われているのです。

⑤「来世（アーヒラ）」とは、人間の暮らす現世がいつか終わりを告げ、最後の審判が行われた後に来る存在であり、具体的には、生前の信仰・行為に従って、人は楽園もしくは火獄という来世に永遠に暮らすことになるというのです。アラビア語で「宗教」を意味する「ディーン」はもともと「最後の審判」のことです。最後に、⑥「神の予定もしくは定命（カダル）」は、この世に起こるありとあらゆることを細大漏らさずアッラーはすでにみそなわしている、という信仰を表現することです。

五行（五柱）・六信と同様に、イスラームにおける信仰上の義務として、神と人間の間の縦の関係を規定するイバーダート（儀礼行為）と、人間と人間の間の横の関係を規定するムアーマラート（社会的義務）の二分類があります。イバーダートは、礼拝前の浄め（タハーラ）、礼拝（サラート）、喜捨（ザカート）、断食（サウム）、巡礼（ハッジュ）です。礼拝に付随するタハーラを除くと、五行（五柱）のうちの四つに相当しますが、五行の第一である信仰告白（シャハーダ）はあまりに明瞭すぎて法学者は通常論じないので含まれていません。ムアーマラートは、財産上または身分上の契約、犯罪、「イスラームの家」と「戦争の家」の関係など、人間同士の関係ないしはそれらを規律する規定の総称として使用されています。

したがって、ジハードは信仰上の義務である五行ではなく、ムアーマラートのカテゴリーに入りますので注意を要します。少数のイスラーム法学者はジハードを六番目の行に加えるべきだと主張していますが、広く受け入れられる意見にはなっていません。

**ジハードの原義は「努力する」**

それでは、ジハードとは何でしょうか。九・一一事件以降、日本では「聖戦」と一義的に訳されてしまったのでいささか誤解を招いたといえます。イスラームはテロを生み出す宗教だという時に持ち出されるのがこの「聖戦」としてのジハードだからです。もちろん、聖戦的な側面もありますが、それがすべてではないという点はあらかじめ述べておいた方がいいかもしれません。若干脇道にそれますが、ジハードはすでに日本語の語彙に入ったといってもいいかもしれません。直木賞受賞で有名になった篠田節子さんの『女たちのジハード』といった小説のおかげで、多くの人が考える「聖戦」の意味とはいささか異なる、後述する「大ジハード」として、比較的正確な意味が人口に膾炙《かいしゃ》したといえます。もちろん、イスラーム関係の用語でいえば、「甲子園は高校野球のメッカ」といったかたちですでに使われている用語もありますが、かえってメッカをアラビア語でより正確に「マッカ」と呼び変えるのは至難の業かもしれません。

ジハードのアラビア語の語源はJaHaDaで、原義は「努力する」という意味です。アラビア語の動詞には派生形というものがありまして、その第Ⅲ派生動詞に当たるJāHaDaが「アッラーのために自己を犠牲にして戦う」あるいは「聖戦を行う」という意味をもっていますので、「聖戦」の意味はないということではありません。クルアーンの悔悟章にも「己の財産と生命をなげうって奮闘した者は、神の目からは最高の地位にある」(九章二〇節)という一節もあります。スンナ派の法学者などは、自己の邪心を克服して信仰を深める個人の内面的努力を「大ジハード」、武器を取って戦うことを「小ジハード」とみなす場合もあります。

## 「コーランか、剣か、貢納か」の三択

ジハードは、ムハンマドが指導しているあいだはウンマ防衛の性格が強かったのです

が、正統カリフ時代（アブー・バクル、ウマル、ウスマーン、アリーの四代にわたるカリフの時代で、六三二〜六六一年）以降、「戦争の家（ダール・アル・ハルブ）」の大征服が進められて「イスラームの家（ダール・アル・イスラーム）」が拡大していきました。「小ジハード」には防衛ジハードと戦争ジハードがあり、信仰とウンマを防衛するための社会的義務としての十字軍やモンゴル侵略に対する戦いが防衛ジハードです。戦争ジハードはカリフ（ハリーファ）の大権によって宣戦が布告され、敵の改宗あるいは停戦協定によって終結しますが、ジハードによって戦死した場合は殉教者（シャヒード）として楽園（ジャンナ）に行くことが約束されています。信仰の保障あるいは共同体として保護されている「啓典の民」はジハードの対象にはならないのは言うまでもありません。

ただ、その後、イスラームの家も諸国家で分裂して拡大し続けるという状況でなくなったところで、前述のように、第三の概念として「和平の家（ダール・アル・スルフ）」というカテゴリーも出てきました。敵でも味方でもないという人びとの集団に対して呼ばれるようになりました（八五頁図7参照）。

今ではすっかり影をひそめてしまいましたが、以前は「コーランか、剣か（信仰か、死か）」という、中世ヨーロッパのキリスト教徒の側から見た戦闘的・暴力的・攻撃的イスラーム観が流布されていました。しかし、このようにジハードをあまりにも一面的に見る見方はヨーロッパ的な偏向であるという批判が高まって最近ではイスラームをこのような視座から断罪する傾向は少なくなったようです。むしろイスラームでは「コーランか、剣か、貢納（納税）か」の三択の方が実態に即しているといえます。宗教共同体として税金（ジズヤ＝人頭税）を払えばその共同体は信仰の自由が保障されたのでした。

しかし、このようなズィンミー制度はイスラームの優越を前提とした隷属的な制度だという批判は、現代における政治的イスラーム運動の活発化とジハード論が前面に押し出されることで、イスラームそのものへの偏見と共に、欧米社会では依然根強く残る見方だといえます。ただし、近代の市民社会的な価値規範をもちだして、中世のイスラームを批判したところであまり生産的な見方は生まれてきません。むしろイスラームの文脈で理解してみる努力が必要でしょう。もちろん、現在では、多くの欧米の研究者の共通理解として、中世イスラーム社会は中世キリスト教社会に比べて「相対的には」寛容であったという点で合意しているということをここで改めて強調しておきます。

## スンナ派とシーア派

ここでスンナ派とシーア派との違いも説明しておきましょう。実はパレスチナにはシーア派ムスリムがほとんどいないために、あまりシーア派との接点がありません（ドルーズ派は別ですが）。ただ、パレスチナ問題を理解する上で両者の違いというのは、イスラエルと対立するレバノンの民兵組織ヒズブッラーとは何かということを考える際に必要です。また、レバノン、イラク、そしてイランのシーア派ムスリムのネットワークは宗教教育のみならず、相互の人的交流という面からも緊密なものがあり、中東地域政治を考える上でたいへん重要なテーマです。

しかし、日本のメディアでは、スンナ派に対するシーア派といった場合には、イラクのように宗派対立といった側面から語られる方が多いようですが、実際にはむしろ預言者ムハンマドの後継者をめぐる争いであって、イスラームの基本的な考え方は共有しています。

たとえば、五行や六信は共有していますし、シャリーア（イスラーム法）の考え方もそうです。ムスリムにはシャリーアの法源として、前述のようにクルアーン、スンナ（預言者ムハンマドの言行。それをまとめた言行録をハディースといいます）があり、この二つの法源を類推、解釈し（キヤース）、さらにイスラーム法学者（ファキーフ、あるいは一般的にウラマー）が合意する（イジュマー）ことが必要なのです。この手続きの大枠はスンナ派もシーア派も相互に了解しています。ただ、シャリーアの新たな解釈に関する問題は近代以降のイスラーム改革運動の中で、「イジュティハード（法解釈の新たな努力）」の門を新たに開けることでヨーロッパ近代に直面し、新たな時代状況に対応していくことになります。

### ウンマの指導者が争点

さて、スンナ派とシーア派の違いですが、正統カリフ時代以降のウンマの指導者をどのように考えるかで争点が表面化したのです。カリフ（ハリーファ）とは預言者の後継者のことです。シーア派は正統カリフ時代後に成立したウマイヤ朝やその後の王朝を正統な後継者として認めませんでした。シーア派の人びとは第四代カリフのアリーの息子たちこそがイマーム（シーア派では「指導者」のことになります）であると主張します。ですから、初期の段階ではシーアト・アリー（アリーの党）と呼んでいたのですが（シーアは党、党派の意味です）、たんにシーア派と呼ばれるようになりました。初代イマームの（また第四代カリフでもあります）アリーの長男ハサンが二代目、そして第三代イマームが弟フサインになります。フサインはウマイヤ朝との戦いに敗れて、現イラクのカルバラーで悲劇的な殉教をとげ、のちに「殉教者たちの長」と呼ばれるフサインを哀悼するために、自らを叩いたり傷つけたりして彼の悲劇を追体験するアーシューラーといったシーア派独特の行事を生み出すことになりました。アーシューラー（「一〇」の変化形）はヒジユラ暦ムハッラム（第一）月一〇日目に当たります。

いずれにせよ、イラクなどの混迷した状況を見ていると、宗派間の紛争がひじょうに激しいように思えますが、日常生活のレベルにおけるスンナ派ムスリムとシーア派ムスリムは私たちが考える以上にともに生活しており、場合によっては通婚もあったりします。中東社会を見るときに宗教・宗派間の相違あるいはすれ違いを必要以上に強調するのは間違った先入観になってしまうことがあるので、やはり気をつけなければなりません。

# 第4講　ヨーロッパ対イスラーム──「一四九二年」という転換点

## ヨーロッパのイスラーム世界包囲網

　これまでヨーロッパ・カトリック世界のユダヤ教徒への差別とイスラーム世界でのユダヤ教徒に対する対照的な対応について述べてきました。カトリック世界が推し進めた十字軍はユダヤ教徒の迫害の歴史を考える場合、画期的な事件と位置づけることができます。この事件を境にユダヤ教徒への差別が新たな段階に入ったからです。ヨーロッパの「内なる敵」としてのユダヤ教徒がヨーロッパの「外なる敵」のムスリムと内通する不《ふ》倶《ぐ》戴《たい》天《てん》の敵として位置づけられて、十字軍がユダヤ教徒への迫害に拍車をかけることになるのです。また、十字軍はヨーロッパ世界のイスラーム世界に対する巻き返しの端緒となり、そ

図８　ヨーロッパによるイスラーム世界の包囲網の形成

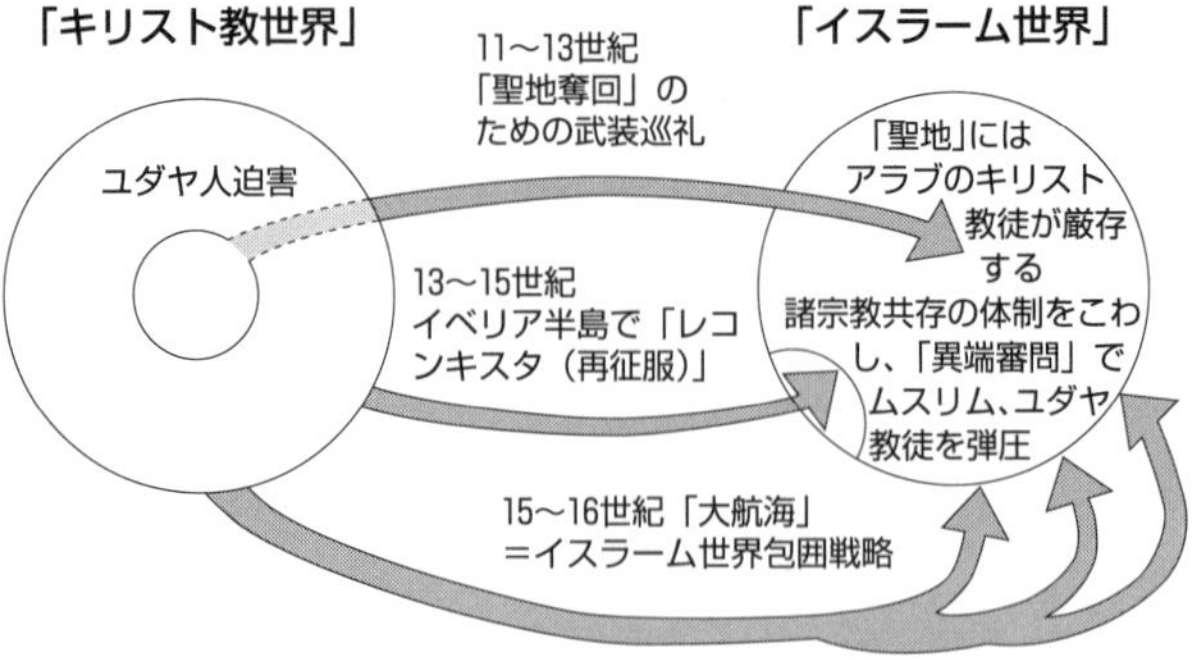
「キリスト教世界」
「イスラーム世界」
11〜13世紀
「聖地奪回」の
ための武装巡礼
ユダヤ人迫害
「聖地」には
アラブのキリスト
教徒が厳存
する
13〜15世紀
イベリア半島で「レコンキスタ（再征服）」
諸宗教共存の体制をこわし、「異端審問」でムスリム、ユダヤ教徒を弾圧
15〜16世紀「大航海」
＝イスラーム世界包囲戦略

（出典：板垣雄三『石の叫びに耳を澄ます』平凡社、1992年、28頁）

の後、一四九二年のレコンキスタ（イベリア半島の再征服運動）の完成とユダヤ教徒追放令、そして同じく一四九二年のコロンブスによるアメリカ大陸の「発見」に象徴される大航海時代へと続き、ヨーロッパによるイスラーム世界の包囲網が形成されていくことになります（図８参照）。エマニュエル・ウォーラーシュタインが説くところのヨーロッパの覇権の下での「近代世界システム」の形成の出発点もこの時期にありますが、それはヨーロッパ世界がイスラーム世界の覇権に対抗していくという契機とユダヤ教徒への迫害がこの時期の最初の段階から内在化されていたのです。ヨーロッパとイスラームにおけるユダヤ教徒に対する対照的な扱い方は、後々のパレスチナ問題の中に移植されたユダヤ人差別の裏返しのような非ユダヤ系市民への差別を構造化したユダヤ人国家がはらむ差別化問題の原型を形成するこ

とになります。

## 十字軍を機にユダヤ教徒はヨーロッパの「内なる敵」に

ところで、ヨーロッパ側のイスラームへの攻勢の端緒となった十字軍及びそれ以降の時代のキリスト教徒とユダヤ教徒との関係の転換について、アウシュビッツに消えたユダヤ人マルクス主義者は次のように述べています。「キリスト教が、事件と人間を常にマニ教的に分類したがるイデオロギー特有の論理（＝善悪二元論）によって、これらの非キリスト教徒（＝ユダヤ教徒）の中に自分達が敵として戦っている反キリスト教徒の共犯者、すなわちイスラム教徒を見たのは当然のことだったからである。……十字軍時代及びそれ以後の時代にユダヤ教が依然として存続したこのような消極的理由に、もう一つの積極的理由を付け加えねばならない。それはユダヤ人が獲得するに至った職業上の専門化である」（アーブラハム・レオン著、波田節夫訳『ユダヤ人と資本主義』法政大学出版局、一九七三年、四六頁、丸括弧内は引用者による）。

ここで指摘されている重要な点は、本講冒頭で述べたように、十字軍を機にユダヤ教徒がヨーロッパの「内なる敵」に位置づけられ、ムスリムと等置されることになったことと、十字軍後にユダヤ教徒は職業の選択肢を奪われ、ユダヤ教徒の位置づけが決定的に変わってしまったことです。そこでまず、イスラーム世界から見た十字軍とは何だったのかを簡単に見てみたいと思います。

## 十字軍国家の成立と滅亡

十字軍は、西ヨーロッパのカトリック教徒の国々が一一世紀末から一三世紀末までエルサレム奪還を名目として断続的に行ったイスラーム世界への軍事遠征です。イスラーム側から見れば、カトリック教徒の側からの一方的な侵略戦争です。そもそも、イスラーム世界、とりわけエルサレムにはカトリック教徒以外のキリスト教徒やユダヤ教徒も多数住んでいたのですから、キリスト教徒の手に聖地を奪還するという名目は成り立ちません。第一回十字軍（一〇九六～九九年）の原因は、セルジューク朝によるキリスト教徒や巡礼者への迫害だとされていますが、現在ではこの説明には疑問符が投げかけられているようです。たとえば、「(セルジューク・トルコが）実際にキリスト教徒を迫害したかどうかについては疑問が出されており、それを十字軍の主要因とするかつての通説は批判されている。（中略）ウルバヌス二世に軍隊召集の直接的動機を与えたものは、ビザンツ皇帝アレクシオスの要請であった」（八塚春児『十字軍という聖戦―キリスト教世界の解放のための戦い』ＮＨＫブックス、二〇〇八年、三六頁、丸括弧内は引用者による）という指摘もあるからです。

十字軍はエルサレムを含むシリア地域を占領して十字軍の国家を建設しました。しかし、内陸シリアを統一したヌールッディーン（一一一八～七四年、ザンギー朝第二代アミール。在位一一四六～七四年）がジハードを宣言してムスリムの結束を呼びかけ、さらにシリア、エジプト両地方を支配したアイユーブ朝のサラーフッディーンが一一八七年にエルサレムを再奪還し、最終的には一二九一年に地中海の要塞アッカーがムスリムの手に落ちて、十字軍国家は滅亡しました。

### サラーフッディーン、エルサレム奪還

イスラーム側で英雄とされているサラーフッディーン（一一三八～九三年）はアイユーブ朝初代スルターン（スンナ派の政治権力者、君主に与えられた称号、在位一一六九～九三年）ですが、ヨーロッパ世界ではサラディンの名で知られています。彼は故サッダーム・フセイン・イラク元大統領と同じくイラクのティクリートのクルド系家系に生まれたといわれています。サラーフッディーン自身はザンギー朝のヌールッディーンに仕え、軍司令官としてエジプトに派遣され、一一六九年には事実上の支配権をにぎり、七一年にはシーア派イスラームのイスマーイール派に属するファーティマ朝カリフを廃してエジプトにアイユーブ朝というスンナ派イスラーム政権を樹立しました。

さらにヌールッディーンの没後、ダマスクスと中部シリアをも支配下に置き、十字軍と戦ったのです。そしてついに一一八七年にエルサレムの奪還に成功しました。現在でも東エルサレムのパレスチナ人の繁華街のメインストリートには彼の名前が冠されています。

同時代のアラビア語史料には十字軍を意味する「サリービーユーン（「十字（サリーブ）」の形容詞の複数形）」という単語はほとんど出てこず、「フランク人（ファランジー）」という単語が使われていたそうですが、当時のムスリムにとって十字軍とはヨーロッパからの侵略者の集団にすぎなかったということです（アミン・マアルーフ著、牟田口義郎・新川雅子訳『アラブが見た十字軍』改訳版、ちくま学芸文庫、二〇〇一年）。

## 十字軍が行った聖所独占と暴虐行為

わが国での十字軍研究の第一人者であった橋口倫介氏（元上智大学長）は『十字軍――その非神話化』（岩波新書、一九七四年）において次のように十字軍を描いています。

「イスラム支配下のエルサレムは、アル・ハーキム（九八五～一〇二一年、ファーティマ朝カリフで、イスマーイール派に属し異教徒を弾圧したことで知られる）時代の例外を除いて、キリスト教徒の巡礼に城門を開き、聖墳墓教会は破壊を免れ、礼拝の自由を許されていた。しかるに十字軍は、都を武力で奪取したうえ聖所を独占しようとしたばかりか、異教徒の家財を奪い、あるいは市外に追放しあるいは集団殺戮をほしいままにし、寺院を瀆《けが》してかれらの礼拝を禁じた。戦争にはつきものの暴虐行為とはいえ、それは史上拭いがたい一大汚辱の行跡であった。／狂気の沙汰は、ゴドフロワ伯の主力部隊が北壁花門（ヘロデ門、五一頁図３参照）から市内に突入すると同時におこった。かれらは、それからが本格的な戦闘の始まりだと勘違いしていたのかもしれないが、街路に逃げまどう相手は非戦闘員の市民が多かった。／（中略）キリスト教徒側の年代記類もこれらの残虐行為と掠奪のすさまじさを、別に隠そうとも弁明しようともせず淡々と語っている」（同上書、一〇五〜一〇六頁、丸括弧内は引用者による）。

## ユダヤ教徒虐殺問題

本講で強調したい十字軍が抱え込んだ深刻な問題はむしろユダヤ教徒の虐殺も伴っていたことです。橋口氏は続けます。

「サラセン人という総称で、アラブ人、トルコ人、エジプト人、エチオピア人などのイスラム教徒は一括して仇敵とみなされ、兵士たると市民たるとを問わず、老若男女、貴賤の別なく強奪と殺戮《さつりく》の対象とされた。ユダヤ人も例外ではなかった。（一〇九九年）七月十六日の朝、十字軍士は市内の東北地区で多数のユダヤ人を駆り出し、かれらを中心街のシナゴーグに集めた。イスラム教徒とはちがった扱いをうけることを期待した者もあったが、キリスト教徒の仕うちは冷酷そのものであった。会堂の扉は外から密閉され周囲に火が放たれると、ユダヤ人たちは阿鼻叫喚のうちに生きながら全員焼き殺された」（同上書、一〇七頁、丸括弧内は引用者による）。

と指摘し、第二次世界大戦中、フランスでナチスがおこなった「オラドゥール事件」（一九四四年六月、中部フランスのオラドゥール村で起きたナチス親衛隊員の殺害への報復として六四二人の村民が虐殺された事件）の原型をここに見出すことができると現代の事件に引き付けて同時代的な解釈で橋口氏は記述するのです。

「今またかれら（＝ユダヤ教徒）はキリスト教徒の手にかけられ、神殿の土台に遺る『嘆きの壁』のかたわらに無残な焼死体をさらす悲運にみまわれた。それは一時の戦闘に興奮した一部の兵士による偶然の不祥事とはいえない。十字軍はすでに西ヨーロッパをたつにあたって、出陣の景気づけのためいくつものユダヤ人町を襲い、無辜《むこ》の住民を血祭にあげてきたのである。これまでそうであったように、今後の十字軍もまたそのような悪業をかさねることであろう」（同上書、一〇七頁、丸括弧内は引用者による）。

十字軍は出発前から「出陣の景気づけのために」ユダヤ教徒を殺戮の対象にしていましたが、これを十字軍の特性の一つとまでいうのです。宗教的なレベルでの反ユダヤ主義が十字軍には刻印されているといわざるをえないのです。

「一一八八年、英仏独三国の君主が率いた豪華な十字軍が出陣する時も、カンタベリー大司教ボールドウィンが農村をまわって民衆十字軍を勧説した直後、ユダヤ人の虐殺がおこっている。事例は枚挙にいとまがない。G・フールカンはこのいまわしい慣例を『暴力的メシアニズム』、『黙示録的反セミティズム』とよんで、十字軍の特性の一つに数えている」（同上書、一〇八頁）。

## 中世キリスト教社会のユダヤ教徒嫌悪

「イエス・キリスト殺しのユダヤ人」という宗教的なレベルでの素朴なユダヤ教徒嫌いの感情が中世には儀式殺人あるいは血の中傷というかたちであらわれたということは、第2講でも簡単に述べました。このような邪悪なユダヤ教徒のイメージが膨らんでいって、たとえば、キリスト教徒の共同体の泉に毒を盛るといったような陰謀をめぐらすユダヤ教徒のイメージにまで至ってしまうわけです。だからこそ、さらに先述したように、十字軍兵士たちは出兵に際してユダヤ教徒を虐殺したりするわけです。「黙示録的反セミティズム」とはナチスによるホロコーストを指す場合に使用されることがあります。黙示録は「世界の終末」を告げることによって現在の苦難を耐え、将来「新しい世界」が出現することに未来の希望を託すという考え方ですが、ホロコーストという惨劇同様、そのような考え方は外側にいる非キリスト教徒には不可解なものでした。

このように、中世キリスト教社会ではユダヤ教徒を嫌悪する差別感情が定着していったため、ユダヤ教徒の職業は制限されていくことになりました。一〇七八年にローマ教皇グレゴリウス七世がユダヤ教徒に対し「公職追放令」を発布すると、すべての職業組合からユダヤ人が締め出される事態となりました。またキリスト教は、他人にカネを貸して利息を取ることは罪悪であると考えていました。ところが、ユダヤ教は「タルムード」の中で、非ユダヤ教徒から利子を取ることを許していたので、ユダヤ教徒は古くからキリスト教徒に対して高利貸業を営むことができたのです。

そのため公職追放令が発令されると、ユダヤ教徒はキリスト教徒には禁止されていた金融業に手を染めていきました。「カネに汚い高利貸し」というユダヤ教徒のイメージがキリスト教社会で定着していったのはこの頃からだといわれています。

## ゲットーへの居住を強制する勅書の発布

ゲットーというのは、中世ヨーロッパにおいてユダヤ教徒が法律によって居住を強制された街区を指す言葉です。ヴェネチアに初めて設置されたといわれていますが、ローマ教皇パウルス四世がユダヤ教徒にゲットーへの居住を強制する勅書を一五五五年に発布すると、またたくまにヨーロッパ各地に広まったといわれています。ユダヤ人に対する差別的な政策は制度化してしまったのです。

しかし、すべてのユダヤ教徒がゲットー内での生活を強いられていたわけではありませんでした。自由な特権を享受していた少数のユダヤ教徒も存在していました。そのようなユダヤ教徒はドイツでは諸侯の高級官僚や宮廷出入りの御用商人となっていたためドイツ語で「ホフ・ユーデン（宮廷ユダヤ教徒）」と呼ばれていました。彼らは商才によって莫大な富を蓄積していきました。億万長者として有名なロスチャイルド家も「ホフ・ユーデン」の出身でした。

一方で、イベリア半島ではキリスト教徒によるムスリム追討戦争であるレコンキスタ（再征服運動）が展開していました。イベリア半島の統一をすすめるイサベルとフェルナンドの両王は、イベリア半島最後のイスラーム勢力であったナスル朝のグラナダ王国への攻撃を開始します。一四九二年一月、グラナダ王国のアルハンブラ宮殿にイサベルとフェルナンドの両王が入城しました。イベリア半島からイスラーム勢力が一掃され、レコンキスタが完了した瞬間です。同時期の九二年三月、両王は「アラゴンおよびカスティーリャからのユダヤ教徒追放に関する一般勅令」を発布します。その内容は、その年の七月末までにすべてのユダヤ教徒を領土から追放し、この命令を無視して領土内で捕らえられた場合には「死刑と財産没収の刑」となるというものです。

ここでもユダヤ教徒はムスリムと同列に扱われて、追放の憂き目に遭うわけです。「一四九二年」という年はユダヤ民族史では、第二神殿の崩壊、ショアー（ホロコースト）とともに民族的な惨劇の年と位置づけられています。

## 「大航海時代」のヨーロッパ世界とイスラーム世界

このユダヤ教徒追放令によってコンヴェルソ（改宗ユダヤ教徒）が誕生することになります。マラーノ（隠れユダヤ教徒）と蔑称で呼ばれることになりますが、最近では日本に来た宣教師はカトリックに改宗したマラーノだったという議論も出ています。また、この年、コロンブスは新大陸に向けて出航します。その船員もマラーノだったという説もあります（シモン・ヴィーゼンタール著、徳永恂・宮田敦子訳『希望の帆—コロンブスの夢　ユダヤ人の夢』新曜社、一九九二年）。そして一四九二年はアメリカ大陸の「発見」という意味でも重要な歴史的転機になったのです。

一五世紀中頃から一七世紀中頃まで続いたインドをはじめとするアジア大陸・アメリカ大陸などへのヨーロッパの植民地主義的な海外膨張の時代は「大航海時代」とも呼ばれて

いました。大航海時代もヨーロッパ世界とイスラーム世界との対抗関係のバランスの変化のなかで見ていかなければその世界史的な意味を理解することができません。中世の地中海世界の貿易はムスリム商人に牛耳られていましたが、十字軍以降、次第にイタリアのキリスト教徒を中心に地中海貿易に参入してくることになります。

他方でムスリム商人の仲介を経ないで絹・陶磁器・香辛料などの東方からの貴重な物産を直接手に入れるために、地球球体説に基づき新たな航路を求めて西方に向かって航海を始める動きも見られます。一五世紀末に始まるスペインとポルトガルによる大航海時代と、それに伴う商品経済の拡大は、商業資本による利潤の追求という重商主義を生み出しました。重商主義は、一六世紀以降成立する絶対主義王朝下で各国の君主たちにとって、自国の富国強兵を図るための最大の関心事となりました。新たな資本主義経済的な発展のもとで、ユダヤ教徒たちは次第に中世的な商工業組合（ギルド）の拘束や制限から解放され、その経済活動において大いに有利な方向へと変化していったのです。

コロンブスの新大陸への航海は、一四九二年にスペインを追放されたユダヤ教徒を船員として雇って行われたという逸話もあいまって、この時代のさきがけとなりました。

ある歴史家は次のように一四九二年の意義を述べています。「両アメリカ大陸をキリスト教の布教とヨーロッパからの移民に開放することにより、一四九二年のもろもろの出来事は世界の各地域の地図を根こそぎ書き直し、世界の文明の分布を大幅に書き換えた。それまでイスラムにより頭打ちの傾向を強いられていたキリスト教圏は、これと対等の位置まで上昇を開始し、信者の人数でもその地域の広さでも時にはこれを凌ぐほどの隆盛を示し始めた」（フェリペ・フェルナンデス＝アルメスト著、関口篤訳『1492　コロンブス―逆転の世界史』青土社、二〇一〇年、一二頁）。

## 「一二世紀ルネサンス」で起きた翻訳運動

十字軍は同時に、イタリア・ルネサンスに先立つ「一二世紀ルネサンス」と呼ばれるヨーロッパにおけるアラビア語からラテン語への翻訳運動という大きな波を生み出しました。この「一二世紀ルネサンス」で重要な点は「西欧世界がイスラム文明に出会ったという事実です。つまり、それまで閉ざされた地方的一文化圏にすぎなかった西欧世界が、ここではじめて、アラビアの先進的な文明に接し、そこからギリシアやアラビアの進んだ学術・文化をとり入れ、自己の文明形態を一新したということです」（伊東俊太郎『十二世紀ルネサンス―西欧世界へのアラビア文明の影響』岩波書店、一九九三年、五頁）。

シチリア王国の首都パレルモの宮廷では古代ギリシアの科学・医学・哲学などのギリシア語原典がアラビア語に翻訳されており、それをさらにラテン語に翻訳するというものでした。また、スペインのレコンキスタ運動の過程でも、トレドなどの都市でアラビア語の医学・数学などの文献が翻訳されました。

とりわけ、イベリア半島のユダヤ教徒がこの大翻訳運動で果たした役割は特筆に値します。というのも、ムスリム統治下のイベリア半島（アンダルス）ではユダヤ教徒は官吏をはじめとして医師・学者などの専門的知識をもつものも多かったからであり、アラビア語に堪能だったことは言うまでもありません。たとえば、第2講でも触れた、ヨーロッパではマイモニデスとして知られるラビ・モシェ・ベン・マイモーン（ラムバム）はヘブライ語のみならず、アラビア語でも書を著しているのです。

## スファラディームとアシュケナジーム

スペインから追放されたユダヤ教徒はスファラディームと呼ばれています。このスペイン系ユダヤ教徒の呼称は、ヘブライ語で「スペイン」を意味するスファラードという単語の形容詞の複数形です。彼らはラディーノ語（中世カスティーリャ方言）を話すユダヤ教徒で、主に地中海沿岸に住んでいました。イベリア半島から追放されたユダヤ教徒の一部は、イギリスやオランダなどのユダヤ教徒迫害の少ない北方のプロテスタント諸国に移住していました。オランダの哲学者スピノザ（一六三二年〜七七年）がスファラディームの一人であることはよく知られています。

　スファラディームの多くは北アフリカのムスリム王朝やもっと東方の東地中海のオスマン帝国領に逃れてこのイスラーム帝国の保護の下で繁栄しました。サロニカ（現ギリシア領テッサロニキ）の人口の半数以上がユダヤ教徒だったともいわれています。スルタンの王宮で医者、商人、官吏などとして重用されたのです。スファラディームはオスマン帝国に軍事技術をもたらしたといわれており、スペインは「敵」に貴重な情報源を提供してしまったことになります。スファラディーム系の代表的な名望家には、ナスィー家、ベンベニステ家などがあります。現地のロマニオット（ビザンツ帝国以来のユダヤ教徒）は結果的に、文化的水準が高く、オスマン帝国に新たな技術をもたらしたスファラディームに同化されてしまいました。このスファラディームはパレスチナのエルサレムやサファド（ヘブライ語ではツファト）に定住しました。

　オスマン帝国ではスファラディーム系ユダヤ教徒はミッレト（宗教共同体）として自治が認められていました。イスタンブルではハハム・バシュ（賢者の長老）と呼ばれる首席ラビが帝国内のユダヤ教徒ネットワークを統括していました。また、聖地エルサレムのラビは特別に「リショーン・レ・ツィオーン（シオンの第一人者）」と呼ばれて、特別の地位が与えられました。

他方、ヨーロッパにはアシュケナジームと呼ばれるユダヤ教徒がいました。このドイツ系ユダヤ人はヘブライ語で「ドイツ」の意味を持つアシュケナーズに由来しています。彼らはイディッシュ語（中世高地ドイツ語の方言）を話すユダヤ教徒で、一五世紀頃までにドナウ川周辺から東欧・ロシアに移っていきました。アシュケナジームについては「ハザール起源説」と呼ばれる議論があります。トルコ系と思われるハザール王国の国王がイスラームのアッバース朝、そしてキリスト教の正教のビザンツ帝国の狭間《はざま》にあったために、九世紀はじめにユダヤ教に改宗してユダヤ教の帝国になったという説です。その当否は別としてそれがアシュケナジームの起源という説として人々の関心を呼びました。アーサー・ケストラーの著書『ユダヤ人とは誰か―第十三支族・カザール王国の謎』（宇野正美訳、三交社、一九九〇年）で広く知られるようになったのです。

## ディアスポラのイメージの変化

離散は英語では「ディアスポラ」と呼ばれますが、その定義は、定冠詞を伴う大文字ではじまる「（バビロン捕囚後の）ユダヤ人の離散」、定冠詞を伴う小文字で始まる「《集合的》離散したユダヤ人（の住む国々）、現在イスラエル以外の国に住むユダヤ人」（『グランドコンサイス英和辞典』三省堂、二〇〇四年）ということになります。定冠詞を付けて使用される場合は、ユダヤ教徒の離散に限定して使われることが、この語義からもわかると思います。「ディアスポラ」の語源は、ギリシア語の「撒《ま》き散らす」に由来します。元来は、植物が風などによって種を撒き散らして、撒き散らされた地で実を結ぶといった具合に、自然現象を表す言葉でした。

一般的には、これがもっぱらギリシア人の入植活動、すなわち拡張主義的な移住を示す言葉として使用されました。古代ギリシアにおけるディアスポラが、植物の繁殖力やギリシア人による植民活動と結びついたポジティヴなイメージだけでなく、後にユダヤ教徒の離散経験と結びつけられるネガティヴなイメージも、すでに伴っていたのです。

「ディアスポラ」がユダヤ教徒のケースに初めて当てはめられたのは、紀元前二五〇年前後に成立した『七〇人訳聖書《セプトゥアギンタ》』においてでした。プトレマイオス朝エジプトの為政者に命じられて、ヘブライ語聖書をギリシア語に翻訳したアレクサンドリアのユダヤ教学者たちが、その中で「バビロン捕囚」について使われていた「ガルート」（複数形）ないし「ゴラー」（単数形）という単語の訳語に、ギリシア語のディアスポラを当てはめたのでした。紀元前後の数世紀にわたって、ユダヤ教徒の多くはすでに自発的にパレスチナの外へと移住しており、ディアスポラのユダヤ人口の方がパレスチナのユダヤ教徒よりも多かっただけでなく、ユダヤ文化の中心も、すでにパレスチナからディアスポラへと移っていました。

## 「ガルート」をめぐる思想

現在のユダヤ教の母体となっているラビ・ユダヤ教では、「ガルート」や「ゴラー」というヘブライ語の言葉が伝統的に使われてきました。ガルートは単に一つの民族が世界中に散り散りになるといった空間的な概念というよりは、むしろ救済を前提とする終末論的意味合いを帯びた時間的な概念でした。というのも、「イスラエルの地」からの離散は、後代になると、ローマ帝国によってイスラエル王国が滅ぼされたという歴史的事実を越えて、ユダヤ教徒の神への背信が招いた神罰としての「追放（＝ガルート）」であると解釈されたからです。他方、ディアスポラは現代ヘブライ語ではテフツォートと訳されて、離散状態をそのまま現実として受け入れている用語です。

したがって、ガルートこそがパレスチナへの求心性を保つ精神的レベルにおける悲観的な考え方であり、テフツォートには離散を離散として受け入れる楽観的な姿勢が表現されています。後にシオニズムと呼ばれるようになるユダヤ・ナショナリズムは、ガルートの状態を否定して「約束の地」に戻ることがその中心的思想に据えられることになったのです。

# 第5講　オスマン帝国と東方問題

## オスマン帝国の絶頂と衰退

オスマン帝国（一二九九〜一九二二年）はイスラーム史における最後のイスラーム帝国だとみなされています。オスマン朝は世界帝国の性格をもっていましたが、その支配者の最大のアイデンティティの根源はムスリムであることだったといわれています。したがって、そのアイデンティティの根拠は宗教にあり、たとえば、オスマン帝国では民族としてのトルコ人であることはほとんど意味をもたず、副次的なものにすぎなかったのです。帝国の臣民は何よりもまず、ムスリムと非ムスリムに分けられ、非ムスリム臣民は宗教共同体に組織されて、ギリシア正教、アルメニア正教、ユダヤ教など、それぞれの宗教共同体に属し、枠内で一定の制限の下に、固有の信仰、習慣、生活様式を守りつつ、生活していました（鈴木董『イスラムの家からバベルの塔へ――オスマン帝国における諸民族の統合と共存』リブロポート、一九九三年、五一～五二頁）。

オスマン帝国は一六世紀前半に絶頂期に達します。その象徴的な事件がオスマン朝スルタンのスレイマン一世（大帝：在位一五二〇～六六年）による一五二九年の第一次ウィーン包囲でした。オスマン朝はすでにバルカン地域はもとより、ハンガリーのほぼ全土を支配下に置いたために、ヨーロッパにとって直接的な脅威でした。とはいえ、オスマン朝は「敵」とはいいながら、ヨーロッパとの経済的・文化的交流を深めました。

その結果、カフェを含むトルコ・コーヒー、シャーベットなどの飲食文化、トルコじゅうたんやオットマンチェアーなどの居住空間に関する文化、軍楽隊（メフテル）などの音楽文化（モーツァルトの「トルコ行進曲」付きピアノ・ソナタは有名です）、チューリップなどの園芸文化など、オスマン朝からヨーロッパにもたらされた文物は決して少なくないのです。そもそも、ヨーロッパで預言者ムハンマドをトルコ語的に「マホメット」と呼ぶ習わしがあったということ自体、ヨーロッパのイスラーム理解がオスマン朝経由でもたらされたことを示しています。

ところが、約一五〇年後の一六八三年の第二次ウィーン包囲はむしろオスマン朝の衰退の始まりを象徴する事件となってしまいました。オスマン朝は大敗北を喫し、一六九九年に締結されたカルロヴィッツ条約でハンガリーやクロアチアなどの中央ヨーロッパのほぼ全域を失ってしまいます。一八世紀末以後はバルカン地域をめぐって「東方問題」が展開され、オスマン朝はヨーロッパ列強からは「ヨーロッパの病人」として位置づけられることになったのです。

## 帝国内の三大ミッレト

オスマン帝国は多民族から構成されるイスラーム帝国ですので帝国内には非ムスリムの宗教共同体が多数存在しました。イスラーム法に基づく統治システムをもっているオスマン帝国は、帝国内の非ムスリムに対して、それぞれの宗派が宗教・伝統・習慣などを維持できるように、各宗派に広範な自治権を認めました。この宗教・宗派共同体を「ミッレト」と呼び、ミッレトの自治に基づく統治システムをミッレト制と呼んでいます。ミッレトとはもともとアラビア語のミッラに由来するトルコ語です。共同体の長はミッレト・バシュであり、神道・仏教系の宗教団体での一宗一派を管理する管長のような役割を担っていました。

ミッレト長は内向きには、宗教共同体の冠婚葬祭を含む日常的宗教業務の一切をその裁量で処理することができ、外向きには共同体の最高責任者として貢納などの義務を負い、ミッレトを代表すると同時にスルタンの意思を信徒に伝える役割をも果たしました。

オスマン帝国内にはギリシア正教会、アルメニア教会、ユダヤ教会の三大ミッレトがありました。ギリシア正教会には、同じ正教徒であるブルガリア人、セルビア人、アルバニア人も編入されていましたが、正教会のギリシア人支配に反発してブルガリア正教会が分離しました。オスマン帝国が衰退すると、ミッレトは、宗教・宗派共同体から民族運動の場へと変化していき、現代トルコ語のミッレトは民族・国家の意味をもつようになりました。換言すると、ブルガリア正教徒はブルガリア民族、セルビア正教徒はセルビア民族、アルメニア正教徒はアルメニア民族といったかたちで「民族集団」としての自己主張を行うようになって、オスマン帝国からの分離・独立を求めるようになりました。

## 分離・独立を促進した特権制度

オスマン帝国内におけるミッレトの分離・独立を急激に促進した制度として、カピチュレーション（Capitulations）という特権制度があります。当時の地中海の共通語であったフランス語ではカピチュラシオンといいます。この制度は、もともとはオスマン帝国が領内在住の外国人に対して恩恵的に認めた諸特権のことを意味しました。通商・居住の自由、領事裁判権、租税免除、身体・財産・企業の安全などを保障したのです。

一五三六年にスレイマン大帝がフランス王フランソワ一世に与えたのが最初で、一五七九年にイギリス、一六一三年にオランダにも同様の特権が付与されました。カピチュレーションは、経済的には首都イスタンブルを中心とした通商活動を活性化させるためであり、政治的にはフランスとの関係を強化するためでした。当時、オスマン帝国とフランスとは、ハプスブルク家という共通の敵に直面していたからだという説明もなされています。国際関係における合従連衡《がっしょうれんこう》の中で、フランソワ一世は宗教の違いを越えて、スレイマン大帝に援助を求めたわけです。

それに対し、スレイマン大帝は当時、オスマン帝国という「強国」の支配者として、「弱国」たるフランスに恩恵的に特権を与えたという、カピチュレーションの当初の段階で果たした役割を忘れてはならないでしょう。

### 特権制度が変質した「不平等条約」

ところが、一八世紀に入ってオスマン帝国が衰退の一途を辿りはじめると、カピチュレーションは西欧諸国によるオスマン帝国への侵略のための足がかりにされるようになりました。一七四〇年にオスマン帝国がフランスと新たに締結したカピチュレーションでは、フランスおよび帝国内のカトリック教徒に対する保護権が確認されて、以後フランスの特権はその都度更新されるものではなくなったのです。両者の間に結ばれたカピチュレーションは実質的にオスマン側に不利な「不平等条約」に変質しました。ヨーロッパ勢力とイスラーム勢力の力関係はすでに逆転していたからでした。

カピチュレーションに基づく不平等条約の締結は日本にとっても無関係な話ではありませんでした。黒船到来後の一八五八年に締結された日米修好通商条約のひな形も実はこのカピチュレーションに基づくものでした。この不平等条約は欧米諸国がアジア・アフリカ諸国を合法的に侵略するために使われることになったのです。東アジア世界は中国の冊封《さくほう》体制の下に朝貢貿易というかたちで国際関係を形成していました。しかし、日本もこの不平等条約の締結を通して、古い国際秩序から新たなヨーロッパの国際法システムに強引に引き摺り込まれることになってしまったのです。

アメリカが黒船を率いて日本にやって来た時、英仏露を中心とするヨーロッパ諸列強はクリミア戦争(一八五三〜五六年)と中国への対応に忙しかったため、東アジアの島国に力を割《さ》く余裕がありませんでした。そんな国際政治上の力の空白を狙って砲艦外交を展開したのがアメリカ合衆国の黒船であったということになります。

## 図9　ミッレト制と東方問題

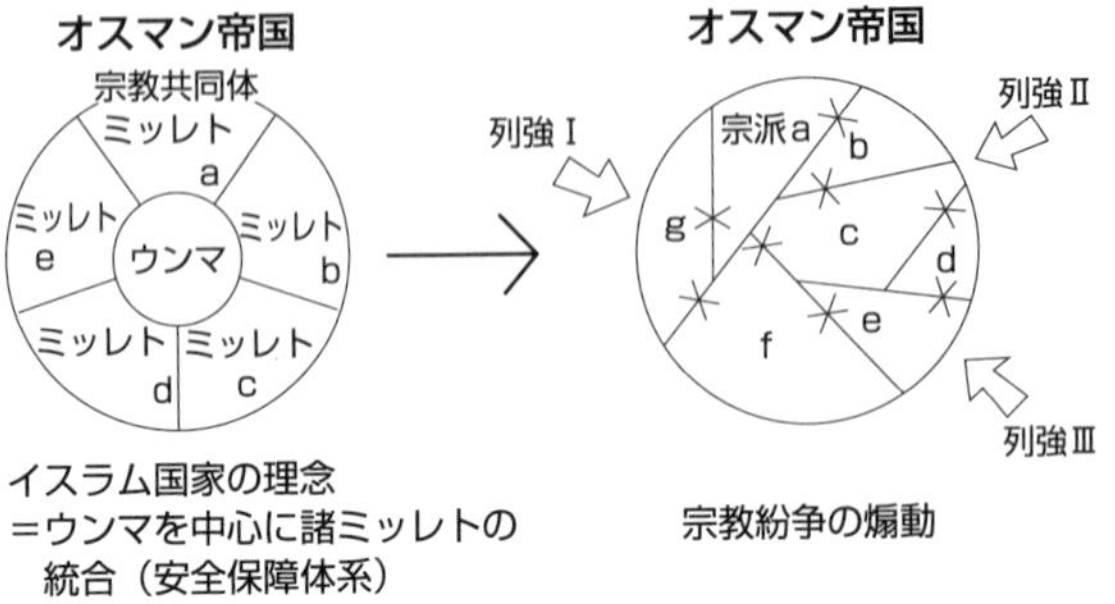


（出典：板垣雄三『石の叫びに耳を澄ます』平凡社、1992年、28頁）

### オスマン帝国をめぐる「東方問題」

東方問題は、ヨーロッパ側から見れば、英仏露墺などのヨーロッパ諸列強によるオスマン帝国領をめぐる外交紛争です。反対にオスマン帝国側から見れば、ヨーロッパ諸列強の介入によって帝国内の宗教・宗派紛争が激化させられてミッレト制が崩壊していく過程ということになります。換言すれば、東方問題を通じて宗教共同体の自治システムがオスマン帝国を内部から蝕《むしば》んでいくことになったのです。

例えば、フランスはオスマン帝国内のカトリック教会あるいはローマ教皇の権威を受け入れた東方教会であるユニエート（合同）教会を支援し、ロシアはギリシア正教会を保護し、イギリスはユダヤ教徒やドルーズ派ムスリムを保護するといった宗教・宗派レベルの同胞同士の連携関係によって外交紛争が帝国内の宗教・宗派問題に転化され、宗教的な代理戦争のような様相を呈したのです。

東方問題がいつからいつまでかという期間をどのように考えるかに関しては二つの立場があります。広義には、一四世紀末以降オスマン帝国のバルカン半島進出によって生まれて、第一次世界大戦後のトルコ共和国成立に至るまで、非常に長いタイム・スパンを取って、ヨーロッパ諸国とオスマン帝国との間の外交問題と考える立場があります。しかし本講では、狭義の「東方問題」として捉えていきます。それはオスマン帝国衰退期の一八世紀後半から一九世紀後半までの約一世紀間に起こった、ヨーロッパ列強間のオスマン帝国領をめぐる外交紛争として捉える立場です。バルカン地域のオスマン帝国領は一八世紀以降、縮小・解体に向かい、それに伴ってバルカン地域へのオーストリアとロシアの進出が始まったことに呼応しています。

## 「東方問題」最大の事件は「露土戦争」

東方問題を特徴づける最大の事件がロシア帝国とオスマン帝国との一連の「露土戦争」です。ロシア帝国は不凍港を求めて南下政策をとるわけですが、とりわけ地中海につながる黒海と、アジア大陸とヨーロッパ大陸を分けるボスポラスとダーダネルスの両海峡を支配してきたオスマン帝国とは一六世紀以来、幾度となく戦争を繰り返すことになります。

東方問題の期間中にも大きな戦争を幾度か引き起こしています。

まず一八世紀後半にピョートル一世はオスマン帝国の黒海の覇権を打破するきっかけをつかみます。一七六八〜七四年のロシア・トルコ戦争は通常「第一次露土戦争」と呼ばれることが多いのですが、戦後、キュチュク・カイナルジャ条約が締結され、エカチェリーナ二世がボスポラス・ダーダネルス両海峡の通航権を得てオスマン帝国の黒海支配を打ち破り、クリミア・ハーン国（黒海北岸のタタール系ムスリム国家）を独立させました。ロシアはこの条約でオスマン帝国領内のギリシア正教徒への保護権を得て帝国の内政に介入することになります。この戦争でヨーロッパ列強による東方問題への干渉パターンが出来上がるわけです。

一九世紀に入って勃発した一八〇六〜一二年の露土戦争は、ロシアがワラキア（旧ワラキア公国。現ルーマニア領）とモルダヴィア（旧モルダヴィア公国。現モルドヴァ。ルーマニアに接し、ラテン系民族が居住）を占領したことが原因となりましたが、ロシアは両国をオスマン帝国に返還する代わりに、ベッサラビア（黒海北西岸の丘陵地帯）を併合し、その際セルビアも自治を獲得しました。さらにギリシア独立戦争の際に起こった一八二八〜二九年の露土戦争では、ロシアはオスマン帝国に対して、ギリシア独立、東部アナトリアの一部割譲、ロシア商船の両海峡通航権を認めさせ、黒海の通商権を掌握しました。

一九世紀半ばの東方問題の頂点ともいうべき露土戦争がエルサレムやベツレヘムの聖地管理権を巡って勃発したクリミア戦争（一八五三〜五六年）でした。ロシアのニコライ一世はそれまでにバルカン半島に足がかりを築いていましたが、勢力均衡が破れることをおそれたイギリスなど他の列国との争いを招いてしまいました。クリミア戦争ではロシアは英・仏・オーストリア・プロイセンなどの支援を受けたオスマン帝国に敗北しました。その結果、パリ条約で黒海の中立化と万国の商船への開放、ドナウ川の国際管理化、ワラキアとモルダヴィアの自治化などが認められて、ロシアはその排他的既得権益を失ってしまいました。

その後、一八七七〜七八年の露土戦争でも、ボスニア、ヘルツェゴヴィナやブルガリアなどで起きたスラヴ系諸民族の蜂起をめぐって、ロシア帝国とオスマン帝国は戦火を交えましたが、サン・ステファノ条約によってオスマン帝国はバルカン地域の領土の大部分を失って、ロシアの影響力が高まりました。そのため、ドイツ帝国の宰相ビスマルクが一八七八年にベルリン会議を開催して、オスマン帝国側に有利なように講和条件を修正しました。このベルリン条約によってしばらく東方問題をめぐる事態は平穏化するのですが、オスマン帝国の弱体化は決定的になってしまいます。さらに決定的な事件は第一次世界大戦で、オスマン帝国はドイツ側に立って参戦するという取り返しのつかない選択をして敗北を喫してしまい、帝国はその終焉を迎えるわけです。

### 「東方問題」はヨーロッパ列強からは「外交問題」

そもそも、「東方問題」という呼び方に違和感を覚える方もいるかもしれません。というのも、ヨーロッパ中心的な視点を否応なく感じてしまうからです。オスマン帝国が「瀕死の病人」であるかのような見方自体が今や批判にさらされている歴史観であるわけです。オスマン帝国をきちんと内部から見る視座が必要でありますし、現にオスマン史研究には厚い蓄積があることはいうまでもないことです。にもかかわらず、ここで「東方問題」として取り上げるのは、現代中東政治の原点がこの時期にあると考えるからです。というのも、外交と内政が密接に結びつくという現代中東政治のパターンはまさにこの時期に形成されたものです。国内政治でありながら国際政治として現象し、その逆もまた可なり、だからです。換言すれば、国内政治と国際政治を切り離すことができないという現代中東政治の特徴です。中東のわかりにくさともかかわってきます。

東方問題では一八二一年以降のギリシア独立運動に代表されるようにバルカン諸民族の独立運動が活発化しました。換言すると、東方問題はヨーロッパ諸国にとっては主として

「外交問題」、バルカン諸民族にとっては「民族問題」、オスマン帝国にとっては「領土問題」の側面をもったといえます。複雑な側面をもつこの問題を「東方問題」と総称する場合、あくまでヨーロッパ列強から見た「外交問題」の側面が強調されます。

狭義の東方問題に関する列強間の外交問題は一八七八年のベルリン会議でとりあえず決着を見ました。この会議以降に始まる帝国主義時代には、ヨーロッパ諸列強の利害関係は全世界的な問題に拡大していきました。もちろん、バルカン地域の民族問題は少しも解決されたわけではなく、よく知られていますように、二度のバルカン戦争が直接的には第一次世界大戦を引き起こす原因となりました。

のちの話になりますが、米ソ冷戦終焉後に旧ユーゴスラヴィアのボスニア・ヘルツェゴヴィナやコソボでの地域紛争が激化して、「民族浄化」の問題が国際的な人道問題として脚光を浴びることになりました。その意味では、米ソ冷戦終焉は二〇世紀末に新たな「東方問題」を引き起こしたと考えることもできます。

## 現代アラブ政治に結びつく四つの事件

本講はパレスチナ問題を中心に議論していますので、むしろ現代アラブ政治に結びつく文脈で東方問題に直接かかわる事件を見てみましょう。その際挙げることのできる最初の事件は、ナポレオン・ボナパルトによるエジプト遠征（一七九八〜一八〇一年）です。ナポレオンのエジプト遠征が東地中海地域の近代の幕開けになったのです。ナポレオンはエジプト遠征によってマムルークなどエジプトの旧勢力を一掃したからです。ナポレオンはシリア地域まで軍隊を派遣しますが、港町アッカーの砦《とりで》を落とすことができず、結局、ネルソン提督率いるイギリス海軍によって壊滅的な打撃を受けて敗北することになります。

第二の事件は、一八二〇〜三〇年代のエジプト総督ムハンマド・アリー（一七六九〜一八四九年）によるシリア遠征です。ナポレオン撤退後、エジプトではムハンマド・アリーのオスマン帝国からの自立化が始まります。

ムハンマド・アリーはヨーロッパをモデルにした富国強兵・殖産興業に基づいてエジプトの近代化を開始して、明治維新よりも半世紀早く近代国家づくりを試みるのです。そして息子イブラーヒーム・パシャ（一七八九〜一八四八年）をシリアに派遣し、シリア地域を支配します。このイブラーヒーム・パシャによるシリア支配の約一〇年（一八三〇〜四〇年）は、宗主国オスマン帝国の近代化の改革に先駆けるものでした。スルタン・アブデュルメジト（在位一八三九〜六一年）は一八三九年末にギュルハネ勅令を発布してタンズィマートと呼ばれる一連の諸改革を開始することになりました。この勅令で近代法的なレベルでムスリムと非ムスリムの関係が対等になり、スルタンにより保護（ズィンマ）を与えられたズィンミーであるキリスト教徒とユダヤ教徒はヨーロッパ近代の基準での「市民」として法的に平等になったわけです。

第三の事件は、エルサレム・ベツレヘムの聖地管理権に端を発したクリミア戦争です。前述のように、ロシア帝国は一八世紀以来、オスマン帝国内のギリシア正教徒の保護を行ってきました。フランスも帝国内のカトリック教徒の保護者を任じていました。そのため、エルサレムにある聖墳墓教会とベツレヘムにある聖誕教会の管理をめぐって正教徒とカトリック教徒の間で争いが生じていました。一八五〇年代初頭に両者はスルタンに裁定を求めたのですが、スルタンが一八五三年にカトリック教徒側を支持する裁定を下したことがロシアの介入を招いたのです。これがクリミア戦争の原因でした。

第四は、一八七七年の露土戦争とベルリン会議を中心とする時期ですが、この戦争は直接的な影響というより、オスマン朝スルタンのアブデュルハミト二世（在位一八七六〜一九〇九年）の専制政治が始まったという意味でアラブ世界の新たな時代の始まりでした。そして帝国主義時代を経て後に第一次世界大戦が「東方問題」の行き着いた帰結だということになりますが、東方問題はとりあえずベルリン会議で収束するという立場から、一八八〇年代以降は帝国主義の時代ということで第二部以降に譲りたいと思います。

## エルサレムの属する行政区の再編

クリミア戦争後、オスマン帝国は聖地エルサレムの国際的重要性が増大したことを受けて、パレスチナ地域にあるエルサレムの属する行政区の中央集権的な再編を行います。クリミア戦争以前のパレスチナ地域に関していえば、パレスチナはいくつかの行政区からなり、単一の地域とはいえませんでした。

しかし、再編後はパレスチナ中部および南部を占めるエルサレム県は一八七四年にシリア州（ウィラーヤト・スーリーヤ）から分離し、独立した県（サンジャック）としてイスタンブルの内務省の直轄の特別県となりました。この特別県はアラビア語でムタサッリフィーヤ、トルコ語ではムタサッリフリクと呼ばれました。ムタサッリフと呼ばれる特別県知事もイスタンブルから直接派遣されました。パレスチナ北部のアッカー県とナーブルス県の両サンジャックはもともとダマスクス州（ウィラーヤト・アッ・シャーム）に属していましたが、一八八三年の行政区の変更でベイルート州に属することになりました。エルサレムがイスタンブル直轄の独立県に昇格したのは、エルサレムの特別な宗教的地位によるものに他ならず、ヨーロッパ諸列強への政治的な関心が聖地エルサレムに集中したからでした。

## イギリスはパレスチナではユダヤ教徒を支援

ところで、東方問題の最強の当事者であった大英帝国に関してですが、オスマン帝国との関係ではイギリスは独自の立場をとることになります。というのも、イギリスのキリスト教の宗派は宗教改革を経てプロテスタントになった英国国教会（アングリカン）であるが故に、オスマン帝国内に手を組むことのできる同胞となるべき宗教共同体がなかったからです。したがって、イギリスの外交政策はオスマン帝国領の保全を基本政策にしつつ、帝国内の地域によってそれぞれ違った宗教・宗派共同体と連携関係を組むことになります。イギリスはパレスチナではユダヤ教徒を支援することになったのです。

イギリスは在エルサレム英領事館を一八三八年三月に設立して、初代領事としてウィリアム・T・ヤング（在任一八三九〜四五年）を派遣しました。そもそも、イギリスが領事館を開設したのは、主にロシア、オーストリア出身のユダヤ教徒の「保護」を目的としていました。したがって、ユダヤ教徒を「保護」してイギリスのプロテジェ（被保護民）、つまりヨーロッパ的文脈では英国籍にすることを主な業務としていたのでした。イギリスの被保護民になったユダヤ教徒には、オスマン帝国が付与したカピチュレーションに従って帝国内に居住する「外国人」（オスマン帝国の文脈では帝国臣民でないキリスト教徒あるいはユダヤ教徒）の居留民の特権（治外法権や関税自主権など）が付与されることになるのです。

パレスチナがムハンマド・アリーの支配下に入った一八三〇年代以降、イギリス本国から聖地への巡礼者が増えたため、自国民の権益を守ることと、パレスチナにある英国国教会の宗教的諸施設あるいは教会関係者の保護なども領事館設立の動機としてありました。

**ヤング領事によるパレスチナのユダヤ教徒調査**

一八三九年一月、エルサレムを管轄するアレクサンドリアの総領事館からエルサレム領事ウィリアム・ヤング宛にパーマストン外相（一七八四〜一八六五年）の署名入りの訓令が届けられました。訓令によると「ユダヤ人全般に保護を与えることが駐エルサレム英領事としての貴下の責務の一部である。したがって、パレスチナにおけるユダヤ人人口の現状を大臣閣下に報告する機会を早急にもたれよ」（F. O. 78/368, No. 2, 31 Jan. 1839）という指示がありました。

ヤング領事は本国からの訓令を受け、早速調査のためガリラヤ地方に赴き、三九年五月にはパレスチナのユダヤ教徒の人口に関して本省に報告します。ヤングはパレスチナには九六九〇人のユダヤ教徒がいると推計しています。その内訳はエルサレムに五五〇〇人、サファドに一五〇〇人、ヘブロンに七五〇人、ティベリアスに六〇〇人が居住しており、ユダヤ教徒にとって聖地であるこの四都市にパレスチナのユダヤ教徒の全人口の約八六％が集中していたのです。

ヤングはパレスチナのユダヤ教徒の状態を次のように報告しています。「エルサレムのユダヤ教徒はほとんどが非常に貧しく、ヨーロッパの同胞ユダヤ人からの寄付がなければ生計をたてていくことができません。……もちろんごく少数のものは商業に従事しており、国中で物々交換や行商をやっています。現在、商業をやっていいことなどほとんどありません。というのも、国自体が貧しく、（外国からの）保護がなく、加えてペストが蔓延しているからです」。ヤングは、外国からの被保護民としての保護がないための差別の実例をあげます。「主人のない可哀相な犬のように道を横切っただけで蹴られ、大声を出しただけで殴られる」としてユダヤ教徒への保護の必要性を訴えるのです。

イギリスがユダヤ教徒の保護に乗り出すのは、宗教的感情に基づくイギリスのピューリタンあるいはイギリス政府の政策決定者のユダヤ教徒への同情の広がりが背景としてあったかもしれませんが、もちろんそのような同情だけではこのような重要な政治的決定がなされるはずがありません。この決定は東方問題の政治状況を勘案してイギリスの権益拡大に努めたパーマストン外相の状況判断によるところが大きいと思われます。パーマストンはイギリスの政治家に典型的に見られた非ユダヤ人のシオニストの原型ともいうべき人物で、オスマン帝国に対して「ユダヤ人の復興」を訴えた一人でした。

## ユダヤ教徒への宗教的愛着

ヤング領事に続いて赴任したジェイムス・フィン領事（在任一八四六年一一月〜六三年一〇月）はヘブライ語も解し、ユダヤ教徒への宗教的愛着を公の場で口にすることをはばからなかった人物でした。フィン夫人であるエリザベートは一八〇九年に設立されたロンドンに拠点をおく「ユダヤ教徒改宗促進ロンドン協会（London Society for Promoting Christianity amongst the Jews）」の熱心なメンバーで、ピューリタンの倫理観に基づき「遅れた」信仰をもつユダヤ教徒を哀れみ、キリスト教徒への改宗を推し進めたのでした。フィン領事は次のような領事報告を英外相に送ります。「ヨーロッパ諸国出身のユダヤ人はパレスチナで生活しそこで死を迎えたいという抗しがたい願望のためにパレスチナへの訪問に駆られてしまうことがしばしば起こっております。しかし旅券の有効期限は大変短く、とりわけロシアおよびオーストリアの旅券は短期間であり、ユダヤ人はほぼ例外なく期限を越えてしまい、ロシアおよびオーストリア当局は訴訟あるいは迫害でもってユダヤ人たちを受け入れることを拒否しております。そのようなユダヤ人はどうみても明らかにヨーロッパ生まれであることは自明であり、トルコ支配の臣民になることを受け入れないわけではないにもかかわらず、今回の事件のような理由から引き起こされる大変憂慮すべき帰結について承知いたしております……失効旅券を所持しているにもかかわらず当該諸国からプロテジェ（被保護民）として認められないユダヤ人に対してわが国が公式の保護を与えるよう要請するものであります」（F.O.195/292, No.11,12 March 1847）。

フィン領事は、英政府が無国籍となったユダヤ教徒に英国籍を付与して、被保護民にするように要請しているのです。このやり方はイギリスがパレスチナの状況に対して東方問題的文脈を踏まえて対応したものといえます。ヨーロッパ諸列強が聖地エルサレムへの関心を増大させたのは、先にも触れたとおり、エジプトのムハンマド・アリーによるシリア遠征とエジプト支配を契機としてでした。このとき、息子イブラーヒーム・パシャはヨーロッパ諸列強に対してパレスチナの門戸を開きました。その嚆矢《こうし》となったのが一八三八年のイギリスによるエルサレムにおける領事館開設でした。イギリスに続き、一八四〇年代にはプロシア（のちのドイツ）、フランス、アメリカ、オーストリア、ロシアなど主要欧米諸国もエルサレムに領事館を開設しました。

イギリスはプロテスタントの英国国教会であり、宗教的には新興勢力であり、仏露のようにパレスチナに宗教的な橋頭堡をもっていませんでした。ロシアがオスマン帝国内のギリシア正教徒すべてをロシアの保護下に入れるという強引な政策を発表してから、イギリスはロシアのオスマン帝国への影響力の拡大と干渉に対抗してオスマン帝国領内のユダヤ教徒の保護という名目が必要となり、エルサレムに領事館を開設することになったのです。英国国教会は外交努力が実を結び一八五〇年にはオスマン帝国によってミッレトとしても承認されました。

## ユダヤ教徒復興論とは「前千年王国説」

そもそも、イギリスがユダヤ教徒を被保護民にしようとした精神史的な背景は何だったのでしょうか。それはイギリスには一七世紀半ばのピューリタン革命以来、ユダヤ教徒の復興への支援の流れがあったことです。一六世紀初頭の宗教改革を境として、聖書解釈においてカトリックの反ユダヤ的姿勢からプロテスタント、とりわけピューリタンの親ユダヤ的姿勢への転換が起こりました。その親ユダヤ的姿勢の系譜はピューリタン革命の指導者オリバー・クロムウェル（一五九九～一六五八年）に始まります。彼は聖書の預言にしたがってユダヤ人が約束の地で復興することを望む強烈なユダヤ教徒復興論者でした。また、時代は下って一九世紀の第七代シャフツベリー伯爵ことアンソニー・アシュレー・クーパー（一八〇一～八五年）はユダヤ人復興論者で、「ユダヤ教徒改宗促進ロンドン協会」の会長を務めて、一八四〇年にパーマストン英外相に、当時パレスチナを統治していたオスマン帝国政府にユダヤ人国家建設を促す書簡を送るよう要請したのです。このような考え方をユダヤ教徒復興論と呼んでいます。

ユダヤ教徒復興論とはピューリタンとしてカトリックのユダヤ教徒観を百八十度転換するような発想をしており、ピューリタン独自の神学観に基づいていました。それは「前千年王国説」と呼ばれる考え方です。「前千年王国説」とは聖書の終末預言の一つです。聖書の歴史観は、天地創造によって歴史ははじまり、終末をもって歴史は終わります。聖書では終末について書かれた文書は旧約聖書の「ダニエル書」と新約聖書の「ヨハネの黙示録」といわれます。「ヨハネの黙示録」によれば、終末の前にキリストが再臨し、サタンは鎖につながれて、至福の一〇〇〇年間が到来すると予言されています。

しかし、「キリストの再臨」と「千年王国」との前後関係については明確な記述がないために、二つの千年王国理解が出てきたというのです。一つは、教会の努力によって千年王国が実現した「後」にキリストが再臨するという「後千年王国説」であり、もう一つは、千年王国の前にキリストは再臨し、キリスト自ら千年王国を打ち建てるという「前千年王国説」です。

現在の福音主義者たちは「前千年王国説」を信じています。それは歴史に対しては極めて悲観的で否定的な態度を導き出します。千年王国はキリストの再臨の結果、この世と歴史が審《さば》かれた後に、キリスト自身によって実現されます。したがって、「現在」は、キリスト再臨の直前、すなわち、審きの直前であると受けとめられているので、この世を改善することは無益であり、ただ、悔い改めて、キリストの再臨と審きに備えるだけだと言うのです（森孝一『宗教からよむ「アメリカ」』講談社選書メチエ、一九九六年、一八七〜一八八頁）。

このような前千年王国説は一七世紀のピューリタンにも共有され、その後イギリスにおいて脈々と生き続けることになったのです。このような考え方に基づいてパレスチナでのユダヤ教徒の復興を信じるキリスト者は、シオニズム運動開始後「キリスト教シオニスト」と呼ばれるようになります。ただ、一九世紀中頃の時期にはシオニズム運動はまだありませんでしたので、「ユダヤ教徒復興論者」と呼ばれていました。

## キリスト教徒の居住区の成立

一九世紀中頃に地中海蒸気船航路が開通したのに伴ってパレスチナ経済は世界市場に編入されることになります。それによって欧米からエルサレムへのキリスト教徒の巡礼者が増大することになり、エルサレムの城壁外にもジャーマン・コロニー、アメリカン・コロニーなどといったキリスト教徒の居住区域が形成されることになります。巡礼者の海の玄関口としてはヤーファアー港があり、パレスチナ最大の貿易港としてイスラエル建国まで繁栄しました。欧米からの聖地巡礼者のほとんどがヤーファー港で上陸し、馬車でエルサレムまでやって来ました。多くの欧米諸国の領事館は当初はエルサレムではなく、ヤーファーにありました。

一八四四年には在エルサレム・アメリカ領事館が設立されることになりますが、アメリカからのキリスト教徒の聖地巡礼者が急増したためであり、アメリカ本土では「聖地マニア」といわれるような一大エルサレム・ブームが到来したのです。アメリカの国民的作家マーク・トウェインが一八六九年に出版した『イノセント・アブロード―聖地初巡礼の旅』（訳書は、勝浦吉雄・勝浦寿美訳、文化書房博文社、二〇〇四年）はそのようなブームを象徴的に示したものです。

アメリカン・コロニーは一八八一年、シカゴとスウェーデン出身のキリスト者によって設立されます。このキリスト者はキリスト再臨を信じてエルサレムに定住した福音派の人びとです。現在、この場所はアメリカン・コロニー・ホテルとして利用されています。映画「エルサレム」（一九九六年、ビレ・アウグスト監督）はこのグループをモデルにしたセルマ・ラーゲルレーヴの小説『エルサレム（第一部・第二部）』（石賀修訳、岩波文庫、一九四二年、五二年）に基づいています。このスウェーデンの女性作家はノーベル文学賞を受賞し、『ニルスのふしぎな旅』の作者としても知られています。また、ジャーマン・コロニーは一八七二年、テンプラー（テンプル協会）が設立したドイツ人居住区です。テンプラーはハイファのカルメル山などを中心に土地を購入したドイツ農村部出身のルター派の敬虔な信者によって構成されていました。現在はエルサレムのエメク・レファイム通り沿いに瀟《しよう》洒《しや》な建物が残っています。

さらに、現地のキリスト教徒アラブ人ブルジョワジーの成長も著しいものがありました。アラブ人キリスト教徒の中には英米独のプロテスタント系ミッショナリー（宣教師）による宣教活動で東方諸教会からプロテスタント系のキリスト教徒に改宗する人びとも増えました。貿易・柑橘《かんきつ》類栽培などで成長したアラブ・キリスト教徒が城壁外に居住し始めました。タルビーヤやバカァアなどの新しい街区です。『オリエンタリズム』で著名な故エドワード・サイード・コロンビア大学教授（一九三五〜二〇〇三年）はエルサレムのタルビーヤ地区で生まれ育ちました。

# 第二部　列強の対立に翻弄されるユダヤ人とアラブ人

# 第6講　帝国主義時代の宗教、民族、人種

## 植民地支配を正当化する論理

一九世紀末に至って東方問題の時代から帝国主義の時代へと移っていくことになります。本講では、この帝国主義の時代は一八七八年のベルリン会議以降とします。新興帝国主義国ドイツ帝国の宰相ビスマルク（在任一八七一〜九〇年）からヴィルヘルム二世（在位一八八八〜一九一八年）にかけてのドイツ躍進の時代であり、オスマン帝国ではアブデュルハミト二世（在位一八七六〜一九〇九年）の専制政治の時代に相当し、汎《はん》イスラーム的な政策が取られることになります。

新興帝国主義国ドイツに対して、中東を舞台に英仏露の三国は対独包囲網を作っていき

ます。英仏はモロッコをめぐってドイツを排除して英仏協商が結ばれ、英仏間でエジプトとマグレブをそれぞれの勢力圏として「棲み分け」が行われることになります。

ここで注意を喚起しておきたいのは、帝国主義時代という「弱肉強食」といわれる時代相においてさえも、強大国が弱小国を支配するには、それを正当化する理屈が必要だったということです。この時代はその意味では人間が人間を支配する場合の正当化の論理が究極まで行き着いた時だったといえるのかもしれません。その最たるものが、キリスト教ミッショナリーが外国布教を始めて以来使われてきた「文明化の使命」という考え方です。この考え方は「ヨーロッパ＝キリスト教＝文明」と「アジア・アフリカ＝異教＝野蛮」という二分法（二項対立）の下に、野蛮な暗黒の状態に文明という光をもたらしてあげようということで植民地支配を正当化する論理になっていました。主体的には文明をもたらすという善をなしている宣教意識においてはこの正当化の論理を押しとどめるものはないといっていいのかもしれません。

## 「西洋の衝撃」では一方的理解に

一九世紀のヨーロッパが、対内的には国民国家が形成されていく時期だったとするならば、対外的にはアジア・アフリカの植民地支配を強化するというプロセスを伴っていたわけです。当然ながら、ヨーロッパにおけるナショナリズムの高まりと植民地支配の拡大という同時代的な並行現象は、植民地として支配される側にも「西洋の衝撃」として同様のインパクトを与えることになるのです。それはヨーロッパ列強による植民地化と従属化に対して、ヨーロッパで生まれたナショナリズムというイデオロギーで武装する人びとが植民地に登場してくるのも時間の問題だったということになります。「西洋の衝撃」としてヨーロッパから非ヨーロッパ世界への影響だけを強調する一方通行的な理解は、被従属国のナショナリズムあるいはイスラームのあり方を矮小化する説明の仕方であって、問題を孕《はら》むことになります。むしろ、それぞれの地域が直面する危機的な状況に応じて主体的に対応していく姿をきちんと押さえていく必要があります。本書との関係でいえば、汎イスラーム主義も、汎アラブ主義も、あるいは少なくとも初期段階のシオニズムも、抑圧された人びとの主体的なナショナリズム的な対応だったというべきでしょう。

しかし、帝国主義時代のヨーロッパでは「文明化の使命」に加えて人種主義が社会進化論や優生学と結合しながら登場しました。人種主義の中でもっとも暴力的な表現が反ユダヤ主義ということになります。

さらに日本人にとってやっかいなのは、ドイツなどの欧米社会では「黄禍論《こうか》」のようなアジア人に対する人種主義も並行現象として立ち現れてきたことです。一八八〇年代のロシア帝国では反ユダヤ主義が物理的暴力をともなうことになります。ロシアでは国家権力が介在して、ユダヤ人への組織的な差別・迫害が発展し、ユダヤ人虐殺が行われるようになります。ポグロム（ユダヤ人への差別・迫害。ロシア語で破滅・破壊を意味する）と呼ばれている事態です。ドイツ出身のアメリカのユダヤ人銀行家ヤコブ・シフが日露戦争時に日本に戦債というかたちで融資したのも、ロシアでのポグロムという悲劇的事件を背景にしないと理解できません。

### ユダヤ教徒はキリスト教徒と「市民」として平等

さて、人種主義としての反ユダヤ主義を述べたところで、ここでユダヤ人とユダヤ教徒という表現の使い分けについて簡単に述べておきたいと思います。といいますのも、これまでの前近代での記述では主に「ユダヤ教徒」という表現を使ってきたからです。しかし、フランス革命以降、国民国家が形成されていく過程で信徒集団としてのユダヤ教徒の存在のあり方は、反ユダヤ主義の考え方を媒介にして、民族集団として「ユダヤ人」を捉える理解の仕方へと変化してきます。人種という考え方がユダヤ教徒という信徒集団に適用されるようになったからです。その背景としてユダヤ教徒はキリスト教徒と「市民」として平等という考え方が広まるという事実があります。

しかし、同時に国民国家の成立を機に生まれた新たな反ユダヤ主義は、ユダヤ教徒がたとえキリスト教徒に改宗したとしても、「ユダヤ人」は「ユダヤ人」であり続けるという人種主義的な考え方も広めることになるのです。したがって、近代ヨーロッパにおいて反ユダヤ主義が登場して以降は、少なくともユダヤ人とユダヤ教徒という区別は非ユダヤ人の目からはあまり意味をもたなくなったということになります。もちろん、「ユダヤ人」自身が自らをユダヤ民族であるという位置づけを行うシオニズムという新たなナショナリズムを生み出したことも同時に考えておく必要があります。

## ユダヤ人解放と国民国家の形成

ところで、一九世紀のユダヤ人解放と反ユダヤ主義について簡単に概略を追ってみたいと思います。フランス革命以降、ヨーロッパのそれぞれの国においてユダヤ解放令が順次出されていって、ユダヤ教徒は市民としてキリスト教徒と平等になりました。ユダヤ教徒が解放された年は、フランスが革命のさなかの一七九一年、続いてオランダが一七九六年、そしてイギリスが一八五六年です。実はイギリスでは他の西欧諸国に先駆けて、早くも一七五三年にはユダヤ人解放令が出されましたが、すぐに廃止されてしまいました。あとは統一後のイタリア、オーストリア・ハンガリー帝国、統一後のドイツ（都市や領邦で異なり、早い例ではフランクフルトは一八四八年)、スイス、スペイン、そして一番遅れてロシア帝国がロシア革命後の一九一七年でした。

このように見てみると、ユダヤ解放令は西欧から東欧・ロシアへと西から東に次第に広がっていったことがわかります。これはヨーロッパ諸国での資本主義経済の発展と国民経済の形成の段階に対応したものであり、政治的には国民国家の形成に応じたものでした。西欧でユダヤ解放令が早く実施されたということは、産業革命を達成して封建制から資本制への生産様式の移行が速く進み、国民経済が形成されたことを意味します。個人が封建的な身分制から解放されて自由になり、資本家に自らを賃労働者として売り込むことができるという資本制の市場メカニズムによっているわけです。

個人を身分的に縛るよりも、早く身分制を廃止して自由な労働力を労働市場で確保できる資本の「原始的蓄積」という観点からもユダヤ人解放は時代の流れに沿ったものだったと言えます。

## 「反ユダヤ主義」の由来は「反セム主義」

国民国家の形成過程においてユダヤ教徒もまた、それぞれの国家において、よりよき国民になろうと努力しました。場合によっては改宗してキリスト教徒になり、それぞれの国民国家において「ユダヤ人」からフランス人あるいはドイツ人などの国民になろうとしたのです。しかし、そのような「ユダヤ人」側の懸命の努力にもかかわらず「ユダヤ人」はたとえ改宗したところで、しょせん「ユダヤ人」であり続けるのだというような人種主義的な考え方が広がり始めるのです。新たなかたちでの反ユダヤ主義、つまり「ユダヤ人」を差別・排斥しようとする考え方の誕生です。

先ほどユダヤ教徒あるいはユダヤ人の呼称の区別について説明しましたが、前近代における信徒集団としてのユダヤ教徒については、近代に入って社会進化論、人種論あるいは優生学などの疑似科学的な議論の広まりの中で「ユダヤ人」は「人種」とみなされるようになりました。本書でいう「反ユダヤ主義」というのは、もともとは「反セム主義(Anti-Semitism)」という言葉に由来します。この表現は一八六〇年くらいから使われ始めたようです。ただ、反セム主義という用語は問題をはらんでいます。というのも、「セム」という言葉はもともと一八世紀から一九世紀にかけてのヨーロッパの比較言語学から生まれた用語なので、「セム語族」といえば、ヘブライ語だけではなく、アラビア語、エチオピアのアムハラ語、シリア語も含み、アラビア語を話しているアラブ人もセム語族に分類されてしまいます。したがって、反セム主義という用語をそのまま使えば、ユダヤ人だけではなく、アラブ人までも含まれてしまいますので、ヨーロッパを越えた文脈で「反セム主義」と呼ぶとおかしなことになってしまうのです。反セム主義はヨーロッパ的な文脈では「ユダヤ人」だけを指していますので、本書では「反セム主義」を「反ユダヤ主義」と呼んでおきます。

しかし、それでもまだなお「反セム主義」には問題が残ります。ヨーロッパのユダヤ人でアシュケナジーム（ドイツ系ユダヤ人）と呼ばれる人びとのほとんどがドイツ語に近いイディッシュ語を話しており、ヘブライ語は聖書の聖なる言葉なので、礼拝時以外には日常生活では使用していませんでした。したがって、この意味でもユダヤ人の言語が「セム語族」に属するということ自体が矛盾していることになるのです。

**社会進化論と優生学**

「セム語族」のように人間の集団を言語で分類するだけのあいだはユダヤ人差別といってもほとんど問題になりませんでした。しかし、セム語族が人種概念に転用されて「セム人種」のような考え方が生まれて、社会進化論的に人種の優劣が問題になると人種主義的な議論にすり替わってしまいます。インド・ヨーロッパ語族の「アーリア語族」を「アーリア人種」に読み替えるのも同じことです。そのような人種論は反ユダヤ主義ばかりではなく、同時に人種差別の一環として「黄禍論」も生み出すことになります。黄色人種という考え方、あるいは黒人などという人種概念が人間を分類して差別する道具立てとして固定化されていくことになるのです。人種に関わる議論が人間社会に適用されて野蛮から文明へといった目的論的な進歩史観につながってくると人種差別を補強する道具になってしまいます。

優生学も、人類の遺伝的素質を改善することを目的として、悪質の遺伝形質を淘汰し、優良なものを保存することを研究する学問ですが、人種差別を助長することになります。この優生学は一八八三年、イギリスの遺伝学者ゴールトンが首唱し始めたといわれています。

もちろん、人種とは一八世紀以来存在する人間の生物学的特徴による区分単位で、皮膚の色、頭髪、身長、頭の形、血液型などの形質を総合して分析されます。通常、コーカソイド（類白色人種群）、モンゴロイド（類黄色人種群）、ネグロイド（類黒色人種群）などの人種分類は現在では厳密には科学的根拠がないとして否定されています。人種論は新たに流行し始めた社会進化論（社会ダーウィニズム）などの疑似科学的な議論と結びついて、人間社会を分析するときに動員されることになるからです。社会進化論というのはダーウィンの進化論、とくに生物間の自然淘汰や生存競争を俗流化して人間の社会に適用して、社会現象を説明しようとしたものです。スペンサーやヘッケルなどの学説が代表的な社会進化論でした。社会進化論が身分制的な社会関係を打破するために啓蒙思想や自由主義的な考え方と結合して議論されるあいだは、社会進化論自体は「進歩的」な役割を果たしていました。明治期日本での流行もそうでした。

しかし、「適者生存」「優勝劣敗」の競争原理の結果、優秀な民族が生き残るという勝者に都合のいい考え方をとるようになると、この社会進化論は一九世紀末の帝国主義時代にぴったり適合する思想になりました。というのも、この考え方によって白人による「有色人種」の支配を正当化できるからです。社会ダーウィニズムにしろ、人種論にしろ、あるいは優生学にしろ、人類を「科学的」に分類するという建て前の下に、結果的に人類の下部集団である「人種」に序列をつけてしまっているのです。

## ポグロムが契機、パレスチナへのユダヤ人移民

本講の冒頭で触れたように、ポグロムとは、ユダヤ人に対し行われる集団的迫害行為で、殺戮・略奪・破壊・差別などを含む概念です。特に一九世紀後半に旧リトアニア大公国の領域（ベラルーシ、ウクライナなど）で、ポーランド貴族に依存して生活していたユダヤ人が、ウクライナ人やベラルーシ人の農民やコサック等の蜂起の際に襲撃の対象となったのです。ロシア帝国政府がユダヤ人をスケープゴート化したともみなすことができま

す。このポグロムはユダヤ人のパレスチナやアメリカへの人口移動をもたらしました。「屋根の上のバイオリン弾き」（原作はシャローム（ショレム）・アレイヘムで、最近イディッシュ語からの翻訳が刊行されました。ショレム・アレイヘム著、西成彦訳『牛乳屋テヴィエ』岩波文庫、二〇一二年）のような、村から追放されるユダヤ人の物語を生み出しました。

このような暴力的なポグロムを契機として起こったのが、パレスチナへのユダヤ人移民でした。このユダヤ人移民の波をアリヤーといいます。この単語はヘブライ語で「上る、昇る」の意味で「上京」のような語感があります。アラビア語のムスリムの名前アリーもセム語の同じ語源に由来するといえます。のちほどシオニズム運動史の中で改めて述べます。シオニズムというのは、ユダヤ人が「シオンの丘（エルサレムにある丘でエレツ・イスラエルの雅称）」に帰還して国家を建設しようとする思想・運動の総称のことなのですが、シオニズムは一九世紀ヨーロッパ、とりわけロシア帝国のナショナリズムの影響を強く受けています。ドイツ人がドイツ人のための国民国家を造り上げるように、ユダヤ人もユダヤ人のための国民国家を建設しようとしたのです。

したがって、シオニズムはポグロムのような反ユダヤ主義の暴力的な広がりに対するユダヤ人ナショナリストの民族主義的な防御反応とみなすことができます。

## シオニズムの起源はユダヤ啓蒙主義運動

シオニズム運動はヨーロッパ・キリスト教社会に同化しようとしたユダヤ人たちが結果的に同化を断念したところに生まれました。ただ、シオニズム運動の思想的な起源はやはりユダヤ啓蒙主義運動（ハスカラー）まで遡る必要があります。ユダヤ啓蒙主義運動は、一八世紀からフランス啓蒙主義に影響を受けてドイツを中心にユダヤ人の間に広がった改革運動です。

ハスカラーは字義的には「理性」の意味で、合理的な精神で世俗的な学問を学ぶことを奨励し、ヘブライ語の復興を主張しました。この考え方が、改革派ユダヤ教やシオニズムを生み出しましたが、一九世紀終わりの反ユダヤ主義の蔓延とともにユダヤ啓蒙主義運動は終焉しました。モーゼス・メンデルスゾーン（一七二九〜八六年）は作曲家メンデルスゾーンの祖父に当たりますが、代表的なユダヤ啓蒙主義の哲学者として著名です。

ユダヤ人社会内部では、ユダヤ啓蒙主義運動への反発からいっそう敬虔な信仰に向かうユダヤ教徒のグループが一八世紀に東欧を中心に成立します。超正統派（ウルトラオーソドックス）あるいはハレディーム（畏神派）と呼ばれた人びとです。聖者（ラッベ）崇敬の神秘主義の流れのハシディーム（敬虔派）と、聖書とタルムードを文字通り信仰するミトナゲディーム（反対派）があり、両者は対立しています。さらに、改革派ユダヤ教は一九世紀のはじめからドイツに起こり、イギリス、アメリカ、その他の地域に及びました。改革派ユダヤ教はその自由主義的な考えから、シナゴーグ（会堂）の礼拝においてヘブライ語ではなくディアスポラの地の言語（たとえば、ドイツ語や英語）での祈りを取り入れました。キリスト教徒のようにオルガンと合唱隊（聖歌隊）もそなえました。さらに男女の分け隔てをするメヒツァー（ついたて）などは取り付けず、また場合によっては女性のラビも認めています。現代イスラエルでは、改革派ユダヤ教の宗教施設は存在しますが、正統派ユダヤ教徒の首席ラビ庁の強い影響下にあるため冠婚葬祭などの公的宗教活動は認められていません。

## 政治的シオニズム

一九世紀前半から後半にかけて活躍したシオニズム運動の先駆者たち（ラビ・ユダ・アルカライ、ラビ・ツヴィ・カリシャー、モーゼス・ヘス、レオン・ピンスケルら）とは一線を画して、一九世紀末に政治運動として展開したのがテオドール・ヘルツル（一八六〇〜一九〇四年）でした。ヘルツルはドイツ語新聞のパリ特派員として目撃したドレフュス事件で衝撃を受けました。一八九四年、フランス軍参謀本部に勤めるユダヤ人大尉だったアルフレッド・ドレフュスはドイツ軍のスパイである、というでっち上げの冤罪事件が起こりました。この事件を契機に、フランスの民衆の間に反ユダヤ主義的な空気が広がるとともにこの事件をめぐって国論は二分しました。一八九八年、自然主義文学者エミール・ゾラは「私は弾劾する」と題するドレフュス擁護の論陣を張ったのです。この時、この事件を取材していたヘルツルは、ユダヤ人解放令を先駆けて発布した、自由・平等・博愛を理念とするフランスという共和国にもいまだに反ユダヤ主義が消えていない事実に衝撃を受けたのでした。

ヘルツルは一八九六年には『ユダヤ人国家』を出版して、翌九七年にはスイスのバーゼルで第一回シオニスト会議を開催して、バーゼル綱領を採択、ユダヤ人国家建設に向けて踏み出したのでした。シオニスト会議にはヨーロッパのみならず、ロシア、パレスチナ、北アフリカなどから二〇〇人以上の代表が集まりました。ヘルツルの考え方は、ドイツやイギリスなどのヨーロッパ諸列強の協力を得てユダヤ人国家を建設しようというものだったので、政治的シオニズムと呼ばれています。

**実践的シオニストと労働シオニズム**

ヘルツルとは対照的に、「実践的シオニスト」と呼ばれる若者たちは、直接パレスチナに移民・入植して、自ら労働して生産活動を行いました。その代表的なシオニストがロシアに設立された「シオンへの愛慕（ヒバット・ツィヨーン）」というグループで、一八八一年にロシアからパレスチナに移民・入植して、第一波アリヤー（ユダヤ人移民）となりました。ほぼ同時期に、ロシアのユダヤ人学生のグループ「ビルー」運動（「ヤコブの家よ、主の光の中を歩もう（イザヤ書二章五節）」から命名）もパレスチナに移民しました。

パレスチナでの自己労働を重視する「労働シオニズム」の代表者としてアハロン・ダヴィド・ゴルドン（一八五六～一九二二年）がいます。この労働シオニズムは実践的シオニズムの流れを汲んでおり、彼自身は一九〇四年にパレスチナに移民して、トルストイなどに影響を受けて「労働の信仰」と呼ばれるユダヤ人の自己労働を提唱しました。「若き労働者（ハ・ポエール・ハ・ツァイール）」運動の創設者でもあり、同時にパレスチナ最初の集団農場キブーツ・デガニアの創設者の一人でもありました。

また、労働シオニズムと同じような流れとして「社会主義シオニズム」もあります。「シオンの労働者（ポアレイ・ツィヨーン）」と呼ばれる政治運動は一九〇一年にロシアで設立されました。社会主義シオニズムはマルクス主義的社会主義とシオニズムを結合させた考え方で、その理論的指導者はベール・ボロホフ（一八八一～一九一七年）でした。第二代イスラエル大統領になるイツハク・ベンツヴィ（一八八四～一九六三年）はボロホフと同郷で、ベングリオン初代イスラエル首相（一八八六～一九七三年）とともにパレスチナでの社会主義シオニズムの指導者でした。この社会主義シオニズムがイスラエル建国後に与党として主流派になります。

**社会主義シオニズム**

社会主義シオニズムの考え方は、ユダヤ人の復興は労働者としてパレスチナに移民・入植して自己労働を行うことで初めて可能となるというものでした。民族解放と階級闘争とを、パレスチナという土地を媒介として結びつけたのでした。その背景として、ユダヤ人は東欧ロシアの離散の地では非生産労働（高利貸し、専門職など）に携わっているので、ユダヤ人社会の階級構造は労働者が少ない逆三角形である、と分析します。しかし、ユダヤ人がそのような不健全な階級的状態から抜け出て「正常化」するためにはパレスチナに移民して、そこで自ら鎌《かま》や鋤《すき》を持って労働することで正常な階級構造をもつ三角形になり、「労働する民族」に変身できると考えたのでした。社会主義シオニズムの物質的な表現として創出されたのがユダヤ人集団農場です。その集団農場の代表例がキブーツ（生産手段・生産物の個人所有を否定した共同体）・モシャーヴ（所有が家族単位）でした。集団農場は将来あるべきユダヤ人労働者国家の「小宇宙」として位置づけられ、イデオロギー的に中核となる存在でした。

また、明治初期の日本で「蝦夷」の地である北海道に入植していった屯田兵のように、「敵」であるアラブの襲撃から自己防衛するための銃と鋤と監視塔がこの社会主義運動の象徴となりました。この社会主義シオニズムは後に離合集散を繰り返してイスラエル労働党に発展していき、イスラエル建国後、三〇年近くにわたって政権与党でした。

**宗教シオニズムの考え方**

世俗的なシオニズムの潮流に対して、宗教シオニズムというユダヤ教とシオニズムとを結びつけた考え方もあります。ラビ・アブラハム・イツハク・クック（一八六五〜一九三五年）に代表されます。彼はラトヴィア生まれで一九〇四年にパレスチナに移民してきて、イギリスの委任統治期パレスチナの初代アシュケナジー首席ラビに就任しました。

クックはメシア（救世主）論を媒介にしてシオニズムとユダヤ教とを結合させる考え方を提唱しました。シオニズム＝ユダヤ人復興運動に挺身すればするほど、この世へのメシアの来臨の時機が早まると唱えました。人為的な努力の結果、メシアの来臨が早まると説明したために、超正統派ユダヤ教徒たちからは神への背信行為だとして強い反対を受けました。

もう一つのシオニズム運動は政治運動というよりも文化運動でしたので、精神的シオニズムあるいは文化的シオニズムとも呼ばれています。ウクライナのキエフ生まれのアハド・ハアム（本名アシェル・ギンツベルグ、一八五六〜一九二七年）がその代表です。ヘルツルの政治的シオニズムやパレスチナへの入植活動には強く反対してパレスチナはユダヤ人の精神的（文化的）中心であるべきだと主張しました。彼はユダヤ人入植がアラブ人との衝突につながると注意を喚起した人物としても知られています。また、日本でもよく知られているウィーン生まれの哲学者マルティン・ブーバー（一八七八〜一九六五年）も、一九三八年にパレスチナに移民して、二民族国家を提唱しました。

## イスラームの近代

ユダヤ人ナショナリズムとしてのシオニズム運動の諸潮流について概観しましたが、ヨーロッパとは地中海を隔てて隣り合わせだったイスラーム世界でも、同じようにナショナリズムが起こるので両者とも同時代的現象として共通しているといえます。東方問題のさなかにあって、かつてのオスマン帝国領であったバルカン地域において、一九世紀初頭のギリシアの独立運動に始まって、オスマン帝国下における宗教共同体であったミッレトがそれぞれの民族意識をもつ集団に変身していくことになります。

セルビア正教会はセルビア人に、カトリック教会はクロアチア人にといった具合に民族形成が行われることになります。さらに、このような各民族意識の覚醒と同時に、より広域の同胞を結集しようとする考え方も生まれてきます。それは汎スラブ主義だとか汎ゲルマン主義だとかといった考え方です。このような民族意識が各地域でぶつかり合ったとすれば、オスマン帝国領およびその東隣のイスラーム諸王朝（たとえば、イランのカージャール朝やアフガニスタンのバーラクザーイー朝、あるいは英領インドのムスリム藩王国など）においても、帝国主義的支配に対抗するためにムスリムとして連帯する政治運動が生まれてくることになります。その代表的なムスリム指導者が、ジャマール・アッディーン・アル・アフガーニー（一八三九～九七年）です。汎イスラーム主義といったムスリム連帯の考え方です。

ヨーロッパ諸列強にとって、このようなムスリム煽動者ほど支配するうえで危険なものはありません。というのも、イスラームもヨーロッパをも知悉《ちしつ》した政治指導者は反帝国主義・反植民地主義の立場から効果的にムスリム大衆を動員できるからです。アフガーニーが一八八四年にパリで発刊を始めたアラビア語雑誌『固き絆』は、西はモロッコから東はインドネシアまで幅広い読者を獲得することになりました。イスラームがアラビア語で啓示され、その啓典クルアーンはアラビア語で書かれているがゆえに、アラビア語がムスリムの共通語となりえたのです。イスラームの近代はこのようなかたちで迎えることになったのです。

## イスラーム改革運動を継承した人たち

アフガーニーは「内には改革、外には連帯」というスローガンに代表されるように、帝国主義的な植民地支配に対して戦うと同時に、オスマン朝やカージャール朝のムスリム君主の専制に対しても批判的な姿勢をとっていたのです。彼はイスラーム改革運動を遂行するに当たって内外両面において戦う二正面作戦をとったわけです。このような立場は彼自身がイギリス植民地支配下のインドで教育を受け、一八七〇年代にはエジプトに滞在して、その後パリに滞在したという国際的な体験によって育まれたものでしょう。そのため、彼が滞在した地域の政治指導者とも密接な関係をもつことになり、エジプトのオラービー運動、イランのタバコ・ボイコット運動などに影響を与えたのでした。

その意味で、アフガーニーの残した思想的な影響は大きなものがあったといえます。晩年にオスマン朝の独裁的スルタン、アブデュルハミト二世が彼の運命を決定づけることになりました。この長期独裁政権を誇るスルタンはアフガーニーを自らの政治的野心である汎イスラーム的政策を実現するために利用したのでした。結局、アフガーニーは一八九七年にイスタンブルで客死するという悲運に見舞われることになるのです。

イスラーム改革運動を継承した傑出した人物としては、ムハンマド・アブドゥフ（一八四九～一九〇五年）がもっとも著名です。彼はナイル・デルタの農民の家に生まれ、カイロにあるイスラームの最高学府アズハル在学中からアフガーニーに師事しました。立憲制・議会制を求める政治活動に加わりましたが、近代法体系を導入した結果、著しく権威をなくしたイスラーム法の復興に努めました。もちろん、彼はエジプト民族主義者でもあり、オスマン帝国によるエジプト支配に反対し、オラービー革命へのイギリス軍の介入を批判しました。そのため、革命失敗後は国外追放になってしまいました。

前述のとおり、亡命の地であるパリで一八八四年にアフガーニーとともに雑誌『固き絆』を創刊しました。アフガーニーの汎イスラーム主義に同調し、八八年にイギリス支配下のエジプトに帰国してからは、イスラームとヨーロッパの近代思想は矛盾しないことを主張しました。近代を迎えた時代にも通用するイスラームの普遍的価値を説きながら、近代科学への懐疑を拭い去る努力もしました。一八九九年以降、エジプト高等弁務官クローマー卿統治下でエジプトの大ムフティー（イスラーム法裁定の権威）職に就任して、上からのイスラーム改革に着手したのでした。

さらに、弟子のラシード・リダーが創刊した『マナール（灯台）』誌が広く購読者を得たために、アブドゥフのイスラーム改革思想は世界のムスリムに広まっていったのでした。

ラシード・リダー（一八六五〜一九三五年）はシリアのトリポリ（タラーブルス、現レバノン）近郊の村に生まれました。近代科学とイスラーム諸学の統合を目指してトリポリに設立されたフサイン・ジスル学院で学びました。青年時代にはスーフィー教団に加わりましたが、一八九七年にカイロでアブドゥフの弟子となり、翌年『マナール』誌を発刊しました。以後、同誌を通じて、時代に適合するイスラーム法の解釈と近代科学の導入、法学者の統治する「イスラーム国家」の建設などを説き、後に展開するイスラーム復興運動の思想的基盤を提供しました。

### アラブの二つのナショナリズム

「西洋の衝撃」はイスラームに対しては改革運動を用意しましたが、ナショナリズムのレベルでも新たな展開を見ることになりました。アラブ・ナショナリズムという新たな世俗的な考え方の誕生です。アラブ・ナショナリズムは一九世紀中頃にレバノンのキリスト教徒によって提唱された考え方です。アラブ地域の人びとが話しているアラビア語という言語とアラビア語の文化的伝統に基づいて「アラブであること（アラブ性）」を強調する文化的運動として出発したのです。「アラブ性」を強調するということは、アラブ人とはアラビア語を話し、アラビア語に基づく文化的伝統を共有する人びとであることを意味することになります。

したがって、アラブ人はイスラーム教徒、キリスト教徒、ユダヤ教徒をも含むという考え方でした。というのも、アラビア語はイスラーム勃興以前から存在していたので、アラビア語という絆が宗教・宗派を超えて人びとを結びつける役割を果たすことになったのです。レバノンのキリスト教徒がこのような世俗的な考え方を提唱したのもうなずけるのです。なによりもまず、アラブ人としての民族的な覚醒は近代アラビア語の復興とその編纂事業として実現されました。このようなアラブ民族主義的な復興運動を「アラブの覚醒（ナフダ）」だとか、「アラブ・ルネサンス」などと呼んでいます。

アラブにおけるナショナリズムは二種類あります。まず、人びとが同じ場所に住んでいるという点に注目して地縁（ワタン）的な絆を強調するワタニーヤ（パトリオティズム）という考え方があります。日本語の「くに」に近い考え方で、祖国といったニュアンスになります。たとえば、エジプト・ナショナリズムといった個別の国家のナショナリズムがその事例となります。フランス語のパトリ（祖国、生まれ故郷）に近い考え方です。それに対して、たとえば、アラビア語のような共通の言語に注目して、疑似血縁（同胞＝カウム）的な関係を強調するカウミーヤという考え方がありました。アラブ・ナショナリズムがその典型的な事例です。アラブ民族主義（カウミーヤ・アラビーヤ）という考え方です。ドイツ語のフォルク（民族）に近い考え方です。

もちろん、この二つのナショナリズムの潮流をまったく違った民族運動とみなすことは誤解を招きます。というのも、アラブ・ナショナリストであると同時にシリア・ナショナリストであることも可能であるからです。つまり、民族意識は重層的な構造をもっているということになります。最近ではパレスチナ・ナショナリズムの議論の中では、一九世紀の終わりにアラブ・ナショナリズムと同時にパレスチナ・ナショナリズムも生まれたという議論もあります。

## シオニズムとアラブ・ナショナリズム衝突の予言

まず、言語改革運動としてのアラブ運動を見てみたいと思います。その代表者が、ブトルス・アル・ブスターニー（一八一九〜八三年）です。彼はレバノンのマロン派キリスト教徒ですが、近代アラビア語での教科書・雑誌・新聞などを多数出版して「アラブ・ルネサンスの父」と呼ばれました。アラビア語百科事典『ムヒート・アル・ムヒート（大言海）』を編纂・刊行し、さらに聖書を近代アラビア語に翻訳しました。アラブ・ルネサンス運動の先駆者として文化的なアラブ・ナショナリズムのさきがけとみなされています。アラブ・ナショナリズムの勃興には、一八六六年にベイルート・アメリカ大学を設立するなど、アメリカのキリスト教ミッショナリーが教育を通じてナショナリズムを広める上で重要な役割を果たしました。

アラブ・ナショナリズムは、キリスト教徒のアラブ民族としての覚醒ということができますが、この考え方はナジーブ・アーズーリー（一八七〇〜一九一六年）で代表させることができます。彼は『アラブ民族の覚醒』（一九〇五年）をフランス語で出版しました。アーズーリーもレバノン出身のマロン派キリスト教徒で、フランスのナショナリズムの影響を受けてアラブ・ナショナリストになっていきました。アラブ民族は、北はチグリス・ユーフラテス川から地中海まで、南はオマーンに至るまで、この領域を領土として、トルコ人のための民族国家になってしまったオスマン帝国の支配から分離して独立を達成すべきだと主張しました。彼はエルサレムにオスマン帝国の役人として赴任し、初期の段階のシオニズム運動を目撃して、シオニズムがアラブ民族にとっていかに危険であるかを訴えました。シオニズムはアラブ・ナショナリズムと必ずや衝突し、将来的にお互いに戦わざるをえなくなると予言したのでした。

しかし、シオニストはアーズーリーをアラブ・ナショナリストの最初の「反ユダヤ主義者」だと非難しています。

## イスラームとアラブ・ナショナリズムの結合

アラブ・ナショナリズムとイスラームとを結合させた考え方を主張する思想家もいます。その論理は、イスラームはアラビア語で啓示され、アラビア語のクルアーン（コーラン）やハディースにまとめられたために、アラビア語は神聖なる言語であるという考え方に基づいています。もちろん、このような発想は近代特有のものですが、当時、アラブ地域を支配していたオスマン帝国においてトルコ・ナショナリズム的傾向が強まり、とりわけ青年トルコ革命以降の動きの中で顕在化してくることに対抗したものです。たとえば、預言者ムハンマドは「アラブ人」であり、カリフ（預言者の後継者）はアラブ人であるべきだとして、イスラームにおけるアラビア語と「アラブ人」の特権的な位置を強調することで、オスマン朝のスルタン・カリフを批判するのです。つまり、イスラームの文脈でトルコ・ナショナリズムに対するアラブ・ナショナリズムを強調する立場といえるのです。オスマン帝国末期においてトルコ・ナショナリズムの高揚とアラブへの民族的な弾圧に対してアラブ人意識が高まったということです。

同時に、新たな歴史観として、オスマン支配は暗黒の「トルコ人」支配であり（オスマン帝国はイスラーム帝国ですので、「トルコ人」支配は二〇世紀に入ってからのことにすぎませんが、この近い過去の「民族」的抑圧の経験が遠い過去まで投影されてしまうのです）、それはジャーヒリーヤ（イスラーム以前の無明時代）であり、それに対してアラブ民族の復興（アラブ・ルネサンス〈ナフダ〉）こそが光明であるというようなナショナリズムの立場からの主張が登場したのです。

このような立場を代表するのが、アブドッラフマーン・アル・カワーキビー（一八五五〜一九〇二年）です。彼はシリアのアレッポ生まれで、イスラーム改革思想家として知られています。反オスマン運動に従事したために、一八九九年にイギリスの支配下にあったエジプトのカイロに亡命しました。預言者ムハンマドがアラブ人であることを強調することでオスマン帝国＝トルコ人国家によるアラブ支配を否定して、アラブ独立を訴えたのでした。

また、シューラー（イスラーム法に基づく議会）によるアラブ民主国家を提唱し、イスラームとアラブ・ナショナリズムを結合させた最初のアラブ人ムスリム知識人であるといえます。

## アラブ・ナショナリズムへの期待の消滅

このようなアラブ・ナショナリズムは後の時代になって政治的に展開していきます。第一次世界大戦後、アラブ世界はイギリス、フランス、そしてイタリアによって分割支配されました。とりわけ、マシュリクと呼ばれる東アラブ地域は主権国家群に分割されてしまいました。アラブ・ナショナリズムは事実上、分断された状況から「アラブ統一」を求める政治運動へと展開していきました。

しかし現実には、国家という枠組みが既成事実化されていって、エジプトやシリアなどのように主権国家の枠内で独立を求めるナショナリズム（ワタニーヤ）が主流になっていったのです。マシュリクではアラブ・バース（復興）党がアラブ・ナショナリズムを代表する政党でしたが、バース党政権はサッダーム・フセイン政権崩壊後の現在はシリアのみになっています。一九五〇年代にはエジプトのナーセル大統領がアラブの統一を目指すアラブ・ナショナリズム運動の旗手でしたが、一九六七年の第三次中東戦争でイスラエルに大敗北を喫してからは、アラブ・ナショナリズムへの期待は一気に潰《つい》えてしまうことになります。

# 第7講　第一次世界大戦とパレスチナ委任統治

## 中東地域の主権国家への分断

　第一次世界大戦は帝国主義時代の欧米諸列強間の領土再分割をめぐる争いの帰結でした。この未曾有の総力戦はヨーロッパ世界のみならず、中東地域の運命をも大きく変えることになりました。とりわけ、パレスチナの位置するシャーム（大シリア、つまり現在のシリア、レバノン、パレスチナ／イスラエル、ヨルダン）地域はこの戦争で深刻な影響を被ることになりました。第一次世界大戦以降の中東政治のあり方を決めることになってしまったのです。というのも、大戦後、シャーム地域は委任統治と呼ばれる新たな植民地宗主国による分割支配が行われることになり、メソポタミア（イラク）とともに英仏統治下の主権国家に分断されてしまったからです。

第一次世界大戦後の世界は、ウィルソン米大統領の提唱した民族自決の原則を踏まえた新たな時代になるはずでした。しかし、英仏に代表される旧植民地帝国は民族自決の原則を新たな植民地に適用することは避けたいのだけれども、かといってその従属国を恣意的に支配もできない新しい時代に入ったということを明確に認識していました。したがって、委任統治という美名の新しい統治形態は、国際連盟から統治を委任されて受任国になるという名目で、実際には敗戦国であった旧ドイツ帝国領と旧オスマン帝国領を分割する新たな植民地支配といってもいい性格のものでした。

しかし、民族自決など新たな植民地解放の理念を唱えたアメリカは自ら提唱した国際連盟に加盟することもありませんでしたし、第一次世界大戦後に積極的に中東政治に関与することもありませんでした。アメリカ外交にとって中東地域の優先順位はまだ高いものではなかったからでした。アメリカにとって中東との関係は人道的立場からのアルメニア人虐殺問題への関与、キリスト教ミッショナリーの宣教活動、石油会社の油田探査などの民間の利害関係に限定されていたのです。

もちろん、アメリカ政府はキング・クレイン調査団を旧オスマン帝国領に派遣して委任統治に関して報告書を作成しています。報告書は、パレスチナのアラブ住民がアメリカの委任統治を求めており、またユダヤ人の民族的郷土建設の実行可能性について懐疑的な結論を出したということで今日まで記憶されています。しかし、米議会での反対があり、この報告書が公開されたのは一九二二年であったために幻の歴史的文書となり、アメリカ政府が第一次世界大戦後の東アラブ地域の新秩序の形成に寄与することはありませんでした。

## イギリスの「三枚舌」外交

そもそも、第一次世界大戦でのオスマン帝国の敗北とその崩壊がこの地域の政治秩序を根底から変えることになりました。オスマン帝国がドイツ帝国、オーストリア・ハンガリー帝国、ブルガリア王国の同盟側に立って参戦したためです。イギリスがそれまで東方問題的な文脈においてとってきた「オスマン帝国の領土保全」という伝統的な外交政策がこの第一次世界大戦の勃発で崩れ去ってしまいました。イギリスはオスマン帝国と戦うに際して、東方問題的な伝統に忠実にしたがって、帝国の内部攪乱《かくらん》を狙ってアラブの人びとを味方に引き入れる画策をしました。

しかし、この戦争の結果、ハーシム家によるアラブ統一国家の独立への志向とは裏腹に、地中海とペルシア湾に挟まれたシャーム（大シリア）とメソポタミア（イラク）の東アラブ地域は、イギリスとフランスの勢力圏への分割という新たな事態を迎えることになるのです。

イギリスが第一次世界大戦中、戦争遂行のために相反する約束を取り付けた「三枚舌」外交がパレスチナ問題の発端になりました。イギリスの戦時外交での狡猾な策略による国益追求の帰結ともいうべき矛盾に満ちた三つの約束でした。

第一に、イギリスが一九一五年七月から一六年一月にかけての一〇通の往復書簡で、マッカのシャリーフ（預言者ムハンマドの末裔でイスラームの聖地マッカ・マディーナの守護者）であるフサイン・イブン・アリー（シャリーフ・フサイン）に対して、イギリスの側に立ってオスマン帝国と戦えばその見返りにアラブ独立国家を樹立することを約束した協定です（フサイン・マクマホン協定）。

第二に、イギリスは一九一六年五月、戦後オスマン帝国領の東アラブ地域を英仏の勢力圏に分割するという秘密協定を、ロシアの承認の下、フランスと締結しました（サイクス・ピコ密約）。

そして第三に、イギリスは一九一七年一一月、イギリスのシオニストに対してユダヤ人のための「ナショナル・ホーム（民族的郷土）」の設立に賛意を表明しました（バルフォア宣言）。

## 大きな政治的禍根、バルフォア宣言

この相反する三つの約束はイギリスが戦争を遂行するためにその都度、政治状況に応じて結んでいったものでした。したがって、イギリスが対仏、対アラブ、対シオニストという三者関係を十分に考慮したうえで大局的な戦略の下に立案されたものではありませんでした。とりわけ、後々まで大きな政治的な禍根を残し、大英帝国全体の利益を考えた場合にどう考えても割に合わなかったのがバルフォア宣言でした。

サイクス・ピコ密約では将来パレスチナとされる地域は国際共同管理とされていました。エジプトとパレスチナの両地域は、イギリスの「インドへの道」確保のための戦略上の重要な拠点であるスエズ運河の両岸に当たり、運河をはさむ位置にありますので、ライバルであるフランスに絶対に譲るつもりはありませんでした。パレスチナはフランスよりもシオニストに任せた方が好ましいというイギリスの戦略的判断があったからバルフォア宣言につながったわけです。

## サイクス・ピコ秘密協定

サイクス・ピコ秘密協定は第一次世界大戦中の一九一六年五月一六日にイギリス、フランス、ロシアの間で結ばれたオスマン帝国領の分割を約束したものでした。イギリスの中東専門家マーク・サイクスとフランスの外交官フランソワ・ジョルジュ＝ピコがこの原案を作成したためこの名で呼ばれています。

この密約では、シリア北部（現在のシリアとレバノン）、アナトリア（現トルコ）南部、イラク北部のモースル地域をフランスの勢力圏とし、シリア南部（パレスチナとトランスヨルダン）と南メソポタミア（現在のイラクの大半）をイギリスの勢力圏とし、さらに黒海東南沿岸、ボスポラス海峡、ダーダネルス海峡両岸地域をロシア帝国の勢力圏としたのです。

戦後、サイクス・ピコ密約とバルフォア宣言のみが国際連盟の場で実現されることになるのですが、フサイン・マクマホン協定に記されたアラブ統一独立国家建設を実現するのは、そもそもサイクス・ピコ密約による英仏間の勢力圏の設定があるために不可能でした。

さらに、バルフォア宣言によって、パレスチナにユダヤ人のための民族的郷土が建設されることになると、アラブ・ユダヤ間の溝を埋めることが難しくなってしまいます。というのも、当時のパレスチナのユダヤ人口はわずか約九％にすぎず、パレスチナ人口の九割以上の大多数を占めるアラブ人を、たとえ大英帝国の威信をもってしても、納得させることなどとうていできませんでした。

### 達成されなかったアラブ統一国家独立の夢

さて、ハーシム家の率いるオスマン帝国に対するアラブ反乱は一九一六年六月から一八年一〇月まで続きます。アラブ反乱は、南はアデンから北はアレッポに至るアラブ統一独立国家の樹立を目指しました。ハーシム家、とりわけ、マッカのシャリーフの三男ファイサルが主導するアラブ諸部族は、「アラビアのロレンス」ことT・E・ロレンスらを通じてイギリスの支援を受けつつ、シャーム地域のアラブ・ナショナリストとも連携を取りながら、オスマン帝国軍と戦ってその支配からの脱却には成功したのでした。実際、アラブ反乱軍はダマスクスまで攻め入り、ファイサルを国王とするシリア・アラブ王国の樹立が一九二〇年三月に宣言されました。

しかし、翌月の二〇年四月に開催されたサンレモ会議でサイクス・ピコ密約に基づく英仏による大シリア分割が正式に承認され、シリア・アラブ王国は同年七月、フランス軍によって壊滅させられます。シリアの地は英仏の委任統治領となって分断され、アラブ統一国家の独立の夢は達成できなかったのです。

一九一七年一一月のバルフォア宣言は、イギリス政府がユダヤ人の「ナショナル・ホーム（民族的郷土）」を建設することに賛成の意を表明した、たった六七語の文書です。この異常に短い文書がこの地域の将来のみならず、アラブ人とユダヤ人との関係をも決定してしまったのです。もちろん、パレスチナに住む「非ユダヤ人諸コミュニティの市民としての、あるいは信徒としての諸権利」や「パレスチナ以外に住むユダヤ人の諸権利」を侵害するものであってはならないとも記されています。この宣言は発表当初はたんなるイギリス国内での政治文書であって国際的にほとんど意味のないものでしたが、この宣言の本文が国際連盟においてパレスチナ委任統治規約の前文にそのまま組み込まれることによって国際的に承認されたものになったのです。

イギリスからバルフォア宣言という約束を引き出すことに成功したハイム・ヴァイツマン（一八七四〜一九五二年）は、ヘルツルの「政治的シオニズム」を継承したロシア出身の化学者でイギリスに移民して成功を収めた政治家でした。というのも、彼はマンチェスター大学でアセトンの大量製造法を発明して英軍部に寄与し、また同じマンチェスターの選挙区にアーサー・バルフォアがいて知己となることでイギリス政府との良好な関係を築いてロビー活動を行ったからです。彼は世界シオニスト機構議長として活躍すると同時に、イスラエル建国後は初代大統領に就任しました。

## バルフォア宣言をめぐる論争

パレスチナ問題を直接引き起こすことになるバルフォア宣言をイギリス政府はなぜシオニストに与えたのかの真相は実はいまだに謎です。というのも、イギリス帝国の中東政策に関する著名な研究者である故エリザベス・モンロー(オックスフォード大学セント・アントニー校中東研究センター)は「イギリス帝国の利益だけで判断すれば、バルフォア宣言はわが帝国史における最大の誤りの一つだ」とまで述べているからです(Elizabeth Monroe, *Britain's Moment in the Middle East, 1914-1956*, London: Chatto & Windus, 1963)。

しかし、最近の研究ではバルフォア宣言の決定はイギリス側の都合で進められ、シオニスト側は決定まで受け身の待ちの姿勢をずっと強いられていたという議論の方向性になっています。とりわけ、デイヴィッド・ロイド゠ジョージ首相(在任一九一六~二二年)は、ユダヤ人は金持ちだという偏見に基づいてユダヤ人に過度の期待を抱いていたため、同首相の強いイニシアティブがあって宣言が出されたとされています。

もちろん、バルフォア宣言が発表されるまでにはロイド゠ジョージ戦時内閣の閣僚からも強い反対が出されました。その急先鋒がエドウィン・モンタギュー・インド担当相(在任一九一七~二二年)でした。彼自身がロイド゠ジョージ内閣の唯一のユダヤ人閣僚だったのですが、反シオニズムの立場からバルフォア宣言には強く反対しました。彼はバルフォア宣言によってイギリス市民権をもつ同化ユダヤ人が再び反ユダヤ主義といういわれなき差別にあうことを懸念していました。バルフォア宣言が出されてしまうと、ユダヤ人はパレスチナ以外のあらゆる国で「外国人」として扱われるようになるからです。また、もう一人の閣僚で反対していたのが、インド総督の経験のある枢密院議長のジョージ・カーゾン卿でした。彼は多数派のムスリムの反対は目に見えているという立場からバルフォア宣言の理不尽さを主張したのです。

## ロイド＝ジョージ首相の反ユダヤ主義

ただ、バルフォア宣言の最終文言自体はロイド＝ジョージ首相、バルフォア外相、アルフレッド・ミルナー無任所相の戦時内閣の強力なトリオのイニシアティブによって一九一七年一〇月に閣議決定されることになりました。もっとも強く主張したのはロイド＝ジョージ首相だったと最近の研究は明らかにしています。というのも、ロイド＝ジョージ首相はユダヤ人こそが歴史の歯車を回すのだという反ユダヤ主義的な誤った見方に基づいて行動していたからです。ロイド＝ジョージ首相の誤ったユダヤ人観は、フランス嫌いという感情とともに、イギリスの支配層に共有されており、幅広い支持者を見出すことができました。イスラエルの歴史家トム・セゲヴはイギリス人の愛憎相半ばするユダヤ人に対する感情を次のように指摘しています。すなわち、「英国人がトルコ人を破ってパレスチナに入った。英国人はフランス人をパレスチナから引き離すためにパレスチナに留まった。それからシオニストにパレスチナを与えた。なぜなら、英国人は『ユダヤ人』を賞賛し同時に軽蔑しつつ、嫌っているにもかかわらず愛していたからだ。……バルフォア宣言は軍事的あるいは外交的利益の産物ではなく、偏見、心情、そして手練手管の産物だった。宣言を産ませた父親はキリスト教徒であり、シオニストであって、多くの場合、反ユダヤ主義者だった。そんな人びとはユダヤ人が世界を支配していると信じていた」とセゲヴは述べています（Tom Segev, *One Palestine, Complete: Jews and Arabs under the British Mandate*, New York: Picador, 2001, p.33)。

また、バルフォア外相もキリスト教シオニストであったがゆえに、熱心にユダヤ人国家建設の支援を行ったといわれています。イギリスがシオニストの大義を支持するという決定的な決断を行ったのも、イギリスからユダヤ人を追い出すためにユダヤ人を支持するというような矛盾に満ちた反ユダヤ主義的な考え方に基づいていたのであり、「ユダヤ人」の神秘的力（戦時中の日本の反ユダヤ主義者たちは「国際秘密力」と呼んでいましたが）への妄信のために現実を無視することになってしまったのです。

## 「アラブ対ユダヤ」という新たな「民族」的対立

これまでバルフォア宣言がなぜ出されたか、その理由を述べてきましたが、実はこの問題よりも宣言がもたらした予期しえなかった破滅的な帰結の方がずっと深刻な問題でした。というのも、バルフォア宣言によって、それまでなかった新たな対立の構図が政治制度として生み出されることになったからです。それはパレスチナ委任統治という制度における「アラブ対ユダヤ」という新たな「民族」的な対立の創出です。この新たな対立が委任統治期を通じて実体化していって最終的に戦争にまで発展してしまうのです。

宣言以前には存在しなかった「アラブ対ユダヤ」という「民族」的な対立が実体化していく、その一番の大きな要因は宣言の文言の中にあります。「パレスチナに存在する非ユダヤ諸コミュニティ（existing non-Jewish communities in Palestine）」という表現です。どうしてこの表現が問題なのか、本書の第2講を思い出していただきたいのです。そこではユダヤ人の「われわれ」と「われわれ以外」という二項対立的な世界観を紹介しました。その時、イスラエルの民（ユダヤ教徒）には神の救済がもたらされるが、ゴイーム（非ユダヤ教徒）にはもたらされないということを説明しました。「ユダヤ人」とそれ以外の人びとという同じ意味合いで「非ユダヤ non-Jewish」という表現がここでも使用されているのです。この表現のもつ政治的な重みはたいへんなものです。

## 「ユダヤ人」か「それ以外の人びと」か

まず、当時パレスチナで一〇%未満にすぎなかった「ユダヤ人」がバルフォア宣言の文言の主体となり、九〇%以上の人びとがユダヤ人以外のすべてという意味で「非ユダヤ」諸コミュニティと一括して呼ばれたのです。

次に、第1講でも述べましたように「ユダヤ人」と分類される人びとの中には、ユダヤ教徒であってもアラビア語を話していて自分のことをアラブ人だとみなしている人も当然いるわけですが、そのようなユダヤ教徒であり、同時にアラブ人であるという存在のあり方が、「非ユダヤ諸コミュニティ」という表現を使うことでバルフォア宣言によって否定されてしまったのです。

この宣言によってパレスチナという場で「ユダヤ人」か「それ以外の人びと」かという二項対立的な政治状況が作り出された以上、アラビア語を話すユダヤ教徒も「非ユダヤ」諸コミュニティに属さないがゆえに、「ユダヤ人」でなくてはならなくなったのです。このような二者択一を迫る政治的な状況はイスラエル建国後、パレスチナだけではなくアラブ世界に住んでいたユダヤ教徒たちに対しても適用されることになるともいえるのです。

以上のように、バルフォア宣言がユダヤ人対非ユダヤ人という二項対立を生み出した以

**図10　バルフォア宣言によるアラブ民族から「アラブのユダヤ教徒」の切り離しとシオニズム**

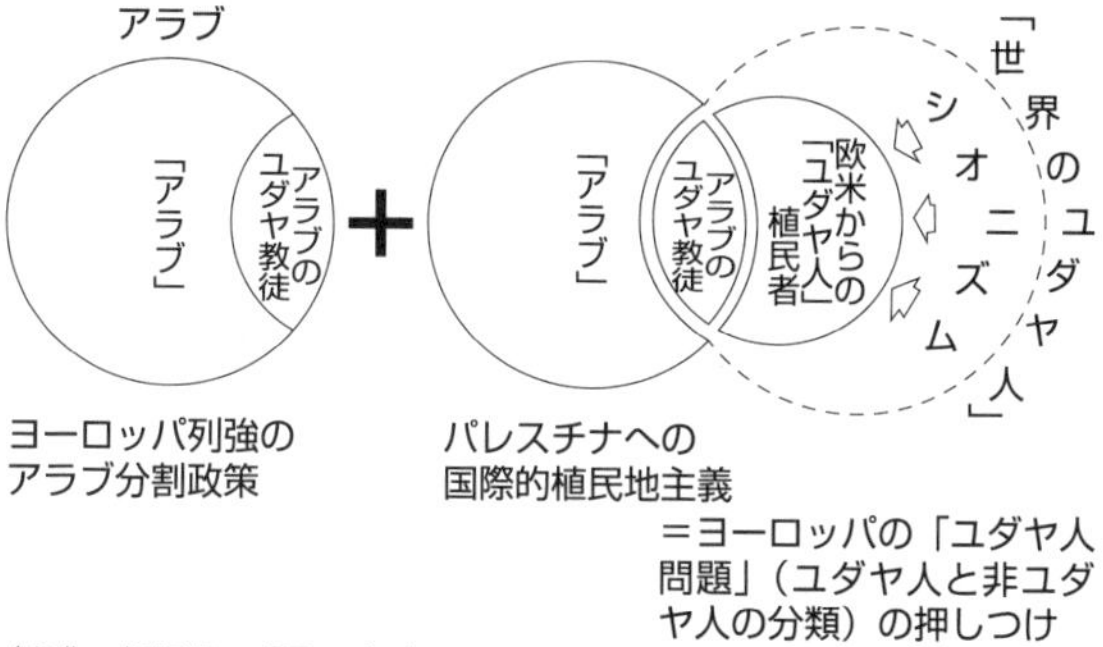


（出典：板垣雄三『石の叫びに耳を澄ます』平凡社、1992年、30頁）

上、非ユダヤ人は「アラブ人」だということになります。ここでアラブ人に鍵括弧を付けたのは以下のような理由からです。当時のパレスチナ住民であるアラブ人を宗教的に分類すると、ムスリム、キリスト教徒、ユダヤ教徒になります。そうしますと、非ユダヤ人といえばユダヤ教徒を除いた住民ということになりますので、ムスリムとキリスト教徒だけになってしまうのです。この点に「アラブ対ユダヤ」の対立のからくりがあります。

**民族対立が固定化する〈場〉**

前講でアラブ・ナショナリズムについて説明しましたが、もともと言語を軸とする民族集団であったアラブ人は、ムスリムとキリスト教徒とユダヤ教徒を含む考え方だったのですが、アラブ人からユダヤ教徒が除外されたわけですので、鍵括弧付きの「アラブ人」になってしまうのです。バルフォア宣言の結果、ユダヤ人と非ユダヤ人（＝「アラブ人」）との対立が生み出されてしまいます。ここに新たな「民族」的な対立が創出されることになったのです。だからこそ、ユダヤ人とアラブ人の対立はそれ以前には存在しなかったと表現したのです。パレスチナ委任統治は、この「民族」的対立が激化し、増幅し、固定化していく〈場〉として機能していくことになるわけです。ここに「二〇〇〇年来のアラブとユダヤの対立」という人口に膾炙した表現が登場することになります。

私たちはバルフォア宣言によって生み出された、当初は虚構であったはずの「民族」的対立を、委任統治を通じて次第に実体化してしまうという歴史認識の過誤を行ってしまうわけです。

しかし、アラブとユダヤの「民族」的対立の構図はきわめて巧妙に枠づけられました。シオニストたちの「夢」は、イギリスが提案して、結果的に国際連盟という新たな舞台において国際的に承認されたからです。将来「ユダヤ人国家」に発展していく実体が、バルフォア宣言の本文が国際連盟パレスチナ委任統治規約前文に組み込まれることによって国際政治上の「現実」になったのです。

もちろん、バルフォア宣言の本文には、前述のように、ロイド＝ジョージ戦時内閣の一部の閣僚の強い反対によって二つの条件が付けられました。その第一の条件は、パレスチナに現存する非ユダヤ人諸コミュニティの、市民として、および信仰者としての諸権利を侵害しない、という「アラブ人」向けの条件と、第二の条件はパレスチナ以外の世界のあらゆる国に居住するユダヤ人のすべての権利と地位を侵害しないという世界のディアスポラの同化ユダヤ人向けの条件です。しかし、委任統治期をつうじて第一の条件が守られることはありませんでした。

## 委任統治は新たな「植民地支配」

一九一九年のヴェルサイユ会議が終わって、講和条約が締結されてから、敗戦国オスマン帝国領の処理をめぐってサンレモ会議が一九二〇年四月に開催されました。連合国最高会議と呼ばれていますが、第一次世界大戦の戦勝国である英仏伊日、ギリシア、ベルギーが参加しました。他のヨーロッパ諸国は首相・外相などの国家元首級の政治家を派遣してきましたが、日本は駐仏日本大使を派遣したにすぎませんでした。この会議で、旧オスマン帝国領の東アラブ地域のうち、パレスチナ（この段階ではトランスヨルダンはパレスチナの一部でした）、イラクはイギリス委任統治、レバノン、シリアはフランス委任統治に決定されました。

そもそも、委任統治（mandate）とは、国際連盟規約第二二条に基づき国際連盟によって委任された国（受任国は戦勝国）が国際連盟理事会の監督下において、敗戦国ドイツ帝国のアフリカ及び太平洋の植民地と、敗戦国オスマン帝国の支配下にあった中東地域を統治する新たな「植民地支配」のことです。ウィルソン米大統領が民族自決の原則を主唱したために露骨な直接的な植民地支配は許されず、結果的に「委任統治」という美しい名称が使われることになりました。

委任統治領は、地域住民の自治能力の程度に応じて、A・B・Cの三段階に分類されました。旧オスマン帝国領は英仏によるA式委任統治、旧ドイツ帝国領アフリカの委任統治はB式、そして日本による旧ドイツ帝国領南洋群島の委任統治は最も低いC式でした。ここにも「文明化」という尺度が使われていることを見て取ることができます。ただし、例外がありました。それはパレスチナ委任統治で、パレスチナに現に住んでいる住民であるアラブ人ではなく、これから移民してくることになっているユダヤ人による統治が想定されていた点で、変則的な委任統治のあり方でした。

## ヨルダン川東西両岸

ところで、前述のとおり、委任統治領パレスチナには当初、トランスヨルダン（ヨルダ

図11　第一次世界大戦後の東アラブ地域

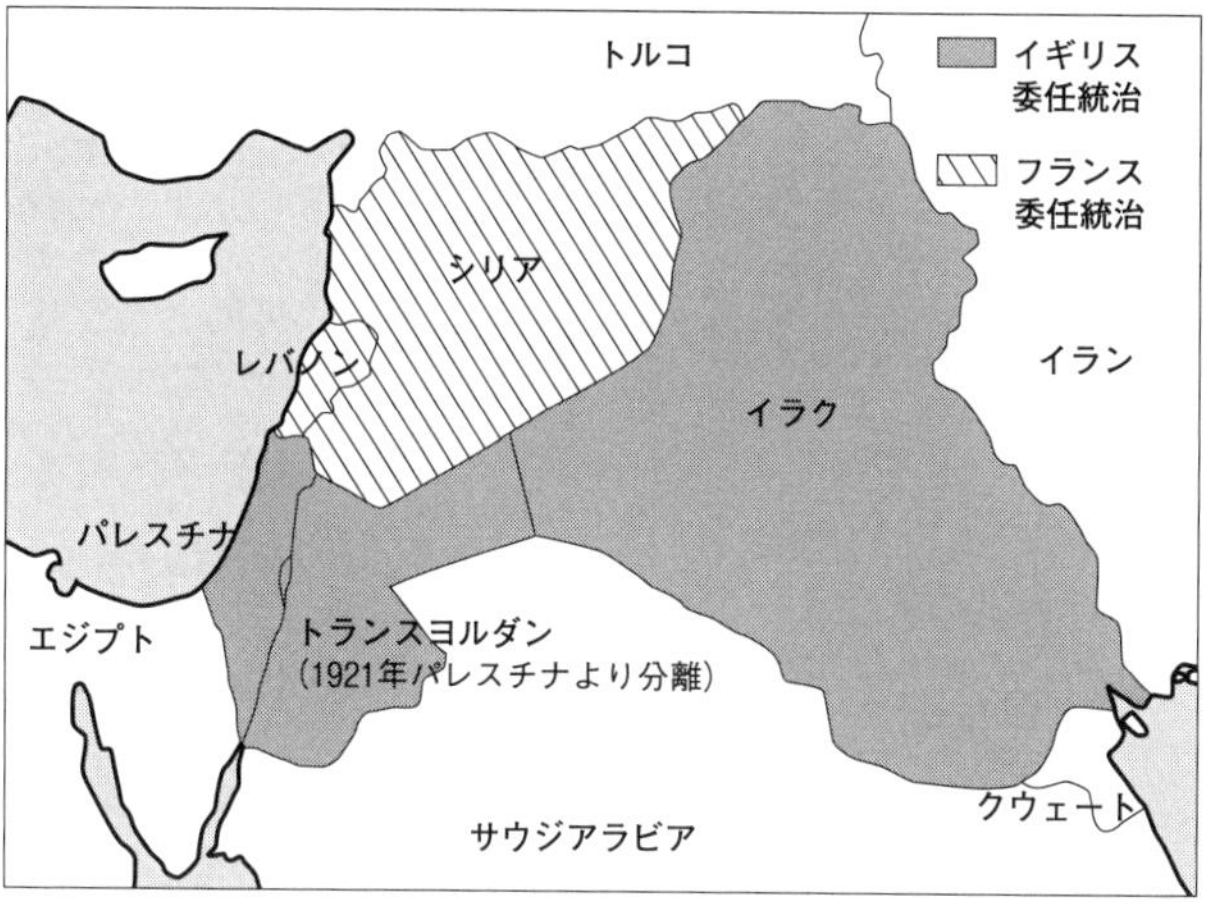


ン川東岸。ヨルダン川より向こう側の意味。現在のヨルダン・ハーシム王国の領域）も含まれていました。しかし、イギリスはシャリーフ・フサインの三男ファイサルのシリア・アラブ王国を潰したフランスに反発を強める次男アブドゥッラーを慰留して、植民地省特別顧問のT・E・ロレンスの提言の下、ウィンストン・チャーチル植民地相は一九二一年三月にカイロ会議を開催しました。同会議でトランスヨルダンをパレスチナ委任統治領から切り離して、アブドゥッラーをトランスヨルダンのアミール（首長）に据えることを決定します。同時に、ファイサルをイラクの国王に据えたのです。イギリスはこの会議で大戦中に場当たり的に展開した「三枚舌外交」の矛

盾を一挙に解決しようとしたのです。

したがって、このカイロ会議でパレスチナ委任統治領の範囲がヨルダン川より西側（「シスヨルダン（ヨルダン川よりこちら側）」と呼んでいます）の領域に画定されることになります。カイロ会議以前のヨルダン川両岸の「パレスチナ」の領域こそが、「エレツ・イスラエル（イスラエルの地）」だ、と大イスラエル主義を唱える修正主義シオニストが主張する歴史的根拠となったのです。

## イラクという人工国家

一方、イラク委任統治も始まることになります。この王国の最初の国王はイラク出身ではなく、アラビア半島出身で預言者ムハンマドの血統をもつファイサル国王になったのです。イギリスはファイサルがいかにイラク国民に歓迎されているか、懸命に宣伝活動に努めます。しかし、しょせん、イラクはイギリスが石油欲しさのためにまったく違う文化的背景をもつ三つの集団を一つの国家の枠内に押し込めてしまった結果できあがった国でした。イラク北部はクルド人地域（但し、クルド人の大多数はスンナ派ムスリム）で、イラク中部はスンナ派ムスリム地域、そしてイラク南部はシーア派ムスリム地域でした。しかし、中部と南部の人々はアラビア語を話すアラブ人であり、北部と中部はスンナ派ですが、クルド人とアラブ人であり、両者は民族が異なりました。さらに、事態を複雑にしたのが東隣イランの住民のほとんどがペルシア語を話すシーア派ムスリムだったことでした。

北部イラクに居住しているクルド人は第一次世界大戦後、国家設立の夢は破れてしまいました。というのも、戦勝国と旧オスマン帝国との間に結ばれたセーヴル条約で約束されたクルド人の独立国家は、新生トルコ共和国がトルコ革命の過程で締結し直したローザンヌ条約によって破棄されてしまったからです。結果的にクルド人居住地域であるクルディスタンはトルコ、イラン、イラク、シリアなどの主権国家に分断されてしまいました。

以上のように、旧オスマン帝国領のシャーム（大シリア）地域は主権国家に分断されてしまいました。その際、イギリスによる「ハーシム家解決案」がフサイン・マクマホン協定の代替案ともいうべきものとなりました。

第一次世界大戦中、オスマン帝国に対する「アラブの反乱」を導いたハーシム家の息子たちへの「論功行賞」を、フサイン・マクマホン協定を事実上反故《ほご》にしたイギリスがこの妥協案で与えて報いたのです。マッカのシャリーフ・フサインの長男アリーはヒジャーズ国王、次男アブドゥッラーはトランスヨルダン首長（アミール）、シリア国王の座を追われた三男ファイサルはイラク国王に据え付けるというものでした（一九〇頁図12参照）。アラ

## 図12　ハーシム家の系図

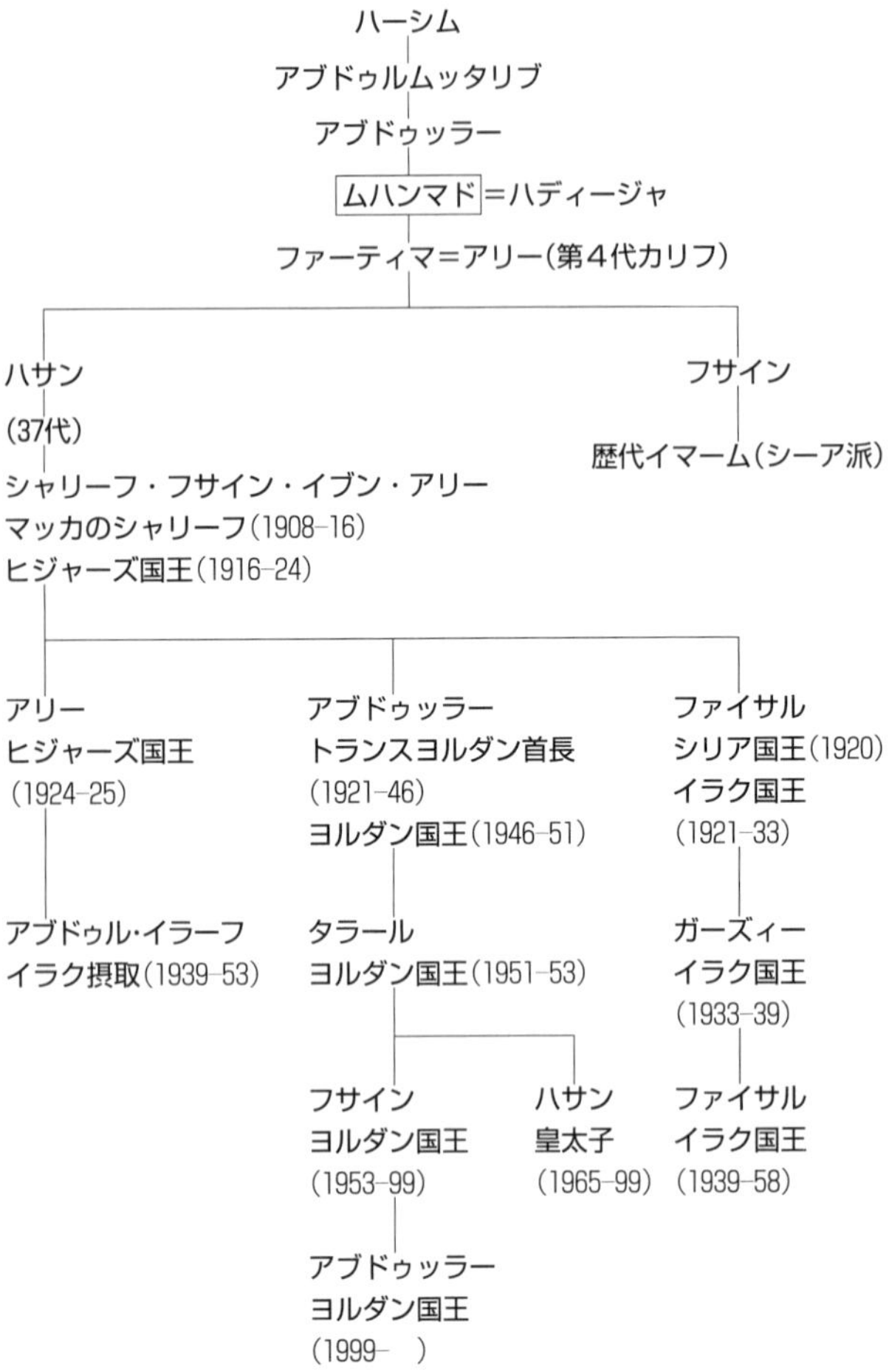
ハーシム
アブドゥルムッタリブ
アブドゥッラー
ムハンマド＝ハディージャ
ファーティマ＝アリー（第４代カリフ）
ハサン
（37代）
シャリーフ・フサイン・イブン・アリー
マッカのシャリーフ（1908–16）
ヒジャーズ国王（1916–24）
フサイン
歴代イマーム（シーア派）
アリー
ヒジャーズ国王
（1924–25）
アブドゥッラー
トランスヨルダン首長
（1921–46）
ヨルダン国王（1946–51）
ファイサル
シリア国王（1920）
イラク国王
（1921–33）
アブドゥル・イラーフ
イラク摂取（1939–53）
タラール
ヨルダン国王（1951–53）
ガーズィー
イラク国王
（1933–39）
フサイン
ヨルダン国王
（1953–99）
ハサン
皇太子
（1965–99）
ファイサル
イラク国王
（1939–58）
アブドゥッラー
ヨルダン国王
（1999–　）

ブ民族主義運動はハーシム家によるイギリスとの妥協の結果、英仏によるシャームの分割支配の強化・固定化に貢献することになったのです。もともとフランスの勢力圏であった北部イラクを、フランスにキルクークの油田の分け前を与えることで、強引に国境線を変更して最終画定したイラクという人工国家はチャーチル植民地相による「芸術作品」とも評価される性格をもっていることを忘れるべきではないでしょう（Avi Shlaim, *War and Peace in the Middle East: A Concise History, Revised and Updated*, London: Penguin Books, 1995）。

## アラブ人の反乱

さて、パレスチナ委任統治の下でのパレスチナへのユダヤ人移民に関してですが、イギリスはパレスチナの「経済的吸収能力」に従って半年ごとにユダヤ人移民数を決定することにしました。この移民数割り当て政策を打ち出したのが、初代パレスチナ高等弁務官ハーバート・サミュエル（一八七〇～一九六三年、在任一九二〇～二五年）でした。そもそもパレスチナの「ナショナル・ホーム」を発案した張本人でもあり、またイギリスではシオニスト・ユダヤ人政治家として著名でした。

しかし、パレスチナ委任統治は当初からアラブ人の反発を受け、一九二〇年には最初の反乱であるナビー・ムーサー（預言者モーセ）事件が起こりました。ナビー・ムーサーは一二世紀末のサラーフッディーン（サラディン）のエルサレム解放以来、ヨルダン峡谷の死海近くにあるナビー・ムーサー廟に参詣する、ムスリムもキリスト教徒も参加していた春の聖者祭です。廟がユダヤ教の預言者モーセを記念したものであることも三つの一神教の垣根を越えたパレスチナの聖者信仰のあり方を示すものです。この祭りはエルサレムの岩のドームを出発して、この廟まで行列を組んでお参りし、数日を過ごしてまた戻ってくるというものです。この春祭を主宰していたのがエルサレムの名望家アル・フサイニー家だったのですが、この祭りの際にスーフィー（イスラーム神秘主義者）の聖者（ワリー）の旗をシオニストが奪おうとしたために、大混乱に陥ってしまい、パレスチナ全土に広がったという反乱です。その後も続くパレスチナのアラブ人ムスリムやキリスト教徒たちの不満のあらわれ方の原初的形態を示すものでした。以来、アラブ人の反乱は、一九二一年、一九二九年、一九三三年、そして一九三六年から三九年までと断続的に続いたのでした。

ハーバート・サミュエル高等弁務官は軍政から民政に移った一九二〇年に赴任してきたのですが、まず何とかしてアラブ人とユダヤ人がともに参加する代議員組織である立法評議会を設立しようとしました。しかし、アラブ側の民族的代表組織である全パレスチナ会議アラブ執行委員会が委任統治の枠組みそのものの合法性を認めないという原則的な立場に立って、徹底した反英・反シオニズム闘争を開始したために、高等弁務官の試みはことごとく失敗に終わりました。

委任統治政府はユダヤ機関をイシューヴ（パレスチナのユダヤ人コミュニティ）のユダヤ人自治組織として認定しましたが、アラブ側が政府への協力を拒否したために、政府が提案したユダヤ機関に相当する「アラブ機関」は挫折しました。

## アラブ側に宗教行政機関設立

結局、サミュエルはアラブ側との妥協点を探って宗教行政機関の設立には成功しました。それは欠席裁判で有罪判決を受けていたハーッジ・アミーン・アル・フサイニー（一八九五〜一九七四年）を一九二一年に委任統治政府の宗教行政機関であるエルサレムのムフティー（大ムフティー）に任命し、二二年、さらに各地のムフティーから構成されるイスラーム最高評議会議長に就任させることになるのです。パレスチナの多くの人が驚く意外な人事でした。

大ムフティー職はもともとオスマン帝国時代にはその中央政府の下にあったイスタンブルのシェイヒュル・イスラーム（イスラームの長老）がもっていた宗教的権限を切り離して設置されたものです。大ムフティーはパレスチナという独立国家におけるイスラーム法に関する最終的宗教裁定を行う権限をもっており、評議会はカーディー（判事）などのイスラーム裁判所やワクフ（アッラーに寄進された土地）などの管理、モスクやマドラサ（イスラームの高等教育機関）の運営といったイスラームに関する宗務全体を統括する公的な機関でした。したがって、ハーッジ・アミーンは以後、この二つの公的宗教行政ポストを通じて政治的影響力を拡大していくことになるのです。

### ユダヤ教側にも首席ラビ庁設置

他方、委任統治政府はユダヤ教側にも宗教行政機関として二人の首席ラビを戴く首席ラビ庁を設置しました。ただし、オスマン期までのスファラディー首席ラビ職に加え、新たにアシュケナジー首席ラビ職も設置しました。第6講で触れた、ラトヴィア生まれで一九〇四年にパレスチナに移民してきたラビ・アブラハム・イツハク・クックが初代アシュケナジー首席ラビに就任しました。

また、ヤコブ・メイール（一八五六～一九三九年）が初代スファラディー首席ラビに就任しましたが、この人物はオスマン期からシオニズム活動に参加していました。このような新たな行政機関に対してハレディーム（神を畏れる人びとの意）と呼ばれる超正統派ユダヤ教徒はイスラエル建国までパレスチナの首席ラビ庁の宗教的権威を認めず、政府機関とは別の独自の宗教組織を形成しました。

## 嘆きの壁事件で破綻した宗教を越えた共存

パレスチナでのアラブ人とユダヤ人の対立が激化する委任統治の転換点になる事件が一九二九年八月に勃発した嘆きの壁事件です。旧市街にあるユダヤ教聖地の嘆きの壁の前の広場にユダヤ教徒がベンチと男女分離フェンスを持ち込んだのですが、オスマン朝以来、現状維持を伝統とする方針に反するとしてムスリムが反発しました。その際、ユダヤ人シオニストの若者集団が壁に乱入して混乱を引き起こし、またしても宗教的聖地でのアラブ人とユダヤ人の衝突が全国規模での反乱へと発展してしまったのです。この時、ムスリム指導者として頭角を現したのがエルサレムのムフティーであり、以後、パレスチナの民族運動指導者としての影響力を発揮することになります。

嘆きの壁事件ではパレスチナでのユダヤ教徒とムスリムとの共存が事実上、不可能になる凄惨な事件が起こってしまいます。それはヘブロン旧市街でそれまではアラブ人として生きてきたアラビア語を話していたユダヤ教徒がムスリムからの攻撃の対象となったからです。アラブ人のユダヤ教徒であっても「ユダヤ人」だという、アラブ人とユダヤ人という民族的二項対立が前面に押し出されて、宗教を越えた共存が終わってしまったことを意味しました。

さらに、ナチス政権の成立がいっそうアラブ人とユダヤ人の対立を激化させてしまいました。一九三三年にナチス政権が成立したことによってドイツにおける反ユダヤ主義的政策が強化され、ドイツからパレスチナへのユダヤ人移民が急増して、五万人近くがやって来たのです。この時期のドイツからのユダヤ人移民は資産家が多く、イシューヴの資本蓄積もこの時期行われたと評価されています。

委任統治政府は資産家に関しては移民制限をしていませんでした。ナチスとユダヤ機関は「ハアヴァラ（移送）協定」を結んで、ドイツのユダヤ人資本をパレスチナに「輸入」する工夫をしました。そのやり方は、まずユダヤ人は移民前に資産を売却し、その売却資金で農機具などの製品を購入してドイツからの「輸出品」というかたちでパレスチナに移送し、そして移民ユダヤ人はパレスチナで売却された「輸入品」の代金を受け取るというものです。世界恐慌後のブロック経済下で苦しむドイツにとっても、迫害を受けるユダヤ人にとっても「利益」になる協定だったのです。

## パレスチナ分割を提言したピール報告

しかし、アラブから見れば大挙してやってくるユダヤ人移民は人口統計的には自らが少数派に転落するのではないかという危機感として表明されることになりました。移民がピークに達した一九三六年四月、ハーッジ・アミーンを委員長とするアラブ高等委員会がゼネストを宣言して、アラブ大反乱が始まりました。このゼネストは半年間続き、この事態を重く見た英政府はピール卿を団長とする王立調査団をパレスチナに派遣し、一九三七年七月、反乱原因を調査した王立調査団報告を公表し、その中でパレスチナ分割案を勧告したのでした（ピール報告）。

ピール報告は、アラブ人とユダヤ人の対立が激化して、委任統治はすでに機能していないと判断して、委任統治が始まって以来初めて、アラブ人国家とユダヤ人国家とエルサレム等の国際管理というかたちでパレスチナの分割を提言したものでした。しかし、人口で圧倒的な多数派を占めるにもかかわらず「ユダヤ人国家」の領域に指定されたパレスチナ北部のガリラヤ地域に居住するアラブ人はさらに反発して武力抵抗が続き、英軍はハガナ（委任統治期の労働シオニストの地下軍事組織）と協力して反乱を徹底鎮圧しました。その結果、アラブ人指導部は亡命や逮捕・投獄などで壊滅状態となってしまい、その後のパレスチナ民族運動指導部は事態の変化に対応できなくなってしまうのです。

アラブ大反乱の最高指導者であったハーッジ・アミーンもイスラーム最高評議会議長を解任され、逮捕を免れるために亡命を余儀なくされます。彼はレバノン経由でイラクに向かい、バグダードでラシード・アーリー・ガイラーニーと協力して反英運動を展開し、さらにナチス・ドイツとの協力関係を築き、最終的にベルリンに亡命して、枢軸側の反英宣伝活動に携わることになります。

ナチスとの協力関係が戦後、ハーッジ・アミーンの国際的な評価を最悪のものにし、イスラエルあるいはシオニストもパレスチナ人の指導者とナチスとの協力関係を政治的プロパガンダとして最大限に利用し、パレスチナ解放運動の展開にもその評価に関してマイナスの影響を与えることになりました。

### 事実上のバルフォア宣言破棄

一九三九年九月にナチス・ドイツがポーランドに侵攻することによって第二次世界大戦が始まりますが、大戦直前の時期にイギリスはパレスチナ政策を百八十度転換することになります。イギリスはパレスチナ白書を出して対独伊戦争に備えてバルフォア宣言を事実上、破棄することになるのです。というのも、ユダヤ人はナチスによって迫害されていますので、ドイツ側に味方することなどは絶対にないわけですが、逆にアラブ側、とりわけアラブ民衆には反英意識が広がっており、イギリスはアラブ諸国の政府をイギリス側につなぎ止めておくために新たなパレスチナ政策をとらざるをえなくなったからです。その転換を示す会議が一九三九年二月から三月にかけてセント・ジェイムズ宮殿で開催されたロンドン円卓会議でした。

この会議にはパレスチナ・アラブ代表とシオニスト代表を招いただけではなく、エジプト、イラク、サウジアラビアなどのアラブ諸国代表をも招聘して、パレスチナ問題の解決を協議したのでした。この会議はアラブ諸国が汎アラブ的な問題としてパレスチナ問題に関与していく契機となりました。第二次世界大戦後、アラブ諸国がイスラエルと戦火を交えるようになる条件をこの会議が準備したといっても過言ではありません。

## ナチス占領下、ユダヤ人は避難先を失った

さらに、イギリスは一九三九年五月、マルコム・マクドナルド植民地相（在任一九三八〜四〇年）がパレスチナ白書を公表して、パレスチナへのユダヤ人の移民を制限し、ユダヤ人への土地売却を禁止し、さらにアラブ統一民族政府を樹立するとまで言及したのでした。この白書では大英帝国領への移民も制限されることになり、ナチス占領下のヨーロッパに住むユダヤ人は避難先を失うことになってしまいます。

だからこそ、ユダヤ人にとって、日本占領下の中国の上海のみが唯一の避難場所になったのです。「命のビザ」として知られる杉原千畝《ちうね》が日本の通過ビザを出したことの意味は

このような国際政治的な文脈で理解しなければなりません。少なくとも日本が一九四〇年にドイツ・イタリアと三国同盟を結ぶ前の段階では、ユダヤ人政策ではナチスのような迫害政策をとっていなかったからです。

# 第8講　第二次世界大戦と国連パレスチナ分割決議案

## イギリス、アラブ諸国との関係強化に

第二次世界大戦はパレスチナ問題の紛争構造を大きく変えることになりました。それは前講で簡単に触れました第二次世界大戦直前のイギリスの対パレスチナ政策の転換のためです。イギリスはナチス・ドイツとファシスト・イタリアとの戦争を遂行するために思い切った戦略転換を行ったのです。イギリスは帝国防衛のためにシオニストとの同盟よりもアラブ諸国との友好関係を選んだのでした。

それには東アジアでの日本軍の軍事行動も深く影響しています。日本軍は一九三七年七月に日中戦争を開始しますが、イギリス租界のあった天津をも占領します。イギリスは地

中海が一時的に「イタリアの海」になったとしても、東アジアの拠点シンガポール防衛のためにその海軍力を東アジアに集中させるのです。そのため、イギリスはインドへの生命線であるスエズ運河を防衛する観点からもアラブ諸国との関係を強化することになるのです。

イギリスは一九三八年を通じて地中海を中心とする対中東政策を大きく転換させました。三八年三月、帝国防衛委員会は、中東小委員会に対して、イギリスが近東の小国やアラブ諸国に影響力を行使できるようにするための財政的、経済的な措置を検討して、報告するように諮問しました。この帝国防衛委員会は二〇世紀初頭、バルフォア首相時代に創設されました。委員会は首相を議長として陸海軍の情報部長官も参加し、情報を一元化して首相機能を強化した国家の総合的戦略を立案する場でした。

時を同じくして三八年三月、ウッドヘッド委員会が設立されて、パレスチナ分割案（ピール報告）で示されたアラブ、ユダヤ両国家の境界線を画定するためにはどのような作業を実施すればいいか、具体的な調査活動が行われました。ピール分割案が勧告された三七年七月七日は、奇しくも日本が中国との戦端を開いた日でした（盧溝橋事件）。日本軍は同年一二月南京を占領し、イギリスの中国での拠点である天津租界も支配下に置きました。イギリスがパレスチナ分割をピール報告通りに強硬に実施するとなると、分割案に反対しているパレスチナ・アラブ反乱に対して、すでに二個師団相当の英軍を投入している上に、さらに兵力を割かなければならなかったので、イギリスはこれ以上パレスチナに増派するような最悪の事態になることは絶対に避けねばならなかったわけです。

## アラブ、ユダヤが出席するロンドン円卓会議の提案

またアラブ諸国、特にエジプトではムスリム同胞団などがイスラームの聖地を防衛するというスローガンを掲げて、アラブ大反乱で闘っているパレスチナ・アラブのムスリム同胞に連帯する活動を活発化させていました。イラクも同様であり、アラブ世界で反英感情が一挙に爆発する可能性もあったのです。仮にイギリスがパレスチナ分割案を実施しないという決定を行ったところで、シオニストから強い反発が予想されるものの、シオニストが不倶戴天の敵である独伊の枢軸側と全面的に協力する可能性は皆無に等しかったのです。

そうした国際情勢上の判断に基づいて、分割案の実施に積極的であった英植民地省自体も、三八年九月のミュンヘン会談でネヴィル・チェンバレン首相（在任一九三七～四〇年）がヒトラーに譲歩した機会に分割案の撤回へと傾きました。パレスチナ分割案の撤回を勧告したウッドヘッド委員会の報告はパレスチナ問題に対するイギリス政府の態度を最終的に

決定するという重要な政治的な意味をもったのです。

ウッドヘッド委員会は三八年八月、その報告において具体的な境界画定を行った三案を示したものの、いずれの案においても「自立できるアラブ、ユダヤ両国家の最終的建設のための合理的展望を提供しうる地域の境界線を勧告できないと報告する以外には選択の余地はない」として、分割案実施は事実上不可能だとの結論を下したのです。ミュンヘン会談をナチス・ドイツとの「宥和政策」で乗り切ったイギリス政府はウッドヘッド報告を渡りに船として、前講で述べたように、三八年一一月には分割案の実施は不可能との結論を正式に発表して、新たなパレスチナ政策を模索すべく、アラブ、ユダヤの代表の双方が出席するロンドン円卓会議の開催を提案しました。

## イギリス省庁もパレスチナ分割案を撤回に

しかし、このようなロンドン円卓会議は、パレスチナにおけるアラブ、ユダヤの双方の厳しい対立状況からは成功の見込みはほとんどなかったのです。にもかかわらず、このような和平の「調停」の提案が行われたのは一九三八年の国際情勢の変化、特にミュンヘン会談でのチェコスロヴァキアのズデーテン地方のドイツへの割譲、そして東アジアでの日本の中国侵略という国際情勢の変化に対応したものでした。

もちろん、ロンドン円卓会議は、イギリスの世界戦略におけるパレスチナ政策の大転換という既成事実を事後的に追認するための政治的な演出に過ぎなかったという見方もあります。実際、イギリス省庁間のパレスチナ政策をめぐる対立は一九三八年の半ば頃には解消して、分割案は実施しない、つまりはユダヤ人のナショナル・ホーム設立は支持しないという方向に収斂《しゅうれん》していったのでした。もちろん、アラブ諸国との関係を重視する英外務省は当初から分割案には反対しており、アラブ諸国の動向を考慮した汎アラブ的な方向でのパレスチナ問題の解決を一貫して主張していましたが、一九三七年以降は帝国防衛委員会およびその中東小委員会が、さらに一九三八年中頃にはいちばん腰の重かった植民地省も、パレスチナ分割案の撤回に同調したのです。

イギリスは戦時の帝国防衛という観点から、パレスチナで圧倒的な少数派であるシオニストに対する政治的コミットメントよりも、人口面、兵站《へいたん》面ではるかに優越するアラブ世界、さらにはインド亜大陸へと広がるムスリムとの友好関係の維持を軍事的、戦略的観点から優先したのです。マルコム・マクドナルド植民地相は一九三九年二月一四日、ロンドン円卓会議の席上、ユダヤ人代表団に対して「中東に駐在する英軍のインド・極東へのコミュニケーション・ラインの安全は中東地域の諸政府との友好関係の維持に依存」していることを率直に表明しました。

## ロンドン円卓会議の決裂

このように、イギリスは汎アラブ的な方向でパレスチナ問題に対処することをすでに中東政策として決定してからロンドン円卓会議に臨んだのです。前述のようにウッドヘッド委員会設立と時を同じくして、近東の小国およびアラブ諸国への経済的・財政的援助に関して諮問を受けていた帝国防衛委員会中東小委員会は一九三九年一月、親委員会に対して、トルコ、イラク、トランスヨルダン、サウジアラビアなどの中東諸国への経済的な「宥和政策」を主調とする報告書を提出していましたが、その報告書の主眼はパレスチナ問題の解決にあったといえるのです。報告書は次のように述べています。

「パレスチナにおけるわが国の政策に関連してすべてのアラブ諸国に存在する強い感情を、本報告の核心的部分として何よりもまず指摘する必要を感じている。アラブ諸国がイギリス寄りに向かうような影響を行使する際に最も重要視すべき方策がパレスチナ政策であることは明らかである。戦争勃発の場合、パレスチナおよびその周辺アラブ諸国の世論を完全に宥和できるような必要手段が即座に講じられるように想定している」(Michael J. Cohen, *Palestine: Retreat from the Mandate, The Making of British Policy, 1936-45*, London: Holmes & Meier, 1978, p.4)。

イギリスは一九三九年二月七日から三月一七日まで、セント・ジェイムズ会議（通称、ロンドン円卓会議）を開催しました。アラブ側は、パレスチナ代表団以外にも、エジプト、イラク、サウジアラビア、トランスヨルダン、イエメンのアラブ諸国の各国代表団が出席しました。パレスチナ代表団はイギリスによってパレスチナを追放されたハーッジ・アミーンが団長を務め、親ヨルダン派のナシャーシービー派も少数ながら加わりました。他方、ユダヤ側はユダヤ機関執行委員会委員長ハイム・ヴァイツマン、そして英米のユダヤ人代表団も参加しました。英代表はマクドナルド植民地相、ハリファックス外相が参加しました。アラブ側はユダヤ機関を承認していないとの理由で同席を拒否し、英代表はそれぞれアラブ側とユダヤ側に対して個別に会談を行ったのです。

イギリス側は懸案となっていた諸問題に関して、第一はパレスチナ分割案を撤回し、独立パレスチナ国家を建設する、第二はユダヤ人移民を厳しく制限し、今後五年間の暫定期間中、七万五〇〇〇人を「経済的吸収能力」に応じて受け入れる、第三はパレスチナにおけるユダヤ人の土地購入に関しては高等弁務官が関係法令を定める、というイギリス側の原案を提示したのです。

しかし、ユダヤ側はバルフォア宣言の事実上の撤回というイギリスの新政策に対して、また、アラブ側は委任統治を前提としたアラブ、ユダヤ双方に対して「二重の義務」を負うというイギリスの立場自体に反対し続けており、結局、セント・ジェイムズ会議は決裂したのです。

### 「宥和政策」による「平和」崩壊

セント・ジェイムズ会議が終了する前々日の三月一五日、ドイツはボヘミア・モラヴィアを併合、一六日にはチェコスロヴァキアは保護領となってドイツ軍の占領下に入り、ミュンヘン会談後の政治的「宥和政策」による「平和」は半年でもろくも崩れ去ってしまいました。さらにドイツは三月一八日、リトアニアに対してメーメル地方の返還を要求して二三日には合意させ、ポーランドに対してもダンチヒのドイツ復帰をも要求しました。ここに至ってやっとイギリスは三月三一日、ポーランドの独立が脅かされた場合、安全保障を与える約束をし、四月一三日にはフランスとともにルーマニア、ギリシアにも同様の約束を与えました。

他方、イタリアが四月一三日までにはアルバニアを事実上併合したため、リビアでのイタリアの軍事的脅威もあいまって、それまでイギリスが追求してきたイタリアへの宥和政策も破綻しました。さらに黒海と地中海を結ぶボスポラス、ダーダネルス両海峡を有するトルコの戦略的、軍事的な重要性がにわかに増すことになり、五月一二日にはイギリス・

トルコ相互援助条約が調印されました。

とはいうものの、イギリス政府は依然として東南欧諸国をめぐってはドイツに対する「経済的宥和」を追求していました。アラブ、ユダヤ双方の間の紛争解決のため最善の努力を行ったものの、結局は妥協点を見出せなかったとして、セント・ジェイムズ会議で示した英原案を骨子とするパレスチナ（マクドナルド）白書を、予定通り五月一七日にイギリスのパレスチナに関する新政策として公表しました（Michael J. Cohen, *Palestine: Retreat from the Mandate, The Making of British Policy, 1936-45*, London: Holmes & Meier, 1978）。

## 反英姿勢でアメリカに支援を求めたシオニスト

イギリスのパレスチナ政策の大転換でもっとも深刻な影響を受けたのがシオニストでした。一九三九年九月一日、ドイツのポーランド侵攻によって第二次世界大戦が勃発して、後に初代イスラエル首相になるダヴィド・ベングリオンが「われわれはあたかも戦争がないかのように白書と戦い、白書がないかのように戦争を戦う」と述べている事実は、ユダヤ人を迫害するナチスとは絶対に手を組むことができないのでイギリスと共に戦うが、しかし同時に反シオニスト的政策に変えたイギリスとも戦うといったように、シオニストがいかに厳しい苦境に陥ったかを物語っています。

しかし、ベングリオンは新たな活路を見出すことになります。それはアメリカによるシオニスト支援に期待するというものです。一九四二年五月、シオニストはアメリカのニューヨークにあるビルトモア・ホテルで会議を開催し、アメリカ政府に支持を求めて「ユダヤ人共和国」設立の宣言を行うのです。このビルトモア会議の重要な点は、ユダヤ系アメリカ人の協力を取り付けたことで、ベングリオンがイギリスの反対にもかかわらず、パレスチナへの無制限のユダヤ人移民とユダヤ人共和国の設立という決議をとにかく引き出したことです。それまでの「ナショナル・ホーム」に代わって「コモンウェルス」という表現が使用されて、国家設立に向けての決意を明らかにしたのです。しかし、後にイスラエル初代大統領になる親英派のヴァイツマンはイギリスとの関係を断ち切ることには反対していました。

**シオニストに同情的だったチャーチル**

一九四〇年五月にウィンストン・チャーチルがイギリス首相に就任すると、一九三九年のパレスチナ白書はいったん棚上げされたかのようにも見えました。というのも、チャーチルはシオニストには同情的だったからです。短期間ですが、イギリスとシオニストの間でも軍事的協力が行われました。また、英軍内にユダヤ人部隊を設立する話し合いも行われましたが、これは実を結びませんでした。

しかし、イギリス軍は労働シオニストのエリート部隊であるパルマハ（突撃隊）の訓練を行いました。イギリス軍はシオニスト志願兵にサボタージュなどの破壊活動、パルチザン攻撃などの軍事訓練を集中的に施したために、皮肉なことですが、四五年五月の終戦とともに修正主義シオニストによる反英武装闘争が可能になったということにもなります。そのシオニストの軍事力がイギリスのパレスチナからの撤退を早めたともいえるのです。

一九四四年九月にシオニストはユダヤ旅団として連合軍の一翼を担って戦うことになりました。シオニストの参戦には第一次世界大戦時以来の実績が裏付けになっているのです。イスラエル建国後にイスラエル国防軍に発展していくハガナはイギリス軍と協力して力を蓄えていったといえます。

もちろん、一九四〇年にイタリアが参戦しますので、パレスチナも戦火に巻き込まれる可能性が高くなりました。そのため、イギリスはシオニストとの軍事協力を継続しつつも、アラブ人の反発を和らげるために、いっそうユダヤ人移民制限の措置を強めていきました。

## 修正主義シオニストの反英武装闘争

修正主義シオニストがチャーチル首相のイギリスに対して反旗を翻すことを決定づけたのがシュトルーマ号事件でした。シュトルーマ号はルーマニアからのユダヤ人難民を運んでいたのですが、パレスチナへの入国を拒絶され、一九四二年二月に黒海で沈没し、乗客のほとんどが死亡したのです。この時、当時、ポーランド亡命軍の兵士だったメナヘム・ベギン（一九一三〜九二年）がパレスチナに移民してきました。ベギンはパレスチナに来てすぐにイギリスからの「解放戦争」の準備のために秘密地下武装諸組織を糾合することになるのです。

一九四三年に入ってパレスチナにもホロコーストの凄惨な実態についての知らせが入ってくるようになると、修正主義シオニスト軍事組織のイルグン団とシュテルン団はユダヤ人移民の無制限の受け入れを要求して反英武装闘争を激化させていきます。そのため、チャーチルの親友でカイロに拠点を置きイラン・中東・アフリカを統括する植民地担当大臣ウォルター・ギネスことモイン卿が四四年一一月、シュテルン団によって暗殺されるという事件が起こるのです。

ギネス・ビールとギネス世界記録集でその名が知られるアイルランドのダブリン出身のモイン卿暗殺事件はそれまでパレスチナのユダヤ人民族的郷土建設に同情的だったチャー

チル首相を怒らせることになります。この事件を契機にイギリスにはユダヤ人国家建設に同情する首相がいなくなってしまうのです。しかし、皮肉なことですが、この事件はハガナがイルグン団の鎮圧のためにイギリスと協力するきっかけにもなったのです。

## 労働シオニストと修正主義シオニストの対立

労働シオニストがイギリスと協力して修正主義シオニストを鎮圧するようになると両者の間の隔たりは埋めることができないものに発展していきます。修正主義シオニストの代表的なグループが前述のイルグン団ですが、正式名称はイルグン・ツヴァイ・レウミー（ユダヤ民族軍事組織、頭文字を取った略称はエツェル）です。独立戦争時の指揮官は、一九七七年に首相となるメナヘム・ベギンでした。

イルグン団は一九三一年にハガナから分離したので、別称ハガナ・ベイト（ベイトはヘブライ語アルファベットの二番目の文字で、「第二ハガナ」の意）とも呼ばれています。また、シュテルン団の正式名称はロハメイ・ヘルート・レ・イスラエル（イスラエル自由戦士、頭文字を取った略称はレヒ）で、一九四〇年、イルグン団から分離しました。その指揮官がアヴラハム・シュテルンですので、シュテルン団とも呼ばれています。

そもそも、修正主義シオニズム運動はその指導者のウラジミール・ジャボティンスキー

（一八八〇〜一九四〇年）によって一九二三年にベタール（「トルンペルドールの盟約」の略語であると同時にローマ軍への抵抗運動のバール・コフバの乱の最後のユダヤ人城塞の名称）という名の青年運動として結成されました。ヨセフ・トルンペルドール（一八八〇〜一九二〇年）は一九二〇年にパレスチナ最北部のテル・ハイで祖国防衛のために殉じたとしてシオニストの英雄になった伝説的人物です。日露戦争後、ロシア軍将校として日本の捕虜収容所にいたこともありました。

## パレスチナのユダヤ社会、分裂の危機に

修正主義シオニズムの特徴は、委任統治期には反英的な立場をとり、大イスラエル主義を唱えたことです。トランスヨルダンを含むヨルダン川両岸の地域がエレツ・イスラエル（イスラエルの地）だと主張したのです。委任統治期パレスチナで修正主義シオニズムが成長した社会的背景としてはユダヤ人社会の都市化があります。第三波アリヤーと呼ばれるユダヤ人移民が一九二〇年代以降ロシア・東欧からやって来るわけですが、その多くは都市出身で、パレスチナでも都市に定住したのです。一九二〇年代のパレスチナでは都市住民が増大していきます。

修正主義シオニストが批判している労働シオニズムが、キブーツやモシャーヴなど農村

の集団農場を拠点に農業労働者を組織化して、パレスチナのユダヤ人社会の政治的・経済的主導権を握っていったのに対して、主流派の労働シオニズムから排除されて不満をもったユダヤ人を動員したのでした。その中心は中小企業経営者や専門職等の都市中間層の人びとでした。修正主義シオニズムと労働シオニズムの対立は一九二〇年代に激化して、一九三三年に労働党指導者であったハイム・アルロゾロフが修正主義シオニストによって暗殺されるまでの深刻な事態に至りました。パレスチナのユダヤ人社会が分裂の危機を迎えたのでした。

一方、エレツ・イスラエル労働党（マパイ）は、社会主義シオニズムの考え方に従った新たなイシューヴ（パレスチナのユダヤ人コミュニティ）を建設していきます。その母体となっていたのは、ヒスタドルート（エレツ・イスラエル労働者総同盟）であり、それは労働組合や協同組合によってユダヤ人社会の組織化を行っていました。ヒスタドルートは工業・金融部門の最大の経営母体となって、その傘下にはバンク・ハ・ポアリーム（労働者銀行）、ヘヴラト・ハ・オヴディーム（労働者会社）、クッパト・ホリーム（保険共済組合）などがあり、イシューヴの経済発展の中核となったのでした。ダヴィド・ベングリオンが労働シオニスト諸政党を糾合してマパイを設立して、ヒスタドルートの中核政党として活動を拡大していって主導権を握ったのです。

## シオニストのディレンマ

しかし、労働党は第二次世界大戦中の悲劇であるホロコーストに対して両義的な立場をとらざるをえませんでした。労働シオニズムの基本的理念は、ユダヤ人の離散の否定という考え方に基づいていました。それはユダヤ人のエレツ・イスラエルへの帰還をもってユダヤ民族史は完成するという、パレスチナという場所を中心として考えるユダヤ・ナショナリスト的な考え方でした。したがって、ホロコーストの犠牲者はヨーロッパ社会でのユダヤ人の同化を信じた人びとであり、シオニズムの考え方を受け入れなかった人びとだという見方がどうしても見え隠れするのでした。

シオニストにとってはホロコーストという最悪の悲劇的な事態は反ユダヤ主義の広がるヨーロッパで当然ながら予想できたことであり、ホロコーストで犠牲になったユダヤ人は、シオニズムの大義を信じなかったのだからその人びと自身の責任でもあると考えたのです。しかし、シオニストは同時に、多くの同胞ユダヤ人を救えなかったという意味ではその責任を負わねばならないという深刻なディレンマに陥ることになるのです。

## パレスチナ問題の解決を国際連合に委託

ハリー・S・トルーマン米大統領は第二次世界大戦後、ナチスによるホロコーストを生き延びた「ユダヤ難民」（Displaced Personsと呼ばれていたため、DP問題として知られていました）が米軍管理下のヨーロッパの収容施設にあふれた状態を解決するために、一〇万人の「ユダヤ難民」がパレスチナに移民できるよう、パレスチナ委任統治に責任をもつイギリスのアトリー首相に提案しました。この提案に対してイギリス政府は、パレスチナのアラブ人の反発を恐れて、ユダヤ人移民を制限した三九年のパレスチナ白書に基づいてユダヤ難民の受け入れを拒否しました。

しかし、イギリスはユダヤ難民をパレスチナに受け入れることができるかどうかを調べる英米合同調査委員会を一九四五年一一月に設立して、委員会の勧告を実施するとアメリカ側に約束したのでした。翌年四月、委員会は一〇万人の「ユダヤ難民」のパレスチナ移民を骨子とする勧告を発表しました。

英米調査委員会は次のような表現で勧告しました。「第一勧告――パレスチナ以外の国々について入手した情報では、ヨーロッパを離れることを望んでいる、あるいはそう駆り立てられているユダヤ人の住処《すみか》を見出すための実質的な援助を行う望みを与えることにはならないことを報告しなければならない。しかし、パレスチナだけではナチスとファシストの迫害の犠牲となったユダヤ人の移民先を求める必要性に応えることができないのである。というのも、全世界は『難民』とそのすべての再定住への責任を共有しているからである。したがって、われわれの両国政府が他の国々と協力して、以前の共同体との絆がすでに回復できないほどに断ち切られてしまった『難民』すべてに対して、その信条・国籍を問わず、新たな住処を速やかに見出す努力をしなければならないことを勧告するものである」。

ここで全世界が「ユダヤ難民」の再定住に責任をもっているという言明はパレスチナに住むアラブ人たちの諸権利と衝突するものであったことはいうまでもないのです。当然、イギリス政府は調査団の勧告の実施は不可能だとして、パレスチナ問題の解決のすべてを新たに設立された国際連合に付託したのでした。

## 国連パレスチナ分割決議案

国連はイギリスの付託を受けてパレスチナ特別委員会（UNSCOP）を設立しました。しかし、委員会は全会一致の結論を出すことができず、四七年八月三一日、パレスチナ分割の多数派案とパレスチナ連邦国家の少数派案が併記された報告を総会に提出しました。国連総会はアド・ホック委員会にこの報告の討議を付託しました。アド・ホック委員会は審議の上、総会に対し多数派案であるパレスチナ分割案を提出しました。そして国連総会は四七年一一月二九日、多数派案であるパレスチナ分割に関して採決を行い、賛成三三（米ソ、南米諸国の一部、英連邦諸国など）、反対一三（アラブ諸国、イスラーム諸国など）、棄権一〇（イギリス、中国、中南米諸国の一部）、欠席一（タイ）で同案は採択されたのでした。

パレスチナは経済的統合のもとでアラブ人国家とユダヤ人国家に分割され、エルサレムは国連の信託下に置かれることになったのです。これが国連総会決議一八一号、通称、国連パレスチナ分割決議案と呼ばれるものです。パレスチナ委任統治領はアラブ人国家、ユダヤ人国家、国際管理地域（エルサレムおよびベツレヘム）への分割が決定されてしまったのです。

## エルサレムの帰属をめぐる対立

国連パレスチナ分割決議案によってパレスチナをめぐる政治状況は一変しました。パレスチナに駐留するイギリス軍は委任統治終了の日に向けて、もはやパレスチナからの「名誉ある撤退」しか頭にありませんでした。事実上、秩序が失われたパレスチナでは分割決議案に反発するパレスチナ・アラブの武装行動が激化しました。

パレスチナ・アラブは亡命中のハーッジ・アミーンからの指令で、彼の甥アブドゥルカーディル・アル・フサイニー（一九〇八～四八年）を指導者として、三六年から三年間続いたアラブ大反乱で壊滅状態にあったパレスチナ・アラブの軍事組織を、エルサレム地域を中心にして再編成したのでした。レバノン出身でアラブ大反乱でも活躍したファウジー・カーウクジー（一八九〇～一九七七年）やエジプトのムスリム同胞団などのアラブ義勇軍もパレスチナ・アラブ支援のために戦いました。しかし、アラブ側には軍事的な相互協力、連携関係はなく、パレスチナ地域間の指揮系統もばらばらというのが実態でした。

パレスチナ・アラブ側に対して、シオニスト側は分割決議案におけるユダヤ人国家の予定領域をできるだけ広域にわたって制圧するために、ハガナ軍が主体となってダーレト計画に基づいて段階的かつ計画的に軍事行動を行うことになりました（ダーレト計画については次講で再度取り上げます）。さらに、シオニスト側は国際管理地域に指定された聖地エルサレムを軍事的な支配下に入れることに全力をあげました。テル・アヴィヴとエルサレムを結ぶ街道をめぐるシオニストとパレスチナ・アラブの間の戦闘は、将来におけるエルサレムの帰属を決するものだったからでした。

**第一次中東戦争勃発**

このような状況の中で一九四八年四月九日に起こったのがデイル・ヤースィーン村虐殺

事件でした。この虐殺事件はパレスチナ・アラブにシオニストに対する恐怖心を植えつけることになりました。デイル・ヤースィーン村虐殺事件というのは、修正主義シオニスト地下武装組織イルグン団とシュテルン団が、エルサレムの西部にあった人口約六〇〇人のパレスチナ・アラブの村を攻撃して、二五〇人余の村民を虐殺した事件のことです。このアラブ人の村はエルサレムの出入口に位置する戦略的に重要な場所にあったために、双方にとって争奪の的になったのです。

国連パレスチナ分割決議案採択後、シオニストは分割案でのユダヤ人国家予定地を軍事的に確保するために行動を展開しましたが、そのためユダヤ人支配地域にあるアラブの町や村に住む多くのパレスチナ・アラブ住民は一時的に避難するつもりで故郷の家を離れました。実際、シオニストは一九四八年五月に第一次中東戦争が開始される前にすでに、ユダヤ人国家予定地内にあったタバリヤー（ティベリアス）、ハイファ、アッカー、サファドなど、アラブとユダヤ人の混住都市を制圧下に置いていたのでした。

一方、イギリスは委任統治終了日を一九四八年五月一五日としました。そのためにアラブ諸国軍が同日、パレスチナへの進軍を開始し、その前日の一四日に独立を宣言したイスラエル軍との間に戦闘が始まったのです。第一次中東戦争の勃発です。

## 日本のユダヤ政策

本講の最後に、第二次世界大戦中の日本のユダヤ政策について簡単に触れておきます。一九四〇年九月、日本はドイツ・イタリアと三国同盟を締結しますが、実はそれ以前の日本のユダヤ人政策はドイツとは一線を画したものでした。そもそも、日本がユダヤ人と政治的・軍事的なレベルで接触するのは第一次世界大戦中に勃発したロシア革命への干渉戦争であるシベリア出兵の時です。その時、日本の軍人は反ユダヤ主義の考え方も一緒に輸入することになりました。シベリア出兵の際、日本兵と接触した反革命の白軍兵士には『シオンの長老たちの議定書』が配布されていたからです。『議定書』とは、ユダヤ人が世界支配の陰謀を企てているということをまことしやかに語った偽書です。

大連特務機関長になる安江《やすえ》仙弘《のりひろ》（一八八八〜一九五〇年）はシベリア出兵で武勲を上げ、帰国すると友人の酒井勝軍《かつとき》（一八七四〜一九四〇年）にこの本の邦訳を出版させました。自らも一九二四年に包荒子のペンネームで『世界革命之裏面』という本を著して、この『議定書』を紹介したのです。海軍の犬塚惟重《これしげ》（一八九〇〜一九六五年）も独自に『議定書』の邦訳を出版しました。この安江と犬塚という二人の軍人は日本のユダヤ人政策を考える上で重要な人物ですので、その経歴を簡単に紹介しておきましょう。

安江仙弘は秋田市生まれで、一九〇九年五月に陸軍士官学校（第二一期）を卒業しました。同期には石原莞爾《かんじ》（一八八九〜一九四九年）、樋口季一郎（一八八八〜一九七〇年）らがいました。一八年、シベリア出兵に参戦してロシアの白軍将校と接して反ユダヤ主義を知ることになります。二八年、ユダヤ研究を命じられて、米国留学の経験がありシベリア出兵の時からの知己である酒井勝軍らとともにパレスチナに赴きます。帰国後、そのパレスチナ訪問の記録である『猶太《ユダヤ》国を視る』と題する本を出版します。

安江はユダヤ人資本を満州国経営に導入して日本とアメリカの関係を改善しようともくろむ河豚《フグ》計画に関わりました。大連特務機関長であった三八年三月、ナチス・ドイツの迫害から逃れてきたユダヤ人に対して、ハルビン特務機関長の樋口季一郎少将とともに給食、衣類・燃料の配給、そして要救護者への加療を実施、さらに出国の斡旋、満州国内への入植の斡旋、上海租界への移動の斡旋等を行いました。これはオトポール事件として知られています。しかし、三国同盟締結による日本のユダヤ政策の転換のために四〇年一二月、予備役に編入されます。四五年八月に大連でソ連軍に逮捕され、五〇年、シベリア抑留中にハバロフスク収容所で病死しました。

他方、犬塚惟重は東京生まれで、一九一一年に海軍兵学校（第三九期）を卒業しました。犬塚大佐は三九年一二月に上海の支那方面艦隊司令部付「犬塚機関（特務機関）長」に就任し、河豚計画の推進のために、上海のユダヤ系イギリス人の大富豪で「東洋のロスチャイルド家」とも呼ばれるサスーン家に対日協力を要請するために、三九年夏、上海のビクター・サスーンと接触しましたが、失敗しました。三九年一二月、予備役に編入され、引き続き機関長を嘱託されました。

## 満州へのユダヤ難民移住計画

ところで、先ほどから何度か触れている河豚計画とは何でしょうか。これは満州へのユダヤ難民の移住計画です。もともと、日産コンツェルンの鮎川義介《あいかわよしすけ》が一九三四年、「ドイツ系ユダヤ人五万人の満洲移住計画について」と題する論文を発表したことが出発点となっています。五万人のドイツ系ユダヤ人を満州に受け入れ、同時にユダヤ系アメリカ資本を誘致することによって満州の開発を促進させるとともに、満州をソ連に対する防壁とする構想を立案したのでした。関東軍の後ろ盾を得た鮎川は三七年、日本産業を改組して満州重工業開発を設立して、満州への本格的進出を果たしました。しかし、米国との関係改善を目指した河豚計画自体は太平洋戦争の勃発で見果てぬ夢になってしまいました。

日本のユダヤ政策に関しては、日本政府は一九三八年の五相会議（首相、蔵相、外相、陸相、海相）で政府の方針として決定しました。実務面では、陸軍大佐安江仙弘や海軍大佐犬塚惟重らが主導しました。しかし、三九年八月にソ連がドイツと独ソ不可侵条約を締結したため、ヨーロッパのユダヤ人をソ連経由で極東にまで移送するのが難しくなりました。同年九月、ドイツのポーランド侵攻で第二次世界大戦が勃発し、翌四〇年七月から八月には、ソ連がリトアニアを含むバルト三国を併合して、ユダヤ人がヨーロッパから脱出するのはほぼ不可能になりました。同年九月、日本政府は日独伊三国防共協定をさらに発展させて、日独伊三国同盟を締結し、最終的に太平洋戦争を開始したために河豚計画は挫折したのです。

# 第9講　イスラエル国家建設とナクバ

## イスラエル建国を読み直す動き

イスラエル建国はシオニスト・ユダヤ人にとっては念願の独立達成でした。しかし、パレスチナから離れて故郷に帰還できなくなったアラブの人びとにとっては、自分が難民であっても、難民でなくても、ナクバであるという認識では共通していました。ナクバというのはアラビア語で「大破局」の意味ですが、英語では「カタストロフィー」と訳します。広河隆一監督のドキュメンタリー「パレスチナ1948・NAKBA」(二〇〇八年)という作品のおかげでこのところようやく「ナクバ」という用語が日本でも人口に膾炙するようになりました。

ナクバという観点からイスラエル建国を読み直す流れが、徐々にではありますが、生まれつつあります。そのような読み直しを試みる研究者はイスラエルでは「新しい歴史家」などと呼ばれていますが、「新しい歴史家」の歴史像が市民権を得たとはまだまだいえません。ナクバはシオニスト側によるパレスチナ・アラブ住民の「トランスファー（移送）」や「追放」のために起こったとか、あるいは「民族浄化」の帰結であったという議論も出ています。というのも、もともとアラブ人が多数派を構成するパレスチナの土地に、ユダヤ人が多数派となるようなユダヤ人国家をシオニストが設立しようとするならば、当然ながら、もともと住んでいるアラブ住民の数が最小限になる状態が現出することが望ましいと考えるのは論理的な帰結でもあるからです。

パレスチナ人の間にも、これまで沈黙を強いられてきた受動的な状況から抜け出して、ナクバの記憶を問い直す作業が始まっています。ナクバの時に起こった事実を歴史的にきちんと検証し、また記録する動きが活発化しているのです。個々人のメモワールであれ、聞き取りであれ、非公式の文書であれ、新聞・雑誌・パンフレットなどであれ、とにかく文字・非文字資料を含めてあらゆる角度から収集して、離散の記憶を風化させないためにも新たな発掘が行われているのです。

イスラエル建国によってパレスチナ難民が生まれたという事実は、ナショナル・ヒストリーを描くという観点からもイスラエル人にとっても直視しなければならない火急の課題になりつつあります。ただ、そのような流れが確実に広がっているかといえば、内向きになっている現在のイスラエル社会では難しいといえます。ではアラブ世界ではどうかといえば、公文書などの関係資料がいまだに公開されていない現段階ではさらに困難だといわざるをえません。

## アラブ政府首脳暗殺事件

ナクバそのものの議論と同時に、イスラエル建国がアラブ世界の国内政治に与えた深刻な影響も考えなければなりません。一九四八年のパレスチナ戦争（第一次中東戦争）勃発を契機としてアラブ諸国も政情不安に陥ったからです。たとえば、パレスチナ問題が関係して起こったアラブ政府首脳の暗殺が何件かありました。

もっとも深刻な事件がヨルダンのアブドゥッラー国王の暗殺（一九五一年）でした。またエジプトのヌクラーシー首相はムスリム同胞団のメンバーに暗殺され（一九四八年）、レバノンのリヤード・アッ・スルフ首相はアンマンでシリア民族主義者党員によって暗殺（一九五一年）されました。さらに、シリアではフスニー・ザイームによる軍事クーデタで政権交代（一九四九年）が、エジプトでは自由将校団によるエジプト革命（一九五二年）が勃発しました。その後のアラブ地域で起こる事件はイスラエル建国とパレスチナ問題が何らかのかたちで原因になって生じたものであるといっても過言ではありません（Eugene L. Rogan & Avi Shlaim, eds., *The War for Palestine: Rewriting the History of 1948*, Cambridge: Cambridge University Press, 2001)。

### パレスチナ・アラブ住民の避難民の波

ところで、パレスチナ・アラブ住民が一時的な避難のつもりで故郷を離れたものの、最終的に帰還することができずに難民化してしまう問題は、先ほども触れたように、シオニストがアラブ住民をトランスファー（移送）あるいは追放する意図があったかが論争点になっています。それだけではなく、難民問題はイギリスをはじめとする植民地支配、そしてアラブ諸国間の対立関係を含めて、当時の世界史的な状況の中で複合的かつ多角的に検討する必要があります。この点については次講で考えてみたいと思います。

ただ、ここで強調しておきたいのは、パレスチナ・アラブ住民の難民化の過程については、前講で簡単に述べたように、一九四七年一一月の国連パレスチナ分割決議案の採択以降、パレスチナが内戦状態になってしまう時期からすでに始まっているという点です。またベングリオンが、イギリス委任統治が終了する一九四八年五月一五日の前日にイスラエル建国の宣言を行い、アラブ諸国がパレスチナに侵攻して第一次中東戦争が勃発しますが、その前後の時期にも避難民の波が起こります。しかし、内戦時と戦争勃発時のこの二つの避難民の波は区別して議論する必要があります。

換言すれば、パレスチナに住んでいるアラブ住民は一時的避難のつもりで故郷を離れたわけですが、第一の避難民の波はこの内戦の時期にすでに始まっており、内戦期の避難民の流れが決定的になったのが戦争勃発前後の時期になります。繰り返すと、パレスチナ・アラブ住民がパレスチナを離れるのは決して戦争が始まってからではないのです。

## 避難民が難民化するプロセス

ここで、本書で使用する避難民と難民の使い分けについて簡単に説明しておきます。避難民はまだ故郷に帰還できる可能性のある段階の状態を指し、また難民は当面はその可能性がなくなった段階の状態を指しています。強調しておきたいのはこの使い分けの決定的な分水嶺《ぶんすいれい》が、ベングリオン首相が戦争中は避難民の故郷への帰還を認めないと決定した一九四八年六月一六日の閣議です。以後、パレスチナからの避難民の故郷への帰還が事実上断たれ、戦争が終わっても事態は変わらず、避難民が難民になってしまうことになります。

## 図13　パレスチナ避難民の難民化

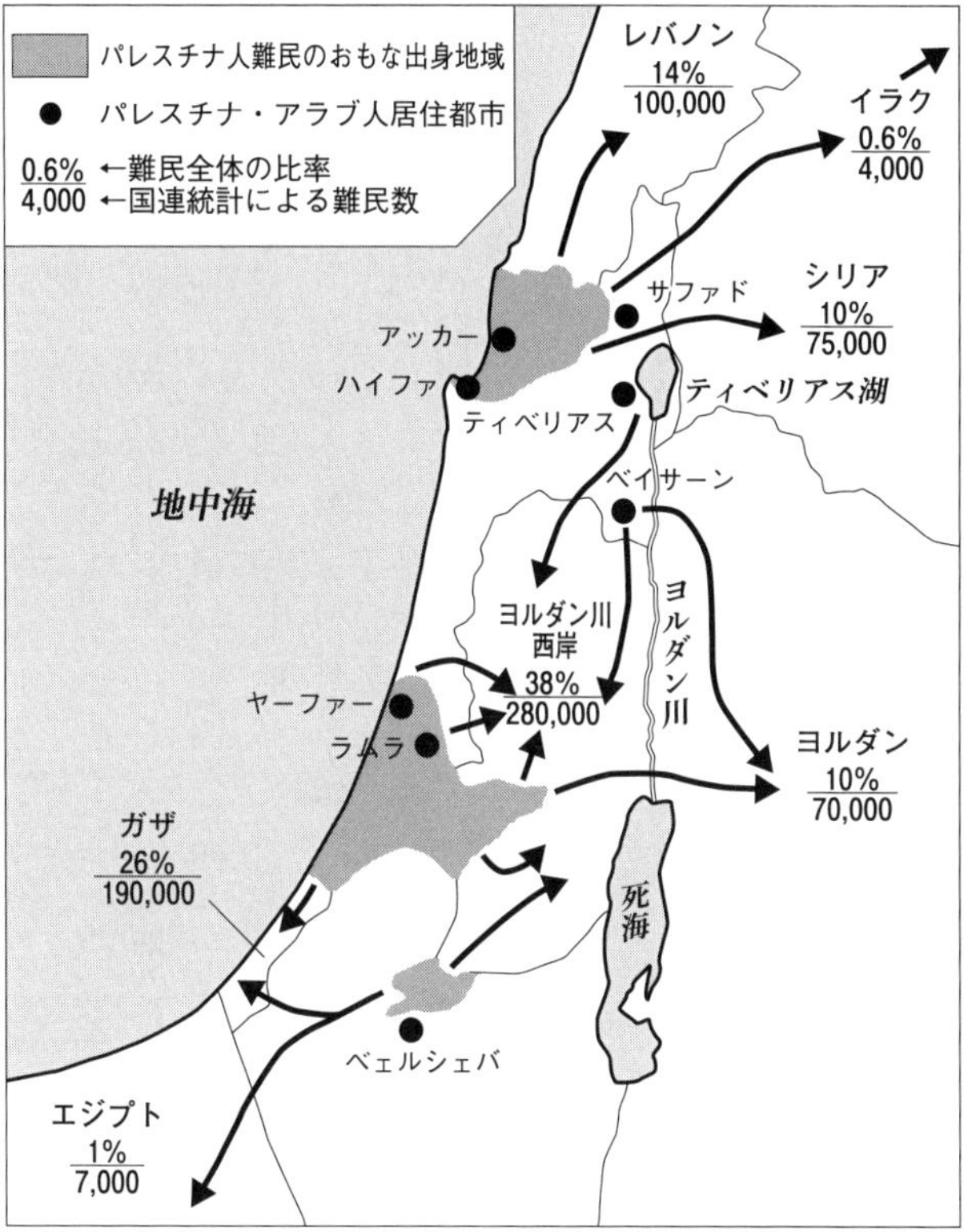

パレスチナ人難民のおもな出身地域
パレスチナ・アラブ人居住都市
0.6% ←難民全体の比率
4,000 ←国連統計による難民数
レバノン
14%
100,000
イラク
0.6%
4,000
シリア
10%
75,000
サファド
アッカー
ハイファ
ティベリアス
ティベリアス湖
ベイサーン
地中海
ヨルダン川
西岸
38%
280,000
ヨルダン川
ヤーファー
ラムラ
ヨルダン
10%
70,000
ガザ
26%
190,000
死海
ベェルシェバ
エジプト
1%
7,000

パレスチナ・アラブの人びとが難民化する具体的なプロセスについて、パレスチナ内戦と第一次中東戦争勃発に関連させて四つの時期に区分して検討してみます。まず、戦争が勃発するまでの①内戦期（一九四七年一二月から一九四八年三月まで）、次は第一次中東戦争勃発前後の時期の②戦争勃発期（一九四八年四月から六月まで）、そして形勢がシオニスト側に有利に逆転する第一次停戦が成立した時期の③第一次停戦期（一九四八年六月一一日〜七月八日）、そして④第一次停戦終了後（一九四八年七月九日から一八日まで）、に分けて考えてみます。

実際には、すでに戦闘が終了していた一九四八年一一月から一九四九年七月までの期間には軍事境界線沿いでトランスファー（移送）と追放が行われますが、難民化という観点からはすでにその帰趨《きすう》は決定されているので、ここでは言及の対象にはしません。

## 富裕層の避難で、パレスチナ社会は機能不全に

パレスチナ・アラブ住民が最終的に難民になってしまう歴史的事実を考える上では、もちろん第二期の戦争勃発期が決定的です。しかし、第一期に相当する内戦期はその前提を考える上で重要です。この内戦期は国連パレスチナ分割決議からダーレト計画が実施されるまでのパレスチナ内での戦闘期間です。

ダーレト計画とはユダヤ人国家の領域を確保するためのシオニストの四段階目の軍事作戦のことで（ダーレトとはヘブライ語アルファベットの四番目の文字）、一九四五年二月に最初のアレフ作戦（アレフはヘブライ語アルファベットの最初の文字）が策定されて以来、国連分割決議案など段階ごとに新たに策定されました。四段階目であるダーレト計画は、国連パレスチナ分割決議案採択前に計画され、採択後と四八年三月に改定されたイシューヴの「防衛」のための軍事作戦だとされます。

内戦期には、分割案でユダヤ人国家に指定された領域に入った諸都市からのパレスチナ・アラブ住民の避難が始まります。特に地中海岸の都市ハイファとヤーファー、そしてユダヤ人が多数派を占める西エルサレムからの避難の波が起こるのです。それも富裕で教育を受けた社会的上層と中間層の人びとがあたかも「感染」したかのように、親戚のいるナーブルス、アンマン、ベイルート、ガザ、そしてカイロなどに一時的な避難のつもりで故郷を離れるのです。

このような比較的富裕な階層の人びとがパレスチナを離れることは、この階層に属する人びとが担っていた社会的な機能が停止することを意味しました。パレスチナ社会が実質的に機能不全に陥ってしまうのです。

## パレスチナ・アラブ住民の崩壊感覚

この内戦期にはイギリス軍もすでにパレスチナからの撤退準備を始めており、避難するあても金銭的な余裕もない都市下層の人びとや農民たちは自分たちだけが取り残され、シオニストの軍事的脅威に曝されていると感じざるをえなくなります。にもかかわらず、都市下層民や農民たちにとって住んでいる場所を離れればそのまま貧困のどん底に落ちてしまうので、辛うじて思い止《とど》まりました。一九四八年三月までの内戦期に都市のパレスチナ・アラブ住民のあいだに浸透した崩壊感覚と動揺の広がりなどの心理的要因を理解することなしには、その後の大規模な避難の波がなぜ起きたのか説明することができません。

次の第二期に相当する戦争勃発期は、一九四八年四月から六月までの時期です。ハガナ(労働シオニストの武装組織で後のイスラエル国防軍の中核になりました)、そしてイルグン団やシュテルン団などの修正主義シオニストの武装組織による軍事攻勢から、アラブ諸国連合軍によるパレスチナ侵攻を経て、第一次停戦までの時期になります。この戦争勃発期がパレスチナ・アラブ住民の避難の波を考える上で決定的でした。内戦期に準備された心理的要因に加え、パレスチナ・アラブの軍事勢力が次々にシオニストに打ち破られるのを目撃した都市下層民と農民たちがパニックに陥ってしまったのです。

シオニスト側はパレスチナ・アラブ住民が「避難症候群」にとり憑かれたと表現しまし

た。その時の混乱ぶりは、パレスチナ人作家のガッサーン・カナファーニー（一九三六～七二年）の小説『ハイファに戻って』（黒田寿郎訳、奴田原睦明訳、『ハイファに戻って／太陽の男たち』河出書房新社、新装新版、二〇〇九年）に生々しく描かれています。この時期に、ユダヤ人国家予定地内に位置するティベリアス、ハイファ、ヤーファー、ベイサーン、サファドなど、アラブ住民とユダヤ住民が混住する都市がシオニストの手に落ちたのでした。

**シオニスト軍事攻勢の影響**

シオニストの軍事攻勢がパレスチナ・アラブ住民の避難を直接、間接に引き起こしたことはまちがいありません。とりわけ戦略的に重要な地点やダーレト計画が適用された地域では追放命令が出され、十余のアラブ村落の住民が追放の対象となったのです。ダーレト計画は、イガール・ヤディーン（一九一七～八四年）の立案による、戦略的重要地域からのアラブ「一掃」作戦でした。各地域指揮官は、北部のハイファ周辺のカルメル山とガリラヤ地域ではイガール・アローン（一九一八～八〇年）、南部のネゲヴではシムオン・アヴィダン（一九一二～九四年）など後にイスラエル国防軍で活躍する軍人たちでした。

建国当初、イスラエル国防軍は誕生したばかりで兵員が不足しており、占領したアラブ村落に守備隊を残しておく必要性がないように、最前線から後方の地域にあるアラブ村落を無人にしておきたいと現場の司令官たちが考えたのは十分に理解しうることでした。

もっとも激しい論争を巻き起こしてきたテーマであるユダヤ人武装組織による虐殺がパレスチナ・アラブ住民の避難にどこまで影響したかについては、現在まで議論が続いています。パレスチナ・アラブ人の都市住民や農民は、もしユダヤ人が勝利すれば、アラブ軍がユダヤ人に対して行ったことを、逆の状況で自分たちに対しても行うだろうという恐怖に駆られて逃げ出したと考えるイスラエルの研究者が多いのです。それは、エルサレムとヘブロンの間に位置するエツィヨーン・ブロックにあった四つのキブーツで四八年五月に実際に起こったユダヤ人虐殺事件のことをイスラエル人は想起するからです。

修正主義シオニストの民兵が行ったデイル・ヤースィーン村虐殺事件はパレスチナ・アラブ住民の恐怖感をいっそう強める結果となりました。この村の虐殺事件に関して、アラブのメディア関係者がレイプまでも起こったという偽の情報をラジオで流して、事件自体が誇張して広められたために、アラブ住民たちがいっそう深刻なパニックに陥ったという証言もあります。

## 避難民の故郷への帰還は事実上不可能

さらに、この第二期の戦争勃発期に避難民の大きな波が起きたのは、どの程度までイシューヴないしはアラブの組織的方針に基づくものなのか、これが論争点になっています。イシューヴの側から見ると、一九四八年四月までユダヤ人国家予定地内およびそれ以外の場所においてもアラブ住民を追放する公式の計画はなかったという主張になります。この点はこれまでしばしば指摘されてきたことです。

しかし、パレスチナ人研究者であるワリード・ハーリディーは、パレスチナ・アラブ住民のトランスファー（移送）という観点から考えると、ダーレト計画はシオニストによって周到に準備されたものだと批判します。ハーリディーはエルサレムの名望家出身で、一九二五年生まれのアメリカ在住の代表的パレスチナ人研究者で、元ベイルート・アメリカ大学教授です。

他方、シオニスト側の考え方では、四八年三月に立案されたダーレト計画は、あくまでアラブ諸国の侵略に対する「防衛」の準備の必要性から生まれたものであったとしつつも、ダーレト計画がそれぞれの前線レベルでは指揮官の状況判断に任されていた事実も認めています。敵対的行動をとるアラブ村民やその潜在的分子の追放は行われたとします。第二期の戦争勃発期では政治指導者ないしは参謀総長レベルではアラブ住民追放に関する議論は行われた事実はなかったものの、ユダヤ人国家予定地にできるだけ少ない数のアラブ住民しか残さないという暗黙の了解はあったということになります。

実際、アラブとの共存を訴え続けたマパム党（マルクス主義的な左派政党の統一労働者党）系のユダヤ人指揮官でさえも「戦場の現実」のなかでは党中央の指令を忠実に実行することができなかったと回想しているのです。

他方、アラブ側はパレスチナ・アラブ住民の避難に対して統一的かつ一貫性のある方針をもっておらず、したがって、アラブ指導部はどのようになすべきかに関する適切なガイドラインや指示を与えることができませんでした。一部の地域（例えば、ハイファやエルサレム）では現地パレスチナ・アラブの武装勢力が住民の避難を阻止する努力を行ったものの、アラブ高等委員会は避難に対する包括的な方針をまだもっていなかったのです。アラブ諸国に至っては、現実に何が起こっているのかを把握するだけで、パレスチナ・アラブの追放阻止のためにイギリスを通じてシオニストに圧力をかける努力をした形跡すらないのです。おそらくダマスクス、カイロ、アンマンのアラブ諸国政治家たちは、パレスチナ人指導者のハーッジ・アミーン・アル・フサイニーと同様、イギリス撤退直後、ある程度の避難民はパレスチナへの武装侵攻を正当化するためのいい口実になると考えていたと解釈する研究者もいます。

しかし、トランスヨルダンやアラブ高等委員会はパレスチナ侵攻直前の四八年五月はじめになって初めて、パレスチナ・アラブ住民に対してパレスチナに留まるか、あるいはすでに離れてしまった場合はすぐに戻るよう指示を出しました。しかし、この時期には戦闘激化のため故郷への帰還は事実上不可能になっていたのです。

### 新生イスラエル政府と住民の帰還問題

パレスチナ・アラブ住民の帰還を認めるか否かの問題は第一次停戦が近づくにつれて新生イスラエル政府にとっては深刻な問題となりました。アラブ諸国、アメリカ、国連などの避難民の帰還承認の圧力が高まる中、ベングリオン首相は対外的（特に対米、対国連）、対内的（特に対マパム党）な関係を考慮して、六月一六日の閣議で、戦争中は帰還を認めないが、戦後の方針については改めて検討するという決定を行いました。実は連立与党のシオニスト左派でハト派のマパム党（前述）は、アラブ、ユダヤの両民族の共存を唱えて「平和志向」の難民には帰還を認めるように主張していたのです。ベングリオンがこの決定を行ったのは、国内的には、このマパム党が連立を離脱しないように宥和したためで、挙国一致内閣は維持され、内閣瓦解という危機は回避されたのでした。

しかし、現実は一九四八年以降、アラブ居住区は破壊され、農地は没収され、ユダヤ人新移民がアラブ村落に入植して居住をはじめ、パレスチナ・アラブ住民の帰還は物理的に不可能になる状況ができつつあったのです。

第一次停戦が終了して、第四期に入ると、チェコスロヴァキア製の武器を入手したイスラエル側の軍事攻勢が始まりました。まず、七月に行われた主要な軍事作戦は、北部のナザレを中心とするデケル作戦、中部のリッダとラムラのダニー作戦でした。これらの作戦に呼応して、七月に第三の避難民の波が起こりました。さらに一〇月から一二月にかけて、北部パレスチナのガリラヤ北部地域ではヒラム作戦、南部パレスチナの地中海海岸南部とネゲヴ北部ではヨアヴ作戦が行われて、一〇月から一一月にかけてさらに避難民の波が発生しました。

## イスラエル世論は避難民の帰還を拒否

第一次停戦終了後の七月以降の第四期には、シオニスト政治指導部の明確な決定はなかったものの、イスラエル国防軍によるアラブ住民の追放の動きが加速化されてきました。これは第一次停戦までの戦闘でアラブ住民の多くが避難したために、アラブ住民を排除したユダヤ人国家設立の可能性が現実味を帯びたものとなったからです。さらに、アラブ諸国がパレスチナ・アラブ住民にパレスチナに留まるように呼びかけ、パレスチナからの新たな避難民を自国領内に受け入れることを拒否し始めると、それに呼応した形で、イスラエル国防軍による追放は激しくなっていきました。とはいいながら、アラブ・キリスト教徒に関しては、アラブ・ムスリムに比較して、より多くパレスチナに留まらせる方針が七月にはベングリオンによって打ち出されていたのです。

結果的に、ベングリオン首相は戦勝者としての矜持《きょうじ》から戦後アラブ諸国との妥協を一切排除しました。さらに首相は、イスラエル世論を、パレスチナ・アラブ避難民の帰還を拒否する方向に導くことにも成功しました。国連やアメリカによる調停にもかかわらず、避難民の帰還のための交渉はすべて失敗に帰してしまいました。パレスチナ・アラブ避難民はそのまま難民として離散の地のキャンプなどで生きざるをえなくなったのです。

## アラブ諸国はイスラエルと休戦協定

第一次停戦後の状況を簡単に述べておきます。二八日間の第一次停戦が終わり、七月九日に戦闘が再開されましたが、スウェーデンのフォルケ・ベルナドッテ国連調停官の活動もあって七月一八日に第二次停戦が発効したものの、実質的には守られることはありませんでした。第二次停戦以降は、第一次停戦期間中に武器を補充したイスラエル軍が攻勢に転じて、ネゲヴと西ガリラヤ地方（パレスチナ北西部）を制圧しました。四八年一二月以降はイスラエル軍がシナイ半島まで兵を進め、圧倒的な軍事力の優位を見せつけましたが、米英が介入し、イスラエル軍はシナイ半島から撤退せざるを得ませんでした。年が明けてすぐの四九年一月七日、第三次停戦が発効しました。以後、アラブ諸国はエジプトを皮切りに、それぞれがイスラエルとの休戦交渉に入りました。イスラエルと隣接しないイラクは休戦交渉に入ることを拒否しました。

一九四九年七月までにアラブ諸国はイスラエルと休戦協定を締結しました。休戦協定によって軍事境界線が設定され、事実上、イスラエル国家の領域が画定されました。エジプトとレバノンの休戦ラインは旧委任統治領パレスチナの境界とされました。ただし、ガザ地帯はエジプトの統治下に入りました。しかし、ヨルダンとシリアとの境界に関しては休戦ラインの画定に手間取りました。ヨルダンが国連パレスチナ分割案のアラブ国家予定地域の大部分と東エルサレムを占領していたためでした。

また、シリアもユダヤ人国家予定地域の一部を占領していましたが、混成休戦委員会の管理する非軍事地域とすることで、シリア軍は撤退しました。休戦ラインはその後、休戦協定の地図上で緑色の線で引かれたために「グリーン・ライン」と呼ばれ、一九六七年まででイスラエルとアラブ諸国との軍事境界線になりました（Benny Morris, *The Birth of the Palestinian Refugee Problem, 1947-1949*, Cambridge: Cambridge University Press, 1988)。

## 図14　イスラエル建国直後の境界線

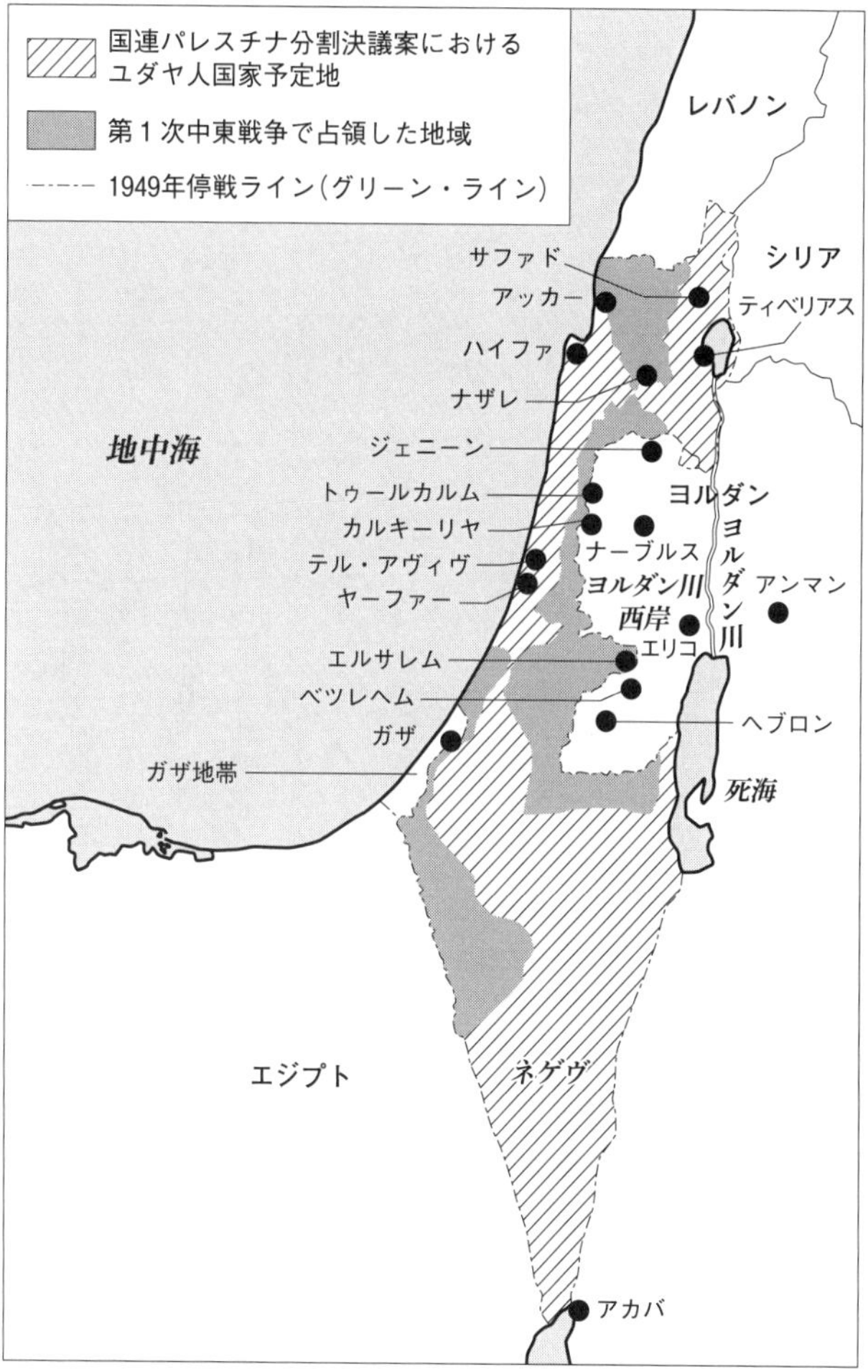

国連パレスチナ分割決議案における
ユダヤ人国家予定地
第１次中東戦争で占領した地域
1949年停戦ライン（グリーン・ライン）
レバノン
シリア
サファド
アッカー
ティベリアス
ハイファ
ナザレ
地中海
ジェニーン
トゥールカルム
ヨルダン
カルキーリヤ
ナーブルス
テル・アヴィヴ
ヤーファー
ヨルダン川
ヨルダン川
西岸
アンマン
エリコ
エルサレム
ベツレヘム
ヘブロン
ガザ
ガザ地帯
死海
エジプト
ネゲヴ
アカバ

### トランスヨルダンと難民化

ところで、パレスチナ・アラブ住民の難民化に関しては、隣国トランスヨルダン（一九四九年四月にヨルダン・ハーシム王国と改称）も深くかかわっています。オックスフォード大学セント・アントニー・カレッジ中東研究センターのアヴィ・シュライムの見方を中心に考えてみましょう。シュライムはイラクで生まれイスラエルで育ったユダヤ人国際政治学者です。シュライムのシオニストとトランスヨルダンとの関係についての歴史研究が「修正主義」と目される所以《ゆえん》は、シオニストとアブドゥッラーは秘密交渉を行ってパレスチナを両者で分割するという「共謀（collusion）」を行い、パレスチナ・アラブをその共謀の犠牲にしたと指摘したためです。

さらにこの「共謀」に関連して、イギリスは国連パレスチナ分割決議を骨抜きにするためにハーシム家とシオニストの共謀に加担し、ハーッジ・アミーンを指導者とするパレスチナ・アラブのための独立国家の設立を妨害した共犯者（accomplice）である点を明らかにしたことも付け加えることができます。「共謀」とか「共犯者」といった穏当ではない表現がシュライムの研究では使用されていますが、むしろアラブ諸国内でのヨルダンとエジプトとの王朝間の対立あるいはアブドゥッラーとハーッジ・アミーンとの政治指導者間の個人的な対立が、「敵」であるはずのシオニストとの対立以上にいかに激しかったかを物語るものです。

換言すれば、アラブ諸国は兵力など優勢だったにもかかわらず、イスラエルに対して一枚岩的に結束できずばらばらだったために、期せずして第一次中東戦争に敗北してしまったともいえるのです（Avi Shlaim, *Collusion Across the Jordan: King Abdullah, the Zionist Movement, and the Partition of Palestine*, New York: Columbia University Press, 1988）。

**シオニストとアブドゥッラーの関係**

ここでは、シオニストとアブドゥッラーとの関係に論点を絞って、シュライムの意表を突く刺激的な議論を紹介してみます。まず、シオニストに対するアブドゥッラーの態度を決めた要因は四つあります。

第一に、アブドゥッラーの領土拡張への執着です。彼はトランスヨルダン建国当初は現在のシリア、レバノン、ヨルダン、パレスチナ（イスラエル）を含む大シリア国家建設を夢見ていました。しかし、第二次世界大戦後はその目的を、ユダヤ人地域を含む委任統治領パレスチナ全域の領有にまで「格下げ」しました。当然ながら、シオニストの拒否にあうと、さらに国連パレスチナ分割案のアラブ国家予定地域の占領に目標を設定し直したのでした。

第二に、アブドゥッラーとイギリスとの特別な関係です。イギリスとの特別な関係こそがアブドゥッラーの権力の源泉であり、同時に制約となったという点です。アブドゥッラーはイギリスの政治的な意向に逆らって独自に行動することができなかったのです。

第三に、アブドゥッラーはイギリスに軍事的にも経済的にも全面的に依存していたため、アラブ世界ではまったく孤立していました。

第四は、アブドゥッラーの反ユダヤ主義的姿勢の裏返しでもありますが、彼はシオニストを豊かな財源をもつ強力な国際的勢力と信じていたために、他のアラブ指導者とは異なり、自らの政治的目的を達成するためにシオニストは大いに利用できると現実主義的に考えた点です。

他方、シオニスト指導者の側もアラブ諸国との敵対という包囲の壁の突破口として、またシオニストの主張の正当性を承認させるためにも、アブドゥッラーを政治的同盟者として利用しようとしました。シオニストが国王を同盟者として利用しようとした理由は次の通りでした。まず、アブドゥッラーの政治的な現実主義を挙げることができます。彼は一九三〇年代から一九四〇年代にかけてパレスチナ地域におけるパワー・バランスがユダヤ人コミュニティの方に傾いたことを冷静に認識していたため、ユダヤ人と協力する方がアラブ諸国からよりも得るものが多いと判断したのでした。

第二に、トランスヨルダンがナーブルス、エルサレム、ヘブロンなどのパレスチナの中心地に近接していてパレスチナ・アラブ人に影響力を行使しやすかったという地理的要因を挙げることができます。

第三は、ヨルダン正規軍であるアラブ軍団は他のアラブ諸国の軍隊よりも優れているとシオニストが認識していたことです。イギリスがパレスチナから撤退した後に起こることが予想される戦闘の際、アラブ軍団の中立化、つまり同軍団と戦火を交えないことがシオニストの軍事目的の達成にとってきわめて重要になってくる点をシオニストはすでに視野に入れていたのでした。

## シオニストとトランスヨルダンの良好な関係

シオニストとトランスヨルダンとの関係は、他のアラブ諸国とパレスチナのユダヤ人との間の激しい敵対的な対峙とは対照的に常に良好でした。一九三〇年代はじめにはアブドゥッラーはシオニストに対してトランスヨルダンへのユダヤ人入植のために土地の貸借まで計画しましたが、彼の側近の反対のため挫折しました。第二次世界大戦後、ユダヤ機関はエジプトのイスマーイール・スィドキー首相（一八七五〜一九五〇年）と交渉して、エジプトによるシオニストへの支援を期待しました。そのためシオニストのアラブ秘密外交においてアブドゥッラーとの友好関係の樹立の必要性がいっそう高まったのです。

一九四六年八月、ユダヤ機関政治局アラブ課長であったエリヤス・サスーン（一九〇二〜七八年）はアブドゥッラーと会見し、第二回の会見ではシオニストへの協力の代償として彼に五〇〇〇ポンドを手渡しました。また、国連パレスチナ分割決議案が採択される数日前の一九四七年一一月、アブドゥッラーは、将来のイスラエル国の外相に相当するユダヤ機関政治局長であったゴルダ・メイール（メイヤー）（一八九八〜一九七八年）と会談を行い、そこで国連分割案とは別に、両者は分割案におけるアラブ国家予定地の中央パレスチナ（後に「ヨルダン川西岸」と呼ばれるようになります）を、パレスチナ・アラブ人ではなくトランスヨルダンに割り当てることを確認したのです。そのため、アブドゥッラーはアラブ軍団による占領のための準備を行い、四八年二月に行われたヨルダン首相のタウフィーク・アブルフダー（一八九四〜一九五六年）とアーネスト・ベヴィン英外相（在任一九四五〜五一年）との会談において、アラブ軍団が中央パレスチナを占領する計画が承認されたのです。

## イギリスの目論見

イギリスは、国連によるパレスチナ分割案の実施はうまくいかないと確信すると同時に、アラブ諸国がパレスチナをめぐって争奪戦を行うことも歓迎しませんでした。したがって、イギリスは、ユダヤ人国家が設立された後、中央パレスチナ（ヨルダン川西岸）をアブドゥッラーが併合すれば、ヨルダン・イギリス同盟条約にしたがって、新たな併合地域であるヨルダン川西岸にイギリス軍施設を拡大することができ、パレスチナでのイギリスの軍事的な権益は確保できるという見通しをもっていました。しかし当然ながら、イギリスは公的には国連分割決議の実施を妨害するなどとは明言せず、また、アブドゥッラーによる中央パレスチナの占領計画に対しても明確な言質《げんち》を与えなかったものの、両者が利害関係を共有するパレスチナ・アラブ人の独立国家設立は阻止するという点は合意されました。

なぜなら、ハーッジ・アミーンの率いるパレスチナ・アラブ指導部は全パレスチナに独立国家を設立するという意向を明確にしていたため、中央パレスチナの領有を目指していたヨルダン（そしてイギリス）とパレスチナ・アラブ指導者とはその利害関係は対立していたからです。

しかし、アブドゥッラーにとって国内状況を一変させる事態が生じました。国連パレスチナ分割決議以降、パレスチナが内戦状態になり、一九四八年四月にはシオニスト側がユダヤ人国家予定地を軍事的に制圧していく過程で、デイル・ヤースィーン村虐殺事件を引き起こしてしまったからです。そのため、パレスチナ・アラブ避難民がトランスヨルダンに大量に流れ込み、シオニストに包囲されたパレスチナ・アラブ住民からの支援要請も起こったのでした。その結果、アブドゥッラーはアラブ諸国からの圧力も相俟って少なくとも表向きにはシオニストと軍事的に対峙する姿勢をとらざるをえなくなったのです。

このような状況になってしまって、ユダヤ機関側はアブドゥッラーが翻意したのではないかと懸念し、委任統治が終了して戦争が勃発する数日前、再びゴルダ・メイールをアンマンに派遣しました。メイールとの会談で、アブドゥッラーは先の秘密合意にしたがって、中央パレスチナのみを占領する意向であり、その目的達成のためにはパレスチナ民族運動とその指導者ハーッジ・アミーンが障害となるという認識には変化はないと述べました。さらに、アラブ軍団がシオニストと戦うことは、アブドゥッラーにとって「敵」であるアラブ諸国を利するだけになるので、ユダヤ人との全面戦争は行わない旨を再確認したのでした。しかし、トランスヨルダンがアラブ諸国連合軍(その最高司令官はアブドゥッラー自身でした)の一翼として参加することを阻止するという目的をメイールが達するにはすでに時機を逸してしまっていたのでした。

## 大シリア国家構想阻止が狙い

アラブ諸国がなぜパレスチナに侵攻したのかという動機に関しては、アラブ諸国にとってはユダヤ人独立国家それ自体が脅威になるからではなく、アブドゥッラーが中央パレスチナ（ヨルダン川西岸）を占領することによって、大シリア国家構想という彼が以前から抱いていた野望を達成することを阻止するためでした。アブドゥッラーも他のアラブ諸国がシオニストよりも自分により激しい敵意を抱いていることを熟知していたため、アラブ連盟の軍事専門家が作成した侵攻計画を有名無実化するために逆に自分がアラブ諸国連合軍最高司令官になることに執着したのでした。

アブドゥッラーはパレスチナ戦争開始後の第一週までに当初の目標であった中央パレスチナを占領し、ユダヤ人国家予定地域にまで軍を進めることなく、ヨルダン川西岸という占領地を確保する防衛的戦術をとりました。アラブ軍団とイスラエル国防軍との直接的な軍事衝突としては、国連分割案では国際管理に指定されたエルサレムをめぐる戦闘がありましたが、全体としては両軍とも秘密合意にしたがって軍事目標を限定した軍事作戦を展開しました。第一次停戦後の七月の一〇日間の戦闘でも、イスラエル軍がエジプト軍支配下のネゲヴに攻勢をかけても、アブドゥッラーは後方からエジプトを支援することなく、それこそ「中立」的立場をとってイスラエルに有利になる状況に導いたのでした。

アブドゥッラーがイスラエルとの和平条約の締結を望んだにもかかわらず、それが失敗に終わったのは、アラブ諸国との戦闘に勝利したイスラエルが自国の強さに自信を深め、矜持をもつようになったためでした。独立を確保したイスラエルから見れば、トランスヨルダンへの期待度が低下し、さらにトランスヨルダンがヨルダン川西岸を占領することによって国内に多数のパレスチナ人を抱え込んだために、アブドゥッラー自身の政治的基盤が脆弱になってしまったのでした。

実際、結果としては、アブドゥッラー自身はシオニストと協力してヨルダン川西岸を占領することの代償を自らの死で贖わなければなりませんでした。彼は一九五一年七月二〇日、エルサレムのアル・アクサー・モスクの入り口で、後に国王になる孫のフセインの目前で、パレスチナ人によって暗殺されたのでした。

# 第10講　アラブ・イスラエル紛争の展開

## イスラエル建国と「中東戦争」

イスラエル建国は、新生イスラエル国家とアラブ諸国との国家間の戦争であるアラブ・イスラエル紛争を引き起こし、その後、同紛争を拡大・激化させることになりました。本講は一九四八年五月のイスラエル建国前後から一九六七年六月のいわゆる「第三次中東戦争」にいたるまでの一九六〇年代中頃以前までの時期を扱います。この時期はアラブ・イスラエル紛争がいわゆる「中東戦争」として機能し、同時に一九五〇年代後半以降は中東地域も米ソ冷戦の時代に入っていきます。

ただ、この時期のパレスチナ問題はまだ難民問題と認識されているにすぎませんでした。委任統治領パレスチナはイスラエルとヨルダン（ヨルダン川西岸を占領）とエジプト（ガザを占領）によって分割されてしまい、パレスチナという地名は地図から消えてしまいました。パレスチナという名前は「パレスチナ・アラブ難民」としてのみパレスチナ・アラブ人によって受け継がれることになるのです。

「中東戦争」というのは日本独特の用語法であり、欧米では「アラブ・イスラエル戦争」と呼ばれています。当時の日本からすれば、「中東戦争」と呼ばれたのは中東地域を代表する唯一の戦争がアラブ諸国とイスラエルの間の戦争だったからです。この「中東戦争」は次の四回の戦争です。

①一九四八年五月の第一次中東戦争（アラブ側はパレスチナ戦争、イスラエル側は独立戦争あるいは解放戦争と呼びます）、②一九五六年の第二次中東戦争（アラブ側はスエズ戦争、イスラエル側はシナイ戦争）、③一九六七年の第三次中東戦争（アラブ側は六月戦争、イスラエル側は六日間戦争）、④一九七三年の第四次中東戦争（アラブ側はラマダーン戦争あるいは十月戦争、イスラエル側はヨーム・キップール戦争）。

## 大英帝国、中東地域での覇権の維持

第二次世界大戦後に勃発した中東戦争ではありますが、東アジアやヨーロッパと同じように、冷戦の文脈では説明できません。というのも、まず、大戦後も大英帝国が中東地域で覇権を維持し続けていたという要因があるからです。イギリスは一九世紀以来、「インドへの道」を確保するために中東を戦略的に枢要な拠点と位置づけてきたので、イギリスの中東支配を考慮に入れる必要があります。一九五六年の第二次中東戦争（スエズ戦争）までは、少なくとも中東での大英帝国の威光は絶大なものでした。スエズ戦争までイギリスは中東での「イギリスの平和《パクス・ブリタニカ》」を保持していたのです。

したがって、この時期までは米ソの両超大国といえどもこの中東地域の問題に簡単には介入することができませんでした。

また二番目の要因として、英仏の植民地支配の問題を指摘しておく必要があります。一九四八年の第一次中東戦争に参戦したアラブ諸国の状況をみてみます。

まずエジプトは、一九二二年に形式的には独立し、一九三六年のエジプト・イギリス条約でイギリス軍はスエズ運河地帯を除いてエジプト全土から撤退したとはいえ、第一次中東戦争が終わった時点でもスエズ運河には英仏軍が依然として駐留し、運河会社は英仏の所有でした。ヨルダンも一九四六年に独立し、イギリス・ヨルダン条約を一九四八年三月に調印して国名を首長（アミール）国から現在のヨルダン・ハーシム王国に変更したものの、イギリス軍はヨルダンに駐留し、イギリスはヨルダンに財政的援助を行っており、ヨルダンはイギリスの軍事的・財政的な支援がなければ生き延びることができませんでした。シリアは一九四六年にフランス軍が撤退して独立を達成し、レバノンはその前の一九四三年にフランスから独立しました。イラクは一九三二年にはイラク王国として独立していましたが、イギリス軍は駐留している状態が続いていました。

## 米ソ冷戦とアラブ・イスラエル紛争

第三番目は、アメリカが主にソ連の封じ込めのために反共的な観点から中東地域にアプローチしたことの問題性です。第二次世界大戦後の一九四七年に発表されたトルーマン・ドクトリンは、ソ連の脅威を直接受けるギリシア、トルコなどの中東の北層諸国が対象となっただけでアラブ諸国は除外されていました。しかし、第二次中東戦争後の一九五七年にアイゼンハワー・ドクトリンが発表されて以降、アメリカはアラブ地域に積極的に関与することになります。

しかし、アメリカの中東政策の原点はソ連が中東に影響力を行使することを封じ込める反共政策にありました。したがって、アメリカ当局者の発想は主に共産主義の脅威に対抗するというグローバルな反共路線に基づいており、中東地域が直面する特殊な政治状況は無視して中東政策を決定することがしばしばありました。

ところが、アラブ諸国からみれば、アラブ・ナショナリズムのイデオロギーという観点からはソ連という共産主義の脅威よりもイスラエルというシオニスト国家の脅威の方が大きく、はるかに優先順位の高いものでした。また、アメリカとアラブ諸国との同盟関係を考えても、アラブ諸国の国王や大統領などの政治指導者の個性によって決定され、その関係には濃淡があったといえます。換言すれば、アメリカとアラブ諸国の関係は、必ずしも米ソ冷戦の文脈のみで決定されていたわけではなく、アラブ・イスラエル紛争の文脈で決定される場合も多く、米ソ冷戦とアラブ・イスラエル紛争の文脈での利害関係は必ずしも一致しなかったということです。

このような米ソ冷戦とアラブ・イスラエル紛争に対する現状認識のずれがアメリカの中東政策が有効に機能しなかった原因であったともいえます。

さらに、第一次中東戦争から第二次中東戦争までの間の一九五〇年代前半の時期は中東域内政治がどのような方向に向かうのか、依然としてあらゆる可能性を秘めていました。アラブ・イスラエル紛争が戦争というかたちをとらずに平和裏に問題が収束する可能性もあったという観点から当時の政治状況を読み直す必要があるのです。

一九五六年の第二次中東戦争こそが中東での覇権がイギリスからアメリカへと転換する契機となったのですが、アメリカとイスラエルの関係も、またアメリカとアラブ諸国との関係も、今からでは信じられないような微妙なパワー・バランスの上で展開していました。というのも、アメリカとイスラエルが強力な同盟関係を結んでいくのは第三次中東戦争以降ですし、アメリカとアラブ諸国の関係、とりわけアメリカとエジプトとの関係改善の余地も十分にあったからです。一九五〇年代前半は現在にまで続くアラブ・イスラエル紛争の原型が形成されていったわけですが、その形成のされ方もイギリスや米ソといった大国の介入する東方問題的な代理戦争のスタイルをとったという点は注目しておいてもいいかもしれません。

## 国際政治学的議論

アラブ・イスラエル紛争の解釈についても、その紛争像の修正という観点から、次のようなテーマをめぐって国際政治学的な議論が行われてきました。まず、前講で詳しく述べたように、一九四八年の第一次中東戦争（パレスチナ戦争または独立戦争）の勃発前にシオニストとトランスヨルダンがパレスチナ分割案に関して「共謀」していたとする議論です。一九四七年一一月の国連パレスチナ分割決議で決定されたユダヤ人国家予定地とアラブ国家予定地をシオニストとトランスヨルダンがあらかじめ話し合って「共謀」した上で確保し、イギリスもハーッジ・アミーン主導のパレスチナ独立国家計画をアミール・アブドゥッラーと一緒になって押しつぶす「共犯者」の役割を果たしたという議論です。だからこそ、パレスチナ国家は実現できず、地図の上から「パレスチナ」という名前が消え去り、パレスチナという土地はイスラエルとヨルダンとエジプトに分割されてしまったわけです。

またこの第一次中東戦争の「勝利者」は誰かといえば、独立を達成したイスラエルとヨルダン川西岸を確保したヨルダンだという評価が出てくることにもなります。前講で述べましたように、このような議論を展開している代表的な論者としてアヴィ・シュライム・オックスフォード大学教授がいます（Avi Shlaim, *Collusion Across the Jordan: King Abdullah, the Zionist Movement, and the Partition of Palestine*, New York: Columbia University Press, 1988）。

第二は、一九五六年の第二次中東戦争（スエズ戦争またはシナイ戦争）に至るエジプト、イスラエルの秘密和平交渉をめぐる議論です。もちろんこの議論では、①一九五五年のバグダード条約締結で頂点に達する、エジプト・イラク間のアラブ域内の覇権をめぐる激しい対立（「アラブ冷戦」と呼ばれたりしました）、②アイゼンハワー米政権によるエジプトとイスラエル間の秘密和平工作、そして③中東での覇権を死守しようとする老植民地大国イギリスと、中東では新参者である超大国アメリカとの間の、中東をめぐる微妙な英米関係が考察されることになります。

## アラブ諸国とイスラエル秘密和平交渉が白日の下に

トランスヨルダンとシオニストの「共謀」と秘密和平交渉というこの二つの研究テーマをめぐる論議はともに、スエズ戦争勃発直前まで水面下で行われていたアラブ諸国とイスラエルの間の秘密和平交渉が現在では白日の下にさらされたことを意味します。それまでのアラブ・イスラエル紛争史の語りでは、アラブ諸国とイスラエルは全面的な軍事対決をしていたと描かれてきましたが、そのような対峙だけの歴史認識に対して抜本的な修正を迫るものです。アラブ諸国はイスラエルに対して一枚岩的に結束するどころか、パレスチナに侵攻したアラブ諸国軍の最高司令官であったはずのアブドゥッラー国王はイスラエルと「共謀」してあらかじめアラブ同胞を「裏切って」いたということになります。

要するにアラブ諸国は地域の覇権をめぐって相互に激しく対立していたのです。特に、アラブ世界での覇権を争っていたイラクとエジプトの支配者は、国民に対する支配の正当性を維持して国内情勢を安定させるためにパレスチナ問題を内政の延長と捉え政治的な道具として利用してきました。換言すれば、アラブ諸国がアラブ・イスラエル紛争に関与していくのは、パレスチナ解放という「パレスチナの大義」は建て前にすぎず、本音のところは混乱する内政に対応するためだったということになるのです。

さらに、アラブ・イスラエル紛争に対するイギリスの政策も俎上に載せられることになるのです。アーネスト・ベヴィン英外相はシオニストによる評価では、イギリスの反シオニスト的政策の張本人であり、「新生ユダヤ人国家を嚙み殺すためにアラブ諸国軍を解き放った巨大な鬼」という最悪の評価になってしまいます。

このようなイギリスの残忍なイメージは、一九三九年のパレスチナ白書以来、イギリスの反シオニスト政策に起因する悲劇的な過去が、シオニストによる対英イメージに反映されたものでした。例えば、第二次世界大戦中、ナチスの迫害から逃れたユダヤ人難民がパレスチナあるいは大英帝国領への受け入れが拒否されたなどといった事態が挙げられます。ところが、新たな「修正主義」的見解によればこのイメージは訂正されなければならなくなるのです。

## イギリスの「大トランスヨルダン」政策

ここではイギリスの中東政策のうち、「大トランスヨルダン」政策に焦点を絞って紹介してみます。議論の前提として、イギリスにとってパレスチナの戦略的重要性は、一九四八年五月にパレスチナ委任統治が終了したとしてもスエズ運河防衛という観点からは何ら変わりはないという点があります。イギリスは委任統治終了後、パレスチナでの自国の権益をいかに維持していくかに腐心しました。この点については委任統治後のイギリスのパレスチナ政策の柱が「大トランスヨルダン」政策になったと特徴づけられます。

イギリスは国連パレスチナ分割決議案でのアラブ国家予定領域（中央パレスチナ、後のヨルダン川西岸）をトランスヨルダンに併合させることによって、パレスチナでの影響力を、トランスヨルダンを通じて維持するという政策をとっていたということになります。当然、この政策には新生イスラエル国家の存在は既成事実として組み込まれています。イギリスは、シオニストとの過去の苦い経緯にもかかわらず、老練な現実主義をここでも遺憾なく発揮して第二次世界大戦後の新たな政治状況に柔軟に対応したのです。

この新政策の実現の第一歩は、トランスヨルダンが中央パレスチナ（ヨルダン川西岸）の併合をつつがなく実施することですが、この実施を監視する役目にあったのが、トランスヨルダン設立以来イギリスの国益の代表としてアンマンに駐在し、また英大使でもあり、かつアブドゥッラーのイギリス人顧問であったアレック・カークブライド卿（一八九七〜一九七八年）でした。カークブライド卿は英外務省と同様、パレスチナ化したヨルダン（またはパレスチナ独立国家）は必ずや反英的な共産主義の拠点になるであろうという現状認識をもっていたので、パレスチナ人指導者のハーッジ・アミーンの政治的影響力を抑制する必要性があることを強調したのでした。

イギリスにとって「大トランスヨルダン」政策が成功するための要因はイスラエルがヨルダン川西岸を攻撃することを阻止することでしたが、第一次中東戦争前にシオニストとトランスヨルダンが「共謀」して結んだ密約によって攻撃は阻止されました。アブドゥッラーはさらにイスラエルとの関係を進めようとしましたが、側近からの反対でそれ以上進めることはできませんでした。イギリスは戦争中、シオニストとの接触がほとんどなかったので、アメリカがシオニストに圧力を加えてくれることを期待していました。

## 英軍のスエズ運河地帯駐留とアラブ・イスラエル紛争

イギリスによる「大トランスヨルダン」政策の成功は、イスラエル建国がイギリスとアラブ諸国、特にエジプトとの関係の決定的な悪化へと結びつかなかったことで証明されました。アラブ・イスラエル紛争と、英軍のスエズ運河地帯の駐留が原因となっていたイギリス・エジプト間の政治的危機との間にはいかなる繋がりも因果関係もない、という英外務省の状況判断は妥当であったというわけです。換言すれば、英外務省は一九五〇年代初頭にはアラブ・イスラエル紛争をたんにイスラエルとヨルダンの領土的問題とみなしていたということになります。イギリスの立場からすれば、イスラエルとヨルダンの両国とも西側寄りの立場（両国の朝鮮戦争での西側支持に顕著に現れていました）を堅持していたので、ソ連の脅威という冷戦の文脈ではアラブ・イスラエル紛争は相対的にその重要性を低く見積もることが可能であったのでした。

以上のような議論を展開したのが、イラン・パペ・エクセター大学教授です（Ilan Pappe, *Britain and the Arab-Israeli Conflict, 1948-51*, London: Macmillan, 1988）。イスラエル生まれでユダヤ人であるパペは長い間、イスラエルのハイファ大学で教鞭をとっていましたが、反シオニズムという政治的スタンスのためにイギリスの大学に移籍せざるをえなくなったのでした。

以上のように、一九五〇年代のアラブ世界は、次元を異にする三重の国際的対立が重層化して、複雑に交錯する舞台となっていました。改めてまとめてみますと、それはエジプトとイラクのアラブ域内の対立を軸に展開していました。

第一の対立は植民地解放の問題です。アラブ諸国はイギリス支配からの完全な独立を求めており、特にエジプトがイギリス植民地主義と全面的に対立していました。第二の対立は、パレスチナ問題から発展したアラブ・イスラエル紛争というアラブ諸国とイスラエルとの国家間の対立です。そして第三の対立は、米ソ冷戦構造が中東地域に浸透する過程で生じた、特にバグダード条約（後述します）をめぐる英米の協調と対立、そして条約加盟をめぐるアラブ諸国の分極化でした。

## イラクの秘密工作

一九四八年の第一次中東戦争の敗北に直面して、イラクとエジプトは著しく異なった対応をとりました。イラクは、老練な親英的政治家であるヌーリー・アッ・サイード（一八八八〜一九五八年）が一九四九年一月、イラク首相に復帰してからアラブ諸国の政治家の中でもっとも激しい攻撃的な言葉でイスラエルを非難して、イスラエルに対して非妥協的姿勢をとったのです。いちばん突出した点は、アラブ側参戦国がイスラエルと次々と休戦協定を結んでいくなかでイラクだけは拒否したことでした。ヌーリーはイラク国内では、イラクに住むユダヤ人こそがシオニズムと共産主義を担った「二重の侵略者」だとしてユダヤ人をスケープゴートにして非難しました。実際、当時一一万人いたイラクのユダヤ人は財産を没収され、国籍を剝奪されて、イスラエルに移民せざるをえませんでした。

さらに、一九五〇年五月、英米仏がアラブ・イスラエル間の戦争の再発を防止するために、三国宣言を発表しましたが、ヌーリーはこの宣言をイスラエルとアラブ諸国の休戦ラインを、大国が事実上の国境として保証したものだとして批判したのです。しかし、彼は実際には親英路線を堅持しながら、イラクの安全保障の確保、そして「肥沃の三日月地帯」連邦構想の実現、という二つの政治目的を達成するために秘密工作を行っていたのでした。他方、エジプトはパレスチナ戦争後、懸案であったイギリス軍のスエズ運河からの完全撤退問題の解決に集中していました。エジプトは一九五四年七月、イギリスとスエズ運河撤退協定を締結するまで基本的には、王制であれ、革命政権であれ、国内問題への対処で手一杯でした。

## イラクとエジプトの相違点

以上のようにイラクとエジプトが異なった対応をした理由は、第一に、両国のイスラエルとの地政学的な位置関係に求めることができます。両国ともパレスチナ戦争への参戦国でしたが、エジプトはシナイ半島を挟んでイスラエルと境界線を接する最前線国家でした。イラクはイスラエルとは境界線が接していませんでした。エジプトはイスラエルと隣接していたために、第一次中東戦争、さらに戦後のイスラエルとの小規模な軍事衝突が国内の不安定要因に転化してしまうことは許されず、むしろイギリスからの植民地解放戦略を採用することで、当面はイスラエルとの直接対立は避ける選択を行ったのでした。

したがって、ガザで絶えず起こっていたイスラエル軍との軍事的な小規模な衝突が大規模な戦争にまで発展しないように水面下でイスラエルと秘密折衝を積極的に続けていたのです。

エジプトとイラクの第二の相違点は、対英関係をどう考えるかでした。イラクの外交政策の設計者ともいうべきヌーリー・アッ・サイードは、対英関係を機軸に、アラブ域内での影響力を拡大していくという戦略をとりました。

他方、エジプトはイギリス植民地主義に対する民族闘争を優先し、一九五六年の英軍のスエズ運河からの完全撤退以降は、アラブ連盟を足場にアラブ世界への政治的影響の拡大を図ったのです。ヌーリーの目には、イラクも構成国であるアラブ連盟がガマール・アブドゥン・ナーセル・エジプト大統領（一九一八〜七〇年）のアラブ世界での覇権を獲得するための道具として映ったのでした。

第三は、イラクとエジプトによるアメリカの中東政策への対応の違いですが、この点に関する両国の立場の違いを明らかにするためには、あらかじめアラブ・イスラエル紛争とバグダード条約の相互関係を考えてみる必要があります。

## バグダード条約加盟をめぐるアラブ諸国の分裂

バグダード条約とは、一九五五年一一月、トルコ、イラク、イラン、パキスタン、イギリスの五ヵ国がバグダードで調印した集団防衛条約のことです。この条約加盟をめぐってアラブ諸国は分裂することになります。一九五二年のエジプト革命後に就任したアイゼンハワー米大統領（在任一九五三〜六一年）の下でダレス米国務長官は一九五三年五月の中東訪問を機に中東政策を立案しました。当時のアメリカの政策決定者にとってアラブ世界に対する地域政策は世界的な冷戦構造を前提としたグローバルな対ソ戦略の下位に位置するものでした。したがって、前述のとおり、アメリカは対ソ封じ込めのためにトルーマン・ドクトリンを通じてギリシアやソ連と国境を接するトルコ、イランの北層諸国に対してはすでに支援を行っていました。

しかし、北層諸国の南部にあって、ソ連と国境を接しないアラブ諸国は五〇年代前半には依然としてイギリスの影響下にあったので、アメリカはアラブ地域政策においてはイギリスとの協力が前提となりました。

と同時に中東において「帝国主義の汚点」のないアメリカが、共産主義の封じ込め政策をアラブ世界で円滑に実施するには、アラブ世界での反英感情の沈静化とアラブ・イスラエル紛争の解決がまず実現されなければなりませんでした。そのため、アメリカはイギリスの植民地主義支配の象徴であったスエズ運河からの英軍撤退のためにエジプト・イギリス間の協定締結を積極的に促進しました。

## アメリカのアルファ計画

さらに、英軍のスエズ撤退後の一九五六年はじめからはアラブ・イスラエル紛争の解決のための和平案にも着手しました。アイゼンハワー政権はアラブ世界に積極的に関与しなかったトルーマン政権とは違って、人口、領土の面で圧倒的に優位にあるアラブ諸国をイスラエルよりも戦略的に優先していました。そのため、アイゼンハワー政権はエジプトとのネゲヴをめぐる領土問題、パレスチナ難民の帰還・補償問題においてイスラエルに妥協を求める方向でアラブ・イスラエル紛争の解決を図ろうとしていたのです。このアメリカの和平案はアルファ計画と呼ばれています。

アルファ計画に代表されるエジプト・イスラエル関係の改善に関して英米は共同歩調をとることができたのですが、反共防衛構想に関しては両者に微妙な食い違いが生じることになったのです。その問題の焦点となるのがアラブ・イスラエル紛争と反共防衛構想の結節点にあったイラクという国の位置づけでした。

イギリスはスエズ運河撤退協定以降、アラブ地域でのイギリスの軍事的拠点をイラクとヨルダンに移しました。イラクは一九五五年二月二四日、トルコ・イラク防衛条約を締結して、対ソ封じ込めの最前線の北層諸国（パキスタン、トルコ、イラン）と戦略的に結合することになったのです。さらにイギリスも条約に加わったのですが、アメリカはアルファ計画が実行されるまでは加わらないとの立場を堅持していました。親英的な反共主義者のヌーリー首相にとっては、バグダード条約機構は「肥沃の三日月地帯」連邦という、一九三〇年代からの自らの政治的野望を実現するための新たな枠組みを提供するものであったのです。

## アラブ世界の分極化と英米関係

このようなアラブ域内政治でのイラク・イギリスの条約締結の動きに対し、ナーセル大統領は強い警戒感を示し、トルコ・イラク防衛条約締結の二日後にはシリアに飛び、一九五五年三月二日にはシリアと防衛、経済面での同盟関係に入り、すぐにサウジアラビアもその同盟に加わりました（ヨルダンは第二次中東戦争勃発直前の一九五六年に加盟）。今度はイギリスが一九五五年一一月九日、アルファ計画のイギリス版ともいうべきギルドホール計画を発表し、アメリカのバグダード条約への加盟を試みましたが、失敗しました。さらに、イギリスはヨルダンをバグダード条約機構に参加させるべく、同年一二月テンプラー・ミッションを派遣しましたが、ヨルダン民衆のデモの波の前にヨルダンの条約への加盟を断念せざるを得なかったのです。このようにシリア、ヨルダンの両国はバグダード条約加盟をめぐるイラクとエジプトのアラブ域内闘争の場となったのでした。

バグダード条約加盟をめぐるアラブ世界の分極化を背景にして、中東地域をめぐる英米関係を見てみます。アメリカは反共防衛構想実現のためにまず、アラブ・イスラエル紛争を解決するとの政策意図をもっていました。

それに反してイギリスは、バグダード条約を中東での覇権を確保するための枠組みへと有名無実化し、その上でアメリカをバグダード条約に参加させるために、アラブ・イスラエル紛争の解決をめざすという立場をとりました。したがって、バグダード条約とアラブ・イスラエル紛争の対応をめぐって英米間の中東政策のズレが明確になったのです(Michael Oren, *The Origins of the Second Arab-Israel War: Egypt, Israel and the Great Powers, 1952-56*, London: Routledge, 1992)。

アルファ計画にしろ、バグダード条約にしろ、英米の大国による政治的イニシアチブはむしろ、「主役」としてのイスラエルを無視した形で進んだので、イスラエルの国際的孤立感を深めることになりました。この時期のアラブ域内関係に由来するイスラエルとアメリカの関係の悪化の過程を概観しておきましょう。

## イスラエルは軍事的報復を抑制

一九五〇年代前半におけるアラブ・イスラエル紛争に対するイスラエルの考え方は、イスラエル初代首相兼国防相ダヴィド・ベングリオン(在任一九四八年五月〜五四年一月、五五年一一月〜六三年六月）と初代外相モシェ・シャレット（在任一九四八年五月〜五六年六月、首相在任一九五四年一月〜五五年一一月）の対立に反映されていました。対アラブ政策に関して、ベングリオンはタカ派的積極武闘路線、シャレットはハト派的国際協調路線をとったと評価されています。両者の対立は、イスラエルの安全保障の確保のためには、軍事力の増強によって国防を優先するか、それとも大国や国連との協調に基づいて外交を優先するか、という二つのアプローチをめぐる対立ともいえます。

ベングリオンは、アラブ諸国との和平の必要性を認めながらも、アラブ諸国がイスラエルの生存権を否定し、ユダヤ人国家を破壊しようとしている以上、予防的かつ懲罰的な目的の軍事力の行使は正当化されるとの立場をとっていました。したがって、たとえ小規模な軍事的な衝突であってもアラブ諸国に弱腰を見せることはイスラエル破壊の機会を与えることになるという強面《こわもて》の積極的武闘路線に基づく現状認識に立っていました。

それに対して、シャレットは国防のための軍事力行使は認めるものの、イスラエルの自制がむしろアラブ諸国との和平を促進するという協調路線の立場をとっていました。したがってイスラエルは、紛争を激化させるような過剰な軍事的報復は抑制し、大国、国連、国際世論などの国外的要因を考慮すべきだと考えたのです。

## ベングリオンとシャレットの対立

ベングリオンとシャレット、両者の対立はシャレットが首相に就任してから顕在化しました。一九五四年一月、ベングリオンは首相を辞任し、いったんはすべての公職から離れて、イスラエル南部ネゲヴのキブーツ、セデ・ボーケルに引きこもったのです。シャレットが後任の首相に就きましたが、ベングリオンは子飼いのピンハス・ラヴォン、モシェ・ダヤンをそれぞれ国防相、国防軍参謀総長に当てて、積極的武闘路線を継承させたのです。シャレット首相はしばらくの間はタカ派グループを抑えることに成功しました。

ところが事態は急激に展開しました。エジプトにある英米の施設に対するイスラエルのサボタージュ事件の責任をとってラヴォン国防相が辞任したからです（ラヴォン事件）。ベングリオンがラヴォンのあとを襲って国防相に返り咲いて一週間たった一九五五年二月二八日、ベングリオンはガザのエジプト軍基地への攻撃の指令を下したのです。シャレット首相は限定的な報復であることを条件に承認しましたが、三八名のエジプト兵、一三名のイスラエル兵が死亡する大規模な戦闘となりました。当然ながら、この事件はベングリオンとシャレットの安全保障をめぐる政策上の対立を再燃させたのです。ベングリオンは、攻撃はイスラエル軍の軍事的優位を示したもので国民の軍への信頼を高めるという内政面での積極的効果を強調するとともに、バグダード条約締結という国際環境にあってイスラエルがいかに国際的孤立感をもっているかを示すためのアメリカへの政治的シグナルにもなると強弁しました。

他方、シャレットは内政面での効果を否定はしなかったものの、国際的孤立感のシグナルとしての政治的効用には疑問を呈し、懸案のアメリカからの武器供与問題に計り知れない悪影響を与えたとしてベングリオンを激しく批判しました。

## イスラエル、アメリカから武器供与がないことを確認

ガザ襲撃後、アメリカとイスラエルはアバ・エバン駐米大使を通じて同盟関係締結の努力も行いましたが、ダレス米国務長官は五五年八月、アメリカはアラブ諸国との関係を犠牲にしてイスラエルとの双務的な関係を結ぶ意図のないことをはっきりと表明しました。さらにイスラエルは五五年九月、チェコスロヴァキアがエジプトに武器供与を行ったことでエジプトとイスラエルの軍事的バランスが崩れたとして、アメリカに武器供与の可能性を打診しました。

五五年末に首相に復帰したベングリオンが対エジプト予防戦争を準備しているとの情報を得ていたアメリカは、エジプト・イスラエル問題をアルファ計画に沿って解決するために五六年一月、ロバート・アンダーソン元国防次官を密使として派遣しました。しかし、

両国指導者の直接会談を目論んでいたアンダーソン・ミッションからイスラエルはアメリカから武器供与の可能性がほとんどないことを確認したのでした。

その結果、イスラエルはアメリカ以外の武器供与先を新たに求めざるを得なかったのです。ソ連とフランスが選択肢に残ったものの、在米ユダヤ人の支援に頼っているイスラエルにとってソ連への依存は論外であり、最終的にはフランスから武器供与が行われることになりました。フランスもアルジェリア戦争でナーセル・エジプト大統領によるアルジェリア民族解放戦線への支援に悩まされていたので、イスラエルへの武器供給に積極的な姿勢を示し、フランス・イスラエルの間で協定が結ばれたのでした。

## イスラエルとフランス

以上のように、アメリカからイスラエルへの武器供与の可能性がなくなったことで、ベングリオンはアメリカとの関係強化を主張していたシャレットの辞任を要求しました。一九五五年一一月の第三期クネセト選挙以降もベングリオン内閣に留まっていたシャレットは五六年六月一九日、外相を辞任しました。その結果、イスラエルはベングリオンの武闘派路線の勝利によって第二次中東戦争への道を疾走していったのでした（Yaacov Bar-Siman-Tov, *Israel, the Superpowers, and the War in the Middle East*, London: Praeger, 1987）。

一九五六年に勃発した第二次中東戦争は基本的にはスエズ運河をめぐるエジプトと英仏との植民地解放戦争の性格が前面に押し出されています。イスラエルはフランスとの軍事協力を行っていた関係上、英仏軍に参加してスエズ運河地帯まで派兵します。いずれにせよ、この戦争まではイスラエルとフランスの関係は原子炉建設技術の提供というところでつながっていました。

# 第三部　「アメリカの平和《パクス・アメリカーナ》」の終わりの始まり

# 第11講　第三次中東戦争以降のパレスチナ問題とイスラエル

## イスラエルの大勝利

第三次中東戦争とは、一九六七年六月、イスラエルがエジプト、シリア、ヨルダンを先制攻撃し、六日間で圧勝した戦争で、イスラエルがシナイ半島、ゴラン高原、ヨルダン川西岸、ガザ地区などを占領したため、多数のパレスチナ難民が発生し、他方で、イスラエルは支配地域を一挙に五倍に拡大した、というものです（全国歴史教育研究協議会編『改訂版世界史B用語集』山川出版社、二〇〇八年、三五三頁）。

わざわざ受験生が使う世界史用語集のような定義から始めたのは、それだけこの戦争が世界史を理解する上で重要であり、世界史的な転機になっているからです。この戦争を機

## 図15　1967年第三次中東戦争時のイスラエル占領地

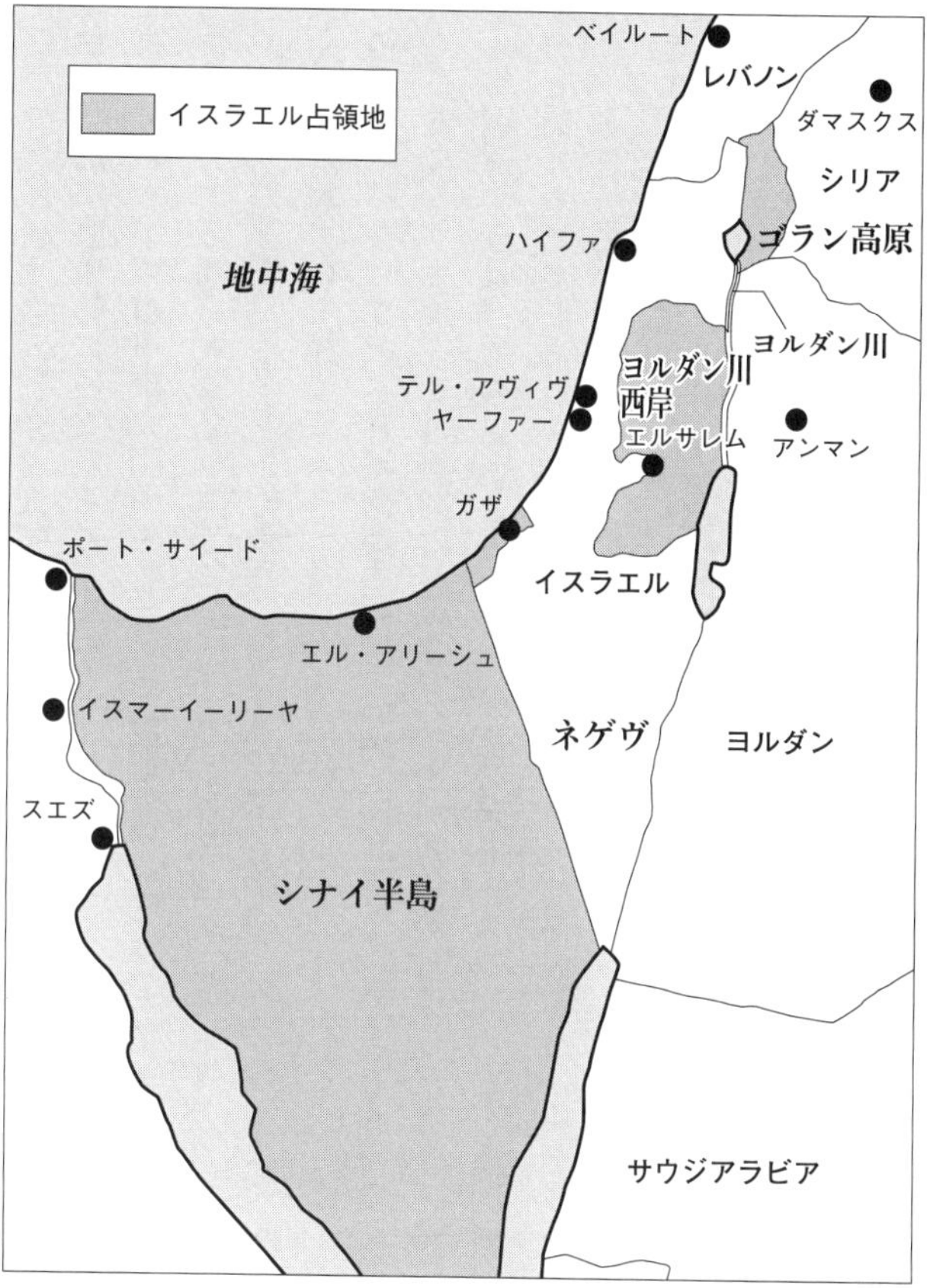

に、アラブ・イスラエル紛争の変質が始まり、パレスチナ問題のあり方が現在直面している政治的状況に直接的につながることになります。イスラエルはこの戦争の大勝利によって名実ともども中東の軍事大国であることを証明することになるのです。その後の「中東和平」と呼ばれるようになるイスラエルとアラブ諸国との間の和平交渉も、この戦争前の「原状」への復帰を目標としています。第三次中東戦争が現在に至るまでの和平交渉の出発点とみなされているのです（二七九頁図15参照）。

この戦争終結後に採択された国連安保理決議二四二号は「領土と和平の交換」の原則に基づくことになります。この原則は、イスラエルが戦争で占領したアラブ諸国の領土から撤退して返還すれば、その見返りとしてアラブ諸国もイスラエルという国家の生存権を承認するというものでした。

## イスラエル社会の変化

アメリカの中東政策の観点からいえば、イスラエルはこの戦争の大勝利によってアメリカの「パートナー」たりうる軍事大国になったことを意味しました。というのも、当時アメリカのジョンソン政権（在任一九六三〜六九年）はヴェトナム戦争に本格的に介入しており、中東地域での共産主義の脅威に対する橋頭堡としてイスラエルの戦略的価値がいよいよ高まったということもイスラエルとアメリカの同盟関係が緊密になっていった要因だったからでした。

イスラエル社会の変化の観点からいえば、イスラエルの歴史家トム・セゲヴは第三次中東戦争前後のイスラエル社会の雰囲気が逆転したことを示すジョークを紹介しています。戦争前のジョークは次のようなものです。「空港の出国ゲートに掲げられている掲示板には次のように書かれていた。『この国を離れる最後のイスラエル人はどうか電気を消してください』」。対照的に、戦後のジョークは二人のイスラエル軍の将軍の間の会話だというものです。「一人の将軍が『今日は何をしなければならないんだ。何か知っているかい？今日カイロを取りに行くってのはどうだい？』するともう一人が『うん、そりゃあ、いい考えだ。でも、午後は何をするんだい？』」（Tom Segev, *1967: Israel, the War, and the Year that Transformed the Middle East*, New York: Metropolitan Books, 2007, p.15）。

第三次中東戦争前のイスラエルでは、その厳しい現実に幻滅して去っていく人数の方が、このユダヤ人国家にやって来る移民の数よりもずっと多かったのです。建国後二〇年が経過し、ベングリオン首相に代表される建国世代から次世代に移った政治的な過渡期でもありました。イスラエルでは戦争前、経済不況に見舞われて沈滞ムードが広がり、アラブ諸国からの攻撃で「第二のホロコースト」を経験することになるかもしれないといった終末論を思わせる悲観的な雰囲気が醸成されていました。

ところが、戦後は一転して、奇跡的な大勝利によって意気消沈の沈滞ムードが意気揚々の有頂天のムードに変わってしまったというのです。この一変ぶりが先に述べた対照的なジョークに示されています。

## アラブの敗北はイデオロギー的な敗北

他方、アラブ世界は第三次中東戦争によって、イスラエルとはまったく逆に、打ちひしがれた屈辱感に満ちたムードが漂うことになります。第三次中東戦争は軍事的にはアラブ側の完全な敗北でした。その上、この戦争は六月五日から一〇日までの六日間という非常に短い戦闘で決着がつきました。一九四八年の第一次中東戦争がナーセルらの自由将校団のエジプト革命と、それに続く輝かしい未来を保証するアラブ社会主義の壮大な実験の場を準備したものだとするのであれば、第三次中東戦争は政治体制としてのアラブ社会主義の惨めな終焉を告げるものでした。実際、アラブの知識人はこの戦争での敗北を軍事的な観点からのみならず、これまでの歴史では経験したことのない思想的・イデオロギー的な敗北（アラビア語では「ハズィーマ」という単語を使っています）として認識したのです。さらに、この敗北の責任はいったい誰にあるのか、アラブを敗北に導いたアラブの社会体制のどこに欠陥があったのかといった戦争責任論、そして心痛を伴う自己批判的なアラブ社会論へとその議論を発展させ、深化させていったのです。

このような議論は、思想としても、運動としても、さらに、体制としても、ナーセル主義やバース主義などのアラブ社会主義の有効性への根源的な批判を伴うものでした。このような危機的状況を「イスラーム的解決」で打開しようとするイスラーム主義が脚光を浴びることになりました。アラブ世界はアラブ・ナショナリズムという世俗の時代からイスラームという宗教の時代への転換を経験しつつあったということになります。

## 「アラブ・イスラエル紛争のパレスチナ化」の始まり

ところで、第三次中東戦争を機に、「アラブ・イスラエル紛争（中東戦争）」は「パレスチナ／イスラエル紛争」に変質し始めたと表現できます。換言すれば、「アラブ・イスラエル紛争のパレスチナ化」の始まりともいえます。これはパレスチナ解放運動の高揚とパレスチナ解放機構（ＰＬＯ）の自立化が変化の大きな要因になりました。もう一つ、大きな要因を挙げれば、アラブの大国エジプトがイスラエルとの平和条約の締結によって対イスラエル戦線から離脱したために、アラブ・イスラエル紛争が事実上、変質してしまうという点がありますが、この要因の顕在化は一九七九年まで待たなければなりません。

以下において「アラブ・イスラエル紛争のパレスチナ化」という観点から、第三次中東戦争後に現れた顕著な現象としてパレスチナ解放運動の高揚について述べておきます。パレスチナ解放運動は第三次中東戦争以前にはアラブ連盟の枠内で活動していました。アラブ連盟にパレスチナ解放機構が設立されたのは一九六四年でした。アフマド・シュカイリー（一九〇八～八〇年、在任一九六四～六七年）が初代PLO議長の座に就きました。彼はパレスチナ生まれの弁護士で、若い頃からアラブ統一を目指すアラブ民族主義者であり、アラブ諸国の外交官としても活躍した人物でした。シュカイリーは、パレスチナ解放はナーセル大統領などのアラブ統一運動の一環として軍事力を通じて達成されると確信していました。したがって、彼はPLO内にアラブ解放軍を設立したのでした。

しかし、第三次中東戦争でのアラブ諸国の敗北後、パレスチナ人自らが武力闘争を行うパレスチナ民族主義を唱えるパレスチナ人ゲリラ組織がPLO内で政治的な影響力を増していきました。そのため、シュカイリーはPLO議長を辞任しました。

その後、PLO内の最大の政治組織であるファタハ（パレスチナ解放運動）の代表、ヤーセル・アラファート（一九二九～二〇〇四年、在任一九六九～二〇〇四年）が六九年二月、ヤヒヤー・ハムーダを継いでPLO議長に就任しました。六八年三月、ヨルダン峡谷にあるカラーマでの戦いでファタハがイスラエル軍の攻撃に対して難民キャンプを防御し、撃退したというニュースはアラブ世界のパレスチナ人の間にまたたく間に広がり、ファタハの評価が一層高まることになったからです。ＰＬＯ傘下にはジョルジュ・ハバシュ（一九二六～二〇〇八年）を指導者とするマルクス・レーニン主義を掲げるパレスチナ解放人民戦線（ＰＦＬＰ）、ナーイフ・ハワートメ（一九三八年～）が率いるパレスチナ解放民主戦線（ＤＦＬＰ）などの左派の民族解放組織もありました。

**ヨルダンの「黒い九月」事件**

しかし、パレスチナ・ナショナリズムを唱えるＰＬＯによる独自の軍事的・政治的活動の活発化は「パレスチナの大義」を支援する姿勢を見せていたはずの一部のアラブ諸国政府の利害とは対立するものとなっていきました。その端緒が一九七〇年九月にヨルダンで起こった「黒い九月」事件でした。ＰＬＯの軍事組織がヨルダン王国軍と衝突したのです。このヨルダン内戦では首都アンマンにあるパレスチナ人難民キャンプが主戦場となり、ヨルダン人とパレスチナ人とを問わず、多くの一般市民が死傷しました。事件はパレスチナ人ゲリラに対して徹底的な弾圧を加えたワスフィー・アッ・タル・ヨルダン首相（一九一九～七一年）がパレスチナ人武装組織「黒い九月」のメンバーによって暗殺されるという最悪の事態を迎えました。

その結果、ヨルダンとＰＬＯは断交状態になりました。両者が和解したのは一九八五年のアンマン合意で、ヨルダン・パレスチナ連合国家の創設が提案されました。ヨルダン内戦は、パレスチナ解放勢力がアラブ諸国の国内政治において軋轢《あつれき》を引き起こした最初の事例となりました。

## ＰＬＯは国家と同等の地位に

ＰＬＯはヨルダンを追われて、その拠点をレバノンに移したものの、一九七五年に今度はレバノンでも内戦が勃発しました。このレバノン内戦ではＰＬＯはレバノン左派民族主義勢力と協力して、キリスト教右派勢力と戦うことになりました。ＰＬＯは一九八二年六月のイスラエルによるレバノン侵攻まで、ベイルートを中心とするレバノンを拠点にハイジャック闘争を含むイスラエルに対する軍事的活動を行ったのです。そのため、レバノン南部は一時期「ファタハ・ランド」と呼ばれて、レバノンという国家の中に別の国家を造ったような事態になりました。同時に、ＰＬＯは一九七〇年代を通じて次第に国際的にも承認されるようになりました。

まず、ＰＬＯは七四年一〇月にモロッコの首都ラバトで開催されたアラブ連盟加盟国によるアラブ首脳国会議（アラブ・サミット）の場で、パレスチナ人の唯一正当な代表として認められました。ＰＬＯはアラブ世界では国家と同等の地位を約束されたのでした。また、同年一一月、ＰＬＯが国連オブザーヴァーとしての地位を獲得してアラファートＰＬＯ議長は国連総会で演説しました。

## エジプトのイスラエル奇襲作戦成功

「アラブ・イスラエル紛争のパレスチナ化」の文脈では、一九七三年の第四次中東戦争が重要な意味をもちます。パレスチナ解放運動の高揚という要因に加えて、アラブ世界の最強の大国エジプトが第四次中東戦争後、一九七九年にイスラエルと平和条約を締結して、対イスラエル戦線から離脱したからです。エジプトでは一九七〇年にナーセル大統領が亡くなると、自由将校団でナーセルの盟友であったアンワル・サーダート（一九一八〜八一年）が新大統領に就任しました。サーダート新大統領は新たな決断をします。サーダートはソ連軍事顧問団を追放し、社会主義経済から経済的開放政策への転換を図ったのです。この開放政策をアラビア語でインフィターハと呼びますが、エジプトはこの政策によってＩＭＦ（国際通貨基金）・世界銀行から融資を受けて、自由主義経済を発展させていくとともに、ソ連と距離を置き、アメリカとの友好関係を重視していくことになります。

そのような政策転換の中で大統領はイスラエルからシナイ半島を奪還するための政治戦

略を考えるわけです。その方法がそれまでイスラエルのお家芸であった奇襲作戦でした。サーダートが仕掛けた戦争である第四次中東戦争の緒戦でエジプト軍はイスラエルに対して大勝利を収めました。奇襲作戦はユダヤ教の最も聖なる日であるヨーム・キップール（贖罪の日）に合わせて立案・実行されました。エジプト軍が奇襲作戦で成功したために、エジプトはその軍事力を誇示することでイスラエルと対等の立場で交渉のテーブルにつくことになりました。エジプトはヘンリー・キッシンジャー米国務長官（在任一九七三〜七七年）を調停者として、イスラエルとの和平を模索していくことになります。

### 石油戦略と過激な宗教的政治運動

第四次中東戦争でもう一つ注目に値することは、アラブ産油国の石油戦略が発動されたことです。いわゆる「アラブ・ボイコット」と呼ばれる事態で、ＯＡＰＥＣ（アラブ石油輸出国機構）はイスラエルと外交関係をもっている国に対しては禁輸措置をとるというもので、日本もその対象となりました。エネルギー資源がアラブ・ナショナリズムの政治目標を達成するための手段になったという意味では画期的でした。

他方、それまでの戦争の常勝国イスラエルでは第四次中東戦争緒戦での「敗北」でユダヤ人国家そのものの存立が危うくなったという終末論的な雰囲気を醸成することになり、宗教シオニズムを掲げる過激な宗教的政治運動が活発化しました。グーシュ・エムニーム（信徒のブロック）といったユダヤ人入植者グループも結成され、ユダヤ教狂信者がパレスチナ人へのテロ活動を行うような過激な地下武装組織に発展していきました。

宗教シオニズムというのは、労働シオニズムなどの世俗的なナショナリズム運動とはちがって、ナショナリズムをユダヤ教によって正当化する考え方です。ユダヤ教にはメシア（救世主）来臨を待望するという考え方がありますが、シオニズムという政治的目標に向かって努力することはメシア来臨を早めるという考え方をとったのが宗教シオニストだったのです。もちろん、ユダヤ教の一派の超正統派ユダヤ教徒はこのような人為的にメシア来臨をもたらすような考え方は神を畏れない冒瀆だとして厳しい非難を投げかけました。しかし、宗教シオニストは聖書で約束され神によって与えられた土地を手に入れていくという考え方をとっているため、対アラブ関係を考える上でもっとも過激で非妥協的な宗教運動として隠然たる政治的影響力をもつことになるのです。

このような第四次中東戦争後の新たな政治状況の中で、サーダート大統領はある意味では捨て身の戦術をとる決断をしました。大統領はいつでもエルサレムを訪問する用意があるという声明をエジプト人民議会で発表したのです。和平のボールはイスラエル側のコートに投げ入れられました。メナヘム・ベギン・イスラエル首相も躊躇の末、その提案を受け入れて、サーダート大統領のエルサレム訪問が一九七七年一一月に実現したのです。

このエルサレム訪問がきっかけとなって、カーター米大統領はキャンプ・デーヴィッドでエジプトとイスラエルとの間の和平交渉の仲介を行うことになり、それが一九七八年九月のキャンプ・デーヴィッド合意に結実します。ただ、この合意では結果的にエジプトとイスラエルとの間の単独和平が確認されただけで、最終的な目標にしていたパレスチナ問題の解決に関してはイスラエル側の合意を取り付けることができませんでした。

## エジプト・イスラエル平和条約締結

そしてついに一九七九年三月にエジプト・イスラエル平和条約がカーター米大統領の立ち会いの下にホワイトハウスで締結されます。この条約は「領土と和平の交換」の原則に基づくものであり、エジプトはイスラエルを承認する見返りとして、シナイ半島を平和的手段で奪還するという国家としての悲願を達成することになります。イスラエルとアラブ諸国のあいだで結ばれた最初の平和条約でした。その意味ではこの平和条約は歴史的ではありました。

しかし、サーダート大統領にとって和平の代償は非常に高くつくことになりました。というのも、アフガニスタンでソ連と戦った経験をもち、イスラエルとの和平に反対するイスラーム主義組織ジハード団に属するエジプト軍人たちが一九八一年一〇月、第四次中東戦争の勝利八周年記念式典という世界が注視する現場で大統領の暗殺を決行したからでした。

### イスラエル軍、レバノン侵攻

一九七〇年代を通じてアラブ世界と国際社会でようやく認められつつあったパレスチナ解放運動もサーダート大統領暗殺後、深刻な挫折を経験することになります。それは一九八二年六月に引き起こされたイスラエル軍によるレバノン侵攻（レバノン戦争）でした。

イスラエルは一九七八年九月のキャンプ・デーヴィッド合意、そして翌年三月のエジプト・イスラエル平和条約の締結でエジプトとの国交を樹立しました。イスラエルが「領土と和平の交換」の原則にしたがって和平の見返りにエジプトにシナイ半島を返還して、国内の右派・入植者勢力の強い反対を押し切って、シナイ半島からイスラエル軍の撤退を完了させました。それが一九八二年四月でした。当時のメナヘム・ベギン・リクード内閣はレバノンとの国境地帯であるイスラエル北部のガリラヤ地方の安全確保のために、レバノン南部からパレスチナ・ゲリラ勢力を排除する必要がありました。

そのために実施された軍事作戦がイスラエル軍による「ガリラヤの平和作戦」でした。

しかし、イスラエル軍はその軍事作戦の防衛的な目標を逸脱してベイルートまで占領し、ＰＬＯ勢力を西ベイルートから追放したのでした。

ＰＬＯは最終的に八三年末にはその主力をレバノンのトリポリからチュニジアの首都チュニスに移さざるを得ませんでした。この過程でイスラエル軍に包囲された西ベイルートにあるサブラーとシャーティーラーの両パレスチナ難民キャンプにおいて、イスラエル軍と同盟関係にあったマロン派キリスト教民兵組織ファランジストによるパレスチナ難民虐殺事件が起こりました。パレスチナ難民虐殺事件をめぐってはイスラエルでは国論が二分し、建国史上初めて戦争をめぐって世論が対立することになりました。事件を調査するカハン調査委員会が設置されて、ベギン首相・シャロン国防相はその責任をとって辞任に追い込まれました。

## ＰＬＯとヨルダン和解

本講ではイスラエルのレバノン侵攻を「レバノン戦争」と呼んでいますが、イスラエルという国家主体とＰＬＯという非国家主体との戦闘という意味では、「武力による国家間の闘争」である通常の「戦争」とは異なっています。この戦争はイスラエルという国家とＰＬＯという非国家との間の非対称的な主体の紛争となり、その意味でアラブ・イスラエル紛争という一連の戦争の終焉です。

同時にレバノンを舞台にしていますが、イスラエル国家とパレスチナ人という非対称的な主体が正面から衝突したという意味で「パレスチナ／イスラエル紛争」の開始ということにもなります。

PLOは、レバノンから追放されてその本部をチュニスに移すと、パレスチナ解放戦略を、武力闘争から外交攻勢へと転じることになりました。アラファートはその過程で事実上、全パレスチナ解放というそれまでの政治目標を放棄し、ヨルダン川西岸およびガザにパレスチナ国家の領域を限定した「ミニ・パレスチナ国家案」を受け入れることになったのでした。

PLOはエジプト、サウジアラビア、ヨルダンなどの親米穏健派アラブ諸国との関係を改善・強化していきました。その結果、八五年二月にアンマン合意が締結され、PLOとヨルダンは一九七〇年のヨルダン内戦以来、一五年ぶりに和解しました。

### ヨルダン川西岸・ガザの重要性

ヨルダン・ハーシム王国はパレスチナ解放の戦略の観点からはきわめて重要な位置を占めていました。というのも、ヨルダンは一九五〇年に委任統治領パレスチナの一部であったヨルダン川西岸を併合して以来、西岸の主権と領有権を主張していたからでした。しかし、イスラエルが第三次中東戦争で占領したヨルダン川西岸・ガザは、PLOのパレスチナ独立国家の領土となるべき場所であり、パレスチナ独立国家へのシナリオを考える上でその将来の領土として不可欠だったのです。にもかかわらず、ヨルダンは西岸の領有権を主張し続け、それがパレスチナ独立国家設立の障害となっていました。

このようなパレスチナ・ヨルダン間の特別な関係の中から「ヨルダン・オプション」などと呼ばれる「パレスチナ・ヨルダン連合国家」案は生まれました。レバノン戦争時の一九八二年九月に発表されたレーガン中東和平提案もPLOを承認せずにヨルダンの主権下に封じ込めるための政治的なシナリオでした。外交攻勢を選択したアラファートがそのようなアラブ諸国の政治情勢を見極めて、まだイスラエル占領下にあったヨルダン川西岸・ガザのパレスチナ住民にその政治的な支援を求めていくようになったのは必然的な成り行きでした。

こうしてレバノン戦争後のアラファートの政治戦略の転換でヨルダン川西岸・ガザがパレスチナ解放運動で中心的な位置を占めるようになりました。PLOとイスラエル占領地を繋ぐ政治的な役割を果たしたのがアラファートの盟友ハリール・ワジールことアブー・ジハード（一九三五〜八八年）でした。イスラエル軍は占領地で抵抗運動を展開するパレスチナ人の住宅などを報復的に破壊する政策をとっていましたが、ＰＬＯはサウジアラビアを中心とするアラブ湾岸産油国から豊富な資金提供を受けつつ、イスラエル占領地のパレスチナ人への財政支援を行ったのです。

占領地のパレスチナ人もＰＬＯからの支援を受けながら、イスラエル軍による懲罰的で恣意的な土地没収や家屋破壊に対して自らの土地から絶対に離れない、アラビア語で「スムード」と呼ばれる抵抗運動を組織しました。

## インティファーダの一少年の姿

イスラエル占領地でのパレスチナ人の抵抗運動の帰結が一九八七年一二月に自然発生的に勃発した第一次インティファーダ（民衆蜂起）でした。インティファーダは、主にヨルダンに支援された伝統的なパレスチナ人指導者に代わって、中間層出身の若い世代の知識人・学生や女性・子供の投石による新たな対イスラエル闘争のかたちを生み出しました。「石の革命」と呼ばれるのも投石が中心的な抵抗の手段となったからです。インティファーダ統一抵抗司令部が設立されて、抵抗運動に方向性が与えられるようになり、ファイサル・フサイニー（一九四〇〜二〇〇一年、バグダード生まれ。父は一九四八年のパレスチナ民族運動指導者で英雄的殉教者となったアブドゥルカーディル・アル・フサイニー）、ハナン・アシュラーウィー

（一九四六年、ラーマッラー生まれ）、サリー・ヌセイバ（一九四九年、エルサレム生まれ）など、パレスチナ生え抜きの若い世代の政治指導者を生み出しました。

インティファーダはイスラエルの占領地で起こった新たな紛争のかたちでした。イスラエルという国家主体とパレスチナ人という非国家主体との非対称的対立という紛争構図が明確になったからです。と同時に、旧約聖書にあるダビデ（ユダヤ人）とゴリアテ（ペリシテ人）の闘いの逸話になぞらえて、それまではイスラエルが弱者ダビデでアラブ諸国が強者ゴリアテであったのが、その紛争イメージが逆転します。石礫《せきれき》だけでイスラエル軍の戦車に果敢に立ち向かうパレスチナ人の一少年の姿を撮った写真が、今日の少年ダビデとなったパレスチナ人が巨人ゴリアテに擬されたイスラエル軍に対峙しているという国際社会での理解を促進することになりました。

インティファーダによってイスラエルとパレスチナ人の紛争の〈場〉が委任統治期パレスチナの領域に限定されてきたわけです。その意味で、本書では、これ以降の時期の紛争については「パレスチナ／イスラエル紛争」という表現を使いたいと思います。というのも、ヨルダン川西岸・ガザというイスラエル占領地とグリーン・ライン内のイスラエル領がパレスチナ人たちの対イスラエル闘争の場となったからです。

したがって、この紛争は、第9講で触れましたように、一九四七年の国連パレスチナ分割決議案後の内戦期のパレスチナと同じような「内戦」となってしまったという意味で「アラブ・イスラエル紛争のパレスチナ化」、換言すれば、「パレスチナ／イスラエル紛争」に変質したということになるのです。ここで「／《スラッシュ》」を使っているのは、歴史的にパレスチナとイスラエルとは同じ領域を指し、同時にそこにはイスラエル国家とパレスチナ自治区があるという意味です。

## パレスチナ独立国家樹立宣言

パレスチナ・ヨルダン関係という観点からもインティファーダは政治的な波及効果を及ぼしました。それはインティファーダが開始されて約八ヵ月後の一九八八年七月三一日にフセイン・ヨルダン国王が一九五〇年以来ヨルダンに併合して自国領だと主張していたヨルダン川西岸との法的・行政的関係を途絶する演説を行ったことに現れました。この宣言はＰＬＯにとって画期的事件となりました。

フセイン国王は演説で、ヨルダンが事実上、ヨルダン川西岸の領有権を放棄したことを宣言したために、イスラエルによる西岸の支配の正当性を認めないパレスチナ側から見ると西岸が法的・行政的には「空白」になったからです。ＰＬＯはこの絶好の機会を捉えて、アルジェで一九八八年一一月に、将来のパレスチナの国会に相当するパレスチナ民族評議会を開催し、エジプトがすでに主権を放棄していたガザとともにヨルダン川西岸を「領土」とするパレスチナ独立国家樹立宣言を採択しました。パレスチナ独立国家はアラブ・イスラーム諸国を中心に一〇〇ヵ国以上の国々から承認されました。

しかし、この歴史的なパレスチナ国家独立宣言は一九九〇年から九一年の湾岸危機・戦争の過程で幻の独立宣言となってしまいました。アラファートは湾岸危機・戦争においてイスラエル占領地のパレスチナ人の住民の意向にしたがってサッダーム・フセインを支持する姿勢をとったため、多国籍軍の一員としてイラク攻撃に加わったサウジアラビアやエジプトといったアラブ諸国との関係が急速に悪化しました。

とりわけアラブ湾岸諸国からの財政支援を受けることができなくなり、PLOは財政難に陥ってしまったのです。アラファートはこのような危機のなかで、湾岸戦争後、政治生命をかけて新たな打開策を探ることになりました。イスラエルとの和平合意の模索でした。

## トルーマンの強引なイスラエル建国支持

ところで、アメリカの中東への介入が本格化するのは前講で触れたとおり、第二次世界大戦後です。しかし、中東は第二次世界大戦直後、イギリス帝国主義の覇権下にあって、米ソ冷戦の対立構造はまだ中東地域には浸透していませんでした。ヒロシマ・ナガサキへの原爆投下を決断したハリー・S・トルーマン（在任一九四五〜五三年）はルーズヴェルト大統領を継いだ冷戦下でソ連という共産主義の封じ込め政策を展開した大統領として知られていますが、イスラエル建国の熱烈な支持者でもありました。

その象徴的事件がホロコーストを生き延びたユダヤ人をパレスチナに移民させるべくイギリスに圧力をかけて、結果的に国連パレスチナ分割決議案に持ち込んで、イスラエル建国を達成する後押しをした政治的な手腕です。マーシャル国務長官、フォレスタル国防長官などの周囲の反対を押し切ってのイスラエル建国支持でした。それほどに彼の選択は当時のアメリカの中東政策の文脈からは例外的な判断でした。国務省も国防省もその他の省庁もアメリカの国益の観点からアメリカがイスラエルを支持することには反対を表明していたからです。なぜトルーマンが個人的にイスラエル建国の支持にこだわったかについては、国内のユダヤ人票の獲得という国内的要因から、あるいは彼のキリスト教シオニスト（と同時に反ユダヤ主義とまでは言わないまでも、反ユダヤ的感情を持つキリスト教徒）としての宗教的信念からの説明などがあります。

いずれにせよ、トルーマンの決定は、一九四七年のトルーマン・ドクトリンに基づいてギリシア、トルコ、イランなどの北層諸国を対ソ防共ラインとして共産主義封じ込めを企図しつつ、中東においては第二次世界大戦後のアラブ・イスラエル紛争の激化を促進するものでした。トルーマンはアメリカとイスラエルとの「特別な関係」のプロトタイプを代表しましたが、むしろイスラエル側は建国期から五〇年代まではフランスにその軍事的同盟関係を求めたのでした。

## アメリカとイスラエルの「特別な関係」強化

ドワイト・D・アイゼンハワー大統領の時代になって中東地域は米ソ冷戦に巻き込まれていきますが、それは一九五七年のアイゼンハワー・ドクトリンが契機となりました。しかし、彼はトルーマンと違って「友好的等距離」政策に基づいて少なくとも五〇年代にはイスラエルを中東政策の中でごく普通の友好国として遇しました。アイゼンハワー政権末期からケネディ（在任一九六一〜六三年）政権期にかけてアメリカの対イスラエル関係は次第に変化し、ジョンソン政権期にかなり明確なイスラエル支援に方向転換したといわれています。その際、本講の冒頭で指摘しましたように、六七年の第三次中東戦争でのイスラエルの大勝利が中東の軍事大国であることを証明し、アメリカにとってイスラエルの戦略的な「資産価値」が高騰したからだという説明もあります。

ともあれ、ここで確認しておきたいことは、ケネディ政権からジョンソン政権にかけての時期に対イスラエル関係が、攻撃用武器の輸出を通して強化されていったという事実です。以来、一九七〇年代のニクソン、フォードの両政権を経て、アメリカとイスラエルの「特別な関係」は強化されて、レーガン政権期に両者の同盟関係は確固たるものになっていくのです。

## 世界史を変えた三つの事件

一九七九年のイラン・イスラーム革命以来、米大統領はカーター（在任一九七七〜八一年）、レーガン（在任一九八一〜八九年）、父ブッシュ（在任一九八九〜九三年）、クリントン（在任一九九三〜二〇〇一年）、息子ブッシュ（在任二〇〇一〜〇九年）、オバマ（在任二〇〇九年〜）と続きます。このようにアメリカ大統領の名を書き連ねてみると、アメリカの中東政策が大きく変わっていく端緒はやはりカーター政権であったといえます。

カーター時代にはその後の中東の歴史のみならず、世界の歴史をも変えていった三つの大きな事件が起きているからです。それは第一が、一九七九年二月のイラン・イスラーム革命であり、第二が同年一二月のソ連のアフガニスタン侵攻であり、そして第三が八〇年九月のイラン・イラク戦争の勃発でした。この時期に起こった地殻変動の世界史的な意味を読み解かないかぎり、後の時代の流れも説明できません。

イラン・イスラーム革命は一九八〇年代の中東イスラーム世界のイスラーム復興をもたらすことになりましたし、また世界的にも「宗教復興」という大きな潮流を作り上げました（ジル・ケペル著、中島ひかる訳『宗教の復讐』晶文社、一九九二年）。ヨーロッパ的近代のあり方が問い直されるきっかけにもなったのです。近代化とはほんとうに世俗化の道を意味するのかといった根底からの問いが投げかけられたからでした。

イランはイスラームのシーア派に属していますが、革命の余波はスンナ派世界にも広がりました。革命の影響を受けて、イラン型イスラーム革命を目指すイスラーム運動が生まれました。パレスチナにおける「イスラーム・ジハード」と呼ばれるイスラーム主義運動がその典型です。

## イラン・イラク戦争

アメリカの中東政策との関係でいえば、このイラン・イスラーム革命がドミノ現象となって中東イスラーム世界に広がることを阻止しなければなりませんでした。革命イランの封じ込めの先兵の役割を担ったのがサッダーム・フセインのイラクでした。イラクはアメリカをはじめとする西側諸国の支援を受けて、イラン・イスラーム革命に対する干渉戦争を敢行しました。

しかし、イラン・イラク戦争は泥沼のような戦闘になっていき、八八年まで続くことになりました。この間にイラクは欧米から武器の供与を受けて中東随一の軍事大国へと伸《の》し上がっていったのです。イスラエルはそのイラクが核兵器を保有するのではないかという懸念をもって、一九八一年六月、バビロン作戦と称してイラクのオシラク原子炉の建設現場を空軍機で爆撃して破壊しました。このイラン・イラク戦争後のイラクの台頭が米ソ冷戦終焉後、最初の新国際政治秩序の攪乱を生み出しました。九〇年八月のイラクによるクウェート侵攻です。

## ソ連のアフガニスタン侵攻

一方、一九七八年に共産主義政権が成立したアフガニスタンにおいてムジャーヒディーン（「ジハードの戦士たち」の意味）と呼ばれるムスリム武装義勇軍が結成され、イスラーム的抵抗運動が展開されました。それに対してソ連はアフガニスタンの共産主義政権が持ちこたえるのはむずかしいとして軍事作戦の展開を決定しました。七九年一二月のソ連のアフガニスタン侵攻です。

もちろん、その背景には同年初めに起こったイラン・イスラーム革命がアフガニスタンに波及することを恐れたことがあります。しかし、ソ連はアフガニスタンの混乱が一九八九年に至るまで長期化するとは予想していませんでした。アメリカはパキスタン経由でムジャーヒディーンに軍事的な支援を行いましたし、ビン・ラーディンをはじめとするムスリム義勇兵たちもアフガニスタンに駆けつけました。ＣＩＡはアフガニスタンの現場の状況を正確に把握しないままに武器・弾薬等の供与をムジャーヒディーンの諸勢力に行いました。そのため、アフガニスタンとパキスタンの国境を挟んで住むパシュトゥーン人のイスラーム主義組織ターリバーン（「神学生」の意）が成長することになりました。

アメリカは対共産主義勢力として育て上げたムスリム武装組織がアフガニスタン版「フランケンシュタイン」になってしまって、自ら墓穴を掘ってしまいました。それは対イラン政策として選択したサッダーム・フセインへの軍事的支援がサッダームというアラブ版「フランケンシュタイン」を生み出したのと相似形ということができます。

一九八九年二月にソ連軍はアフガニスタンから撤退しますが、ソ連にとってのアフガニスタン戦争の一〇年はアメリカにとってのヴェトナム戦争のようなものでした。ソ連はアフガニスタン戦争で国内経済が疲弊したために、結局、崩壊を早めることになってしまいました。アメリカと違って社会主義国家を維持するほどの経済的・軍事的な余力は残されていなかったからです。

換言すれば、イラン・イスラーム革命とアフガニスタンでのイスラーム抵抗運動とが、国際政治での米ソ対立のはざまにあって、ソ連の弱体化を早めたともいえます。同時にアメリカもイスラーム勢力を対ソ戦略のコマとして育成・利用する一方で、中東地域の軍事大国イラクを対イスラーム封じ込めのためにイランと戦わせるという、反共と反イスラームの二正面から戦う戦略をとりました。

ところが、米ソ冷戦という「戦争」状態が終焉すると、アメリカのダブル・スタンダードに基づく戦略は破綻してしまったのです。それがイラクによる一九九〇年八月のクウェート侵攻です。一九九〇年代の二〇世紀最後の一〇年間、アメリカはイラクとクウェートという中東地域を主戦場として戦わざるを得ませんでした。その後で、息子ブッシュ大統領は前政権のクリントンの二重封じ込め戦略にならってイラクとイランを「悪の枢軸」として名指しで非難せざるを得なかったのです。

# 第12講　冷戦終焉後の中東和平の挫折

## 「二つの戦後」の帰結から

一九八九年一一月の米ソ冷戦の終焉（と一九九一年一二月のソ連崩壊）、そして一九九一年三月の湾岸戦争の終結という「二つの戦後」は、パレスチナ問題の世界史的位置づけを大きく変えました。というのも、「二つの戦後」において米ソ共催によるマドリード中東和平国際会議が開催されて、アラブ諸国とイスラエルとが初めて同じ交渉テーブルにつくということが実現したからです。パレスチナ問題の解決に向けてオスロ合意が一九九三年に締結されたのも「二つの戦後」の一つの帰結です。ここまでも何度か指摘してきたように、パレスチナ問題も、多くの政治的アクターが関わっているために、アラブ国内政治、中東地域政治、そして国際政治との三層構造の中で考えていく必要があります。

　米ソ冷戦の終焉は国際政治でのアメリカ一極支配の到来でした。そのため、中東地域政治、とりわけアラブ・イスラエル紛争に内在化していた冷戦構造が解体し、パレスチナ問題とアラブ・イスラエル紛争の解決が同時に超大国の重要な外交課題として浮上してきました。エジプト・イスラエル平和条約でも二国間の単独和平は達成されましたが、同時に解決されるべき懸案となっていたパレスチナ問題は事実上、棚上げされました。それまで何度も強調されてきた「パレスチナ問題はアラブ・イスラエル紛争の核心である」という外交的課題の解決が現実味を帯びてきました。

　アメリカは一九九一年のマドリード中東和平国際会議開催以降、一九九〇年代に中東和平への関与を急速に強めていきます。アメリカの政権でいえば、父ブッシュ大統領（在任一九八九〜九三年）からクリントン大統領（在任一九九三年〜二〇〇一年）の在任期間に相当します。対イスラエル政策でいえば、湾岸戦争時にイスラエルに圧力をかけることのできた父ブッシュ大統領の両者への等距離政策からクリントン大統領のイスラエル優先政策への転換でもありました。父ブッシュ政権のように、援助削減という手段を通じてイスラエルに強力な政治的圧力をかけることのできなかったクリントン政権の親イスラエル的姿勢がオスロ合意に基づく和平交渉を失敗に導いたともいえます。

## 湾岸危機勃発

アラブ諸国を見ると、このような国際政治の変動の方向性を読み誤った国家としてイラクを挙げることができます。イラクのサッダーム・フセインは、クウェートはバスラ州の一部だというイラクの従来からの「固有の領土」論の主張にしたがって、一九九〇年八月にイラク軍をクウェートに侵攻させました。湾岸危機の勃発です。サッダームが主張するように、クウェートはイギリス帝国主義の産物で、もともとバスラ州の一部であったというのは歴史的な事実ですが、それはオスマン期の話にすぎません。イラクという国家自体もイギリス帝国主義の産物であって、オスマン期にはまだイラクという国家は存在していなかったのです。したがって、クウェートはバスラ州の一部という歴史的事実に基づいてクウェートをイラクの「固有の領土」だとするイラクの主張には無理があります。

また、イラクとしては、クウェート問題はアラブ域内問題だという認識があり、アメリカの介入を招くとは考えていませんでした。しかし、多国籍軍に名を借りたアメリカのこの軍事介入が湾岸戦争を招きました。イラクは結果的に父ブッシュ米大統領が米ソ冷戦終焉後に掲げる「新世界秩序」構想に真っ向から異を唱えることになりました。

## アラファートのイラク支持という大失策

一九九一年一月に勃発した湾岸戦争において、パレスチナ人はスカッド・ミサイルでイスラエルを攻撃したサッダーム・フセイン・イラク大統領を熱烈に支持しました。サッダームのイスラエル攻撃の論理はアメリカの二重基準《ダブル・スタンダード》への批判でした。アメリカは一方でイスラエルによるヨルダン川西岸・ガザの占領は黙認しておきながら、他方でイラクのクウェート占領を批判するのはおかしいという議論でした。パレスチナ人にすれば、このようなイラクの立論はたいへん頼もしいものに映ったことでしょう。パレスチナの民衆のあいだでのサッダーム人気はたいへん高く、イラクがイスラエルにスカッド・ミサイルを撃ち込んでくれて溜飲を下げたともいえます。アラファートも指導者として民衆の意向を無視することはできず、結局イラクを支持するという世紀の大失策を犯してしまうのです。

イラクはイスラエルのみならず、サウジアラビアにもスカッド・ミサイルによる攻撃を行いました。サウジアラビアに米軍基地があったからです。戦後、PLOはサウジをはじめとするアラブ湾岸産油国からイラクを支持したということを理由に財政支援が打ち切られてしまいます。そのため、PLOは財政危機に陥り、アラファート議長は苦境に立たされてしまうのです。

## イスラエルのアジア外交転換期

「二つの戦後」においてアメリカにとってもイスラエルの戦略的意味が激減します。冷戦終焉後、ソ連の崩壊で共産主義の脅威に対する橋頭堡としてのイスラエルの戦略的地位が低下したためです。「戦略的資産」としてのイスラエルの価値低下を象徴するのが、イスラエルとアメリカの共通の仮想敵であったシリアが対イラク戦争では多国籍軍側に参加したことです。そのため、アメリカによるイスラエルへの援助が激減する危機感がイスラエル政府に広がりました。

イスラエルはこの父ブッシュ政権のイスラエルへの厳しい対応というアメリカの変化にいち早く反応して、多角的な外交戦略を模索することになります。イスラエルは、旧ソ連の中央アジア・カフカース（コーカサス）の新興国家の独立を承認して、外交関係を樹立するとともに、農業・灌漑事業を中心に技術者を派遣しました。さらに、イスラエルは一九九二年にはインドと中国というアジアの両大国との国交を樹立し、アジア外交における転換期を迎えることになったのです。

湾岸戦争の終結は中東地域に新たな秩序をもたらしました。その最たるものが先ほども指摘した父ブッシュ米大統領による新世界秩序の実現としてのマドリード中東和平国際会議の開催でした。米ソ冷戦終焉後、ベイカー米国務長官によるシャトル外交が展開されて一九九一年一〇月に中東和平国際会議開催へと結実しました。アメリカとソ連が共同議長国としてアラブ・イスラエル紛争の当事国がすべて参加し、同じ交渉のテーブルについたのです。この会議は一九七九年三月のエジプト・イスラエル平和条約が依拠した原則である「領土と和平の交換」の延長線上に位置づけることができます。その意味では、冷戦期からの連続面があります。しかし、このマドリード中東和平国際会議は米ソによる共催で行われ、イスラエルとアラブ諸国の代表が初めて同席した点において冷戦後の新たな和平プロセスとして冷戦期には見られなかった新しい動向を見て取ることができます。

マドリード方式に基づく和平交渉は、イスラエルとアラブ諸国との間の二国間交渉と、軍備管理、経済開発、水資源、環境、難民といった、複数の当事国が関係する共通のイッシューに関する多国間交渉という二つのトラックで行われました。イスラエルとアラブ諸国との二国間の和平交渉の進展は、何よりもイスラエルとパレスチナ人とのあいだの紛争であるパレスチナ問題の解決を前提としていました。それがゆえに、イスラエルとパレスチナ人とのあいだの交渉をどのように行うかが焦点となっていたのですが、マドリード和平会議ではPLOが和平交渉の場から排除されていました。

PLOがアメリカとイスラエルの反対で交渉に直接参加することができなかったために、結果的に二国間交渉も行き詰まることになりました。交渉の場では、パレスチナ人の単独の代表団をも拒否されたため、東エルサレムを含むイスラエル占領地であるヨルダン川西岸とガザのパレスチナ人の代表は、ヨルダン・パレスチナ合同代表団として参加しました。パレスチナ側の団長はガザ生まれの医師ハイダル・アブドゥッ・シャーフィー（一九一九～二〇〇七年）でした。パレスチナ代表団はつねにチュニスのアラファート議長と連絡を取り、結果的に和平交渉におけるアラファートの存在の重みを増すことになりました。

しかし、パレスチナ人がヨルダン・パレスチナ合同代表団の一部としてであれ、この会議に参加できたことは、パレスチナ側にとっては大きな勝利でした。アブドゥッ・シャーフィー代表による演説は大きな共感を呼ぶことになりました。

彼は妥協による和平を求める穏健な姿勢を前面に押し出してこれまでのパレスチナ人のイメージを塗り替えることになりました。逆にシャミール・イスラエル首相は頑《かたく》なまでに妥協を拒絶する強硬な姿勢を見せて、和平を妨げるような演説を行いました。

## イスラエル・ヨルダン平和条約締結

先に述べたように、マドリード中東和平国際会議はイスラエルとアラブ諸国との二国間交渉と当該地域全般に関わる問題を議論する多国間交渉という二つのトラックで行われましたが、結局、二国間交渉においてパレスチナ問題の解決の当事者であるＰＬＯが認められないままであったために、イスラエル・シリア間、イスラエル・レバノン間の二国間交渉が暗礁に乗り上げました。イスラエル・ヨルダン間の交渉は、オスロ合意締結後の話になりますが、一九九四年一〇月に平和条約締結に漕ぎ着けました。

いずれにせよ、「パレスチナ問題はアラブ・イスラエル紛争の核心である」という警句を証明するものになりました。

一九九三年一月、親イスラエル的姿勢をとるクリントン大統領が新たに就任しましたが、その前にマドリード方式に基づく和平交渉が行き詰まった頃からノルウェーのオスロでＰＬＯとイスラエル労働党の間で秘密交渉が行われていました。秘密交渉はその準備を含めて一九九二年春頃から始まり九三年三月には本格化して、一五回にもわたって会談が行われました。その間にイツハク・ラビンが一九九二年七月に二度目の首相に就任し、イスラエル・パレスチナ間の交渉は一九九三年九月一三日のオスロ合意（パレスチナ暫定自治に関する原則宣言）の調印として結実しました。調印式はワシントンのホワイトハウスでクリントン大統領の主宰の下で行われましたが、アメリカは秘密交渉ではまったくの埒外に置かれたのでした。

オスロ合意はアメリカのような大国の仲介がなくてもパレスチナ問題は解決できるとい

うよき先例となったのです。

ＰＬＯ指導部とイスラエル占領地のパレスチナ人指導者との関係を考える上で重要な点は、ＰＬＯ指導部、とりわけアラファート議長の信任を受けたアフマド・クラーイ（通称アブー・アラー）が秘密交渉を行い、ヨルダン川西岸・ガザのパレスチナ人指導者にはその秘密交渉についてほとんど知らされていなかったことです。そのため、マドリード会議のパレスチナ代表であったアブドゥッ・シャーフィーはＰＬＯ指導部に対して不信を抱くようになり、パレスチナ自治政府が成立した後にもＰＬＯの帰国組と占領地の生え抜き組のパレスチナ人指導者の対立が顕在化することにもなって、アラファート後のパレスチナ政治の混迷を生むことになりました。

### イスラエルとPLOの相互承認

それはともかく、オスロ合意の重要な点は何よりも、イスラエルとＰＬＯが相互承認したことでした。それまではイスラエルは（そしてアメリカも）ＰＬＯをパレスチナ人の唯一の正当な代表とはみなしていなかったので、交渉するにも相手がいないという立場を公式には貫いていたのです。パレスチナ人など存在したことがないとゴルダ・メイール・イスラエル首相が一九六九年に雑誌インタビューで発言しましたが、イスラエルにとって交渉相手はパレスチナ人ではないことを象徴的に示しています。

イスラエルの公式的立場は、パレスチナ人はアラブ民族の一部であり、パレスチナ人は単独には存在しない以上、交渉相手はアラブ諸国しかないというものでした。しかし、オスロ合意はようやく双方が交渉相手として相互承認して、同じテーブルにつくという交渉の前提条件を作り出したのです。また、オスロ合意は、パレスチナ暫定自治と最終的地位交渉に関するタイムテーブルを決めた原則宣言を出発点にしていました。

## オスロ合意に基づくパレスチナ暫定自治

オスロ合意に基づくパレスチナ暫定自治は一九九四年五月四日に締結されたカイロ協定（ガザ・エリコ先行自治協定）で新たな段階に入りました。まず五月一一日にはパレスチナ警察の第一陣がパレスチナ入りし、さらに七月一日にはアラファートPLO議長がほぼ半世紀ぶりにパレスチナに帰還したからです。カイロ協定ではエリコとガザを先行させてパレスチナ暫定自治を開始したものの、自治区の領域をさらに拡大する必要がありました。そこで一九九五年九月二八日にはパレスチナ自治拡大協定（別称、オスロⅡ、オスロ第二合意）が締結されました。

この協定にしたがってヨルダン川西岸主要六都市（ジェニーン、ナーブルス、トゥールカルム、カルキーリヤ、ラーマッラー、ベツレヘム）と四五〇の町村に自治区は拡大されました。ただし、イスラームとユダヤ教の共通の聖地（ムスリムは「アル・ハラム・アル・イブラーヒーミー（アブラハムの聖域）」と呼び、ユダヤ教徒は「マクペラの洞窟」と呼んでいます）のあるヘブロンはパレスチナ自治の対象地域から外されました。オスロⅡはパレスチナ自治を実質的に開始するもので、独立国家の議会に相当するパレスチナ立法議会と大統領職に当たるパレスチナ統治機構議長の選挙が九六年一月二〇日に実施されました。自治政府代表にはアラファート議長が、また議会ではアラファートの母体であるファタハが約七割の議席を獲得しました。

さらにオスロⅡでは安全保障に関する措置として、イスラエル軍がパレスチナ人自治区を除く地域とユダヤ人入植地の安全を担っているとして、ヨルダン川西岸を次の三地域に分類しました。自治政府が治安および民政に関して責任を負うA地域、自治政府が民政に関して責任を負うが、治安に関してはイスラエル軍の管轄のB地域、そして民政・治安ともイスラエル軍が責任を負うC地域に分類されたのです。

## イスラエル首相公選と最終的地位交渉

一九九六年五月にはイスラエルでは初めての首相公選が行われ、リクード党のネタニヤーフが首相に当選し、中東和平の行く末に暗雲が立ち籠め始めました。事実、ネタニヤーフ首相は九七年一月にようやく懸案のヘブロン合意を締結してイスラエル軍はヘブロンから撤退したのでした。イスラエルは翌年一〇月にイスラエル軍追加撤退合意（ワイ・リバー覚書）を調印したものの、閣議で了承を得られず、前倒しの首相公選を実施しました。その結果、九九年五月に和平交渉再開を公約として掲げたバラク労働党党首が首相に選出されました。バラク政権はオスロ合意締結六周年を契機として、和平交渉の再開を目指して九月にはシャルム・シャイフ覚書に調印し、和平交渉の仕切り直しを行って一年間で交渉を妥結させるつもりでした。二〇世紀最後の年の前半は、イスラエルとパレスチナ人のあいだの和平への期待が再び高まった時期でした。

　オスロ合意での最終的地位交渉というのは、エルサレムの帰属、パレスチナ難民の帰還権、ユダヤ人入植地、国境画定など、パレスチナ問題の最終的な解決にあたっての難問を交渉するもので、原則宣言によれば暫定自治開始三年目までに交渉に入り、五年間の暫定自治終了後に実施することになっていました。最終的地位交渉というのはわかりにくい表現ですが、要するに両者が最初からこの問題を話し合えば暗礁に乗り上げてしまうので、とりあえず後回しにして話し合える問題から話し合っていこうということを意図していました。しかし、最終的地位交渉は二〇〇〇年七月にクリントン米大統領の仲介の下に行われたアラファート議長とバラク・イスラエル首相とのキャンプ・デーヴィッド首脳会談でやはり決裂してしまいました。

この会談の失敗で中東和平交渉は事実上、頓挫してしまいます。決裂の原因は、エルサレム問題とパレスチナ難民帰還権問題で合意に達しなかったことだといわれています。アラファートがバラクの大幅の譲歩を受け入れなかったからだという報道がアメリカ側とイスラエル側から流されましたが、それほど単純な話ではありません。なぜ最終的地位交渉が失敗に帰したのかを、離散パレスチナ人の直面する問題から考えてみましょう。

### パレスチナ人の状況と居住地域

まず、確認しておきたいことは委任統治期の範囲にあたる歴史的パレスチナ地域あるいはそれ以外の地域に居住するパレスチナ人の置かれている状況が必ずしも共通していないという厳然たる事実があります。パレスチナ人は居住地域に注目した場合、次のように分類することができます。

①一九四八年第一次中東戦争時のグリーン・ライン（軍事境界線）内に居住するイスラエル国籍を有するパレスチナ人（イスラエル側が呼ぶところの「イスラエル・アラブ人」です）、②パレスチナ暫定自治区（ヨルダン川西岸の一部とガザ）に居住するパレスチナ

人、③東エルサレムのパレスチナ人、④以上の「歴史的パレスチナ（＝委任統治領パレスチナに相当するイスラエル＋パレスチナ自治区＋イスラエル占領地）」以外に居住する、アラブ諸国などにディアスポラ状態にある離散パレスチナ人、です。

もちろん、④の離散パレスチナ人のうちアラブ諸国に居住するパレスチナ人は、ヨルダンのようにヨルダン国籍あるいは市民権を付与されたパレスチナ人もいれば、シリア、レバノンのように原則的に国籍あるいは市民権が付与されていないパレスチナ人もいることにも注意しなければなりません。さらに、難民という地位に関しても、ＵＮＲＷＡ（国連パレスチナ難民救済事業機関）に登録された一九四八年の第一次中東戦争前後に難民化したパレスチナ難民（refugees）とそうではないパレスチナ人とに区別されます。また、一九六七年の第三次中東戦争でイスラエルがヨルダン川西岸およびガザを占領した結果、新たに難民となってヨルダン川東岸に流入した人びと（displaced persons）をも区別する必要があります。

## パレスチナ人の分類

以上のパレスチナ人の分類は、難民受け入れのホスト国との関係において規定される法的地位や政治的境遇に基づいています。したがって、それぞれの国のパレスチナ人を必ずしも同一のレベルでは語ることができないのです。なぜなら、オスロ合意以降政治的な問題となっているパレスチナ人は少なくともヨルダン川西岸およびガザに樹立されたパレスチナ自治区に居住しているパレスチナ人が中心に議論されているからです。

今後のパレスチナ問題の解決を考える場合、①から④に分類されるパレスチナ人の相互の関係、より明確に表現すれば、PLOとパレスチナ自治政府との関係、イスラエルのパレスチナ人、エルサレムのパレスチナ人、そしてパレスチナ自治政府の統治下にあるパレスチナ人のあいだの相互関係などが検討されなければならなくなるのです。

とりわけ、オスロ合意に伴って提起された問題との関連で言えば、パレスチナ人の法的地位という観点から、パレスチナ自治区とは区別された東エルサレム居住のパレスチナ人、そして離散パレスチナ人に関しては、それぞれの国家の国籍あるいは市民権を有しているかどうかがとりあえずの問題となってきます。

換言すれば、東エルサレムのパレスチナ人に関しては将来のパレスチナ国家においてどのように位置づけられるかという問題と密接に関連していますし、離散パレスチナ人に関してはパレスチナへの帰還権の問題として考えることができます。東エルサレムと離散状態のパレスチナ人という二つのカテゴリーに属するパレスチナ人はオスロ合意の進展によってむしろ孤立感を深めてきました。なぜなら、イスラエル政府は東西統一のエルサレムはイスラエルの首都として永久に不可分だという立場を変えていないからです。したがって、イスラエル支配下で暮らす東エルサレムのパレスチナ人はイスラエル市民権を獲得するでもなし、パレスチナ自治政府に帰属しているわけでもなしで、宙ぶらりんの状態にあります。他方、離散パレスチナ人については少なくとも帰還権の問題でほとんど解決に向けての進展が見られませんでした。

## エルサレム帰属問題とパレスチナ人帰還権問題

エルサレム帰属問題とパレスチナ人帰還権問題はオスロ合意においては最終的地位交渉において協議される問題として先送りされ、二〇〇〇年七月に行われたクリントン米大統領の仲介によるキャンプ・デーヴィッド交渉において決裂した問題でもあります。パレスチナ人がどこに居住しているかの問題はきわめて先鋭的な政治問題としてあらわれざるをえなくなりました。

帰還権に関しても、離散パレスチナ人が、ヨルダン川西岸・ガザに新たに建設されるはずのパレスチナ新国家の領域内への帰還に限られるのか、あるいは一九四八年までは故郷であったイスラエル内の出身地に戻ることができるのか、という懸案事項があります。この問題も一筋縄では解決できない問題です。

以上のように個別具体的な状況下にあるパレスチナ人のさまざまなありようを念頭に置いたとき、オスロ合意とその後の一連の諸協定で規定されたパレスチナ暫定自治は解放運動から独立国家に向けての過渡期として位置づけることができます。したがって、パレスチナ独立国家のありようを考えるには、PLOとパレスチナ暫定自治政府との関係、あるいはアラブ諸国など世界中でディアスポラ状態にある離散パレスチナ人との関係を検討することがきわめて重要な意味をもつことになります。パレスチナ人を代表する政治体は何であるかという問題、あるいは将来のパレスチナ国家における国籍あるいは市民権の問題にも密接に関わってくるからです。

## 離散パレスチナ人にあるPLOの正当性

PLOがパレスチナ人を代表する唯一正当な代表であるという国際的に承認された事実は一九六〇年代終わり以来展開されたパレスチナ解放運動が勝ち取った政治的な果実でした。換言すれば、ヤーセル・アラファートはいわば「亡命政権」の代表であり、国家でいえば行政府に相当するPLO執行委員会議長であり、また国会に相当するのはパレスチナ民族評議会であったということです。離散のパレスチナ人のあいだでPLOの正当性が問題視されることはありませんでした。むしろ、イスラエル及びイスラエル占領地であるヨルダン川西岸・ガザに住んでいるパレスチナ人はイスラエル政府の介入もあり、PLOに参加できなかった点が代表権に関する問題を惹起したのです。

ところが、パレスチナ暫定自治が開始されると、にわかに問題のありようが逆転することになりました。パレスチナ暫定自治政府が事実上、PLOの代替として機能するようになりました。実質的にパレスチナ暫定自治政府代表はPLO議長でもあるとみなされるようになったからです。

しかし、パレスチナ暫定自治政府がすべてのパレスチナ人を代表していることを前提にした場合、ヨルダン川西岸・ガザ以外の離散の地域に居住するパレスチナ人はパレスチナ暫定自治に参加することができないわけで、それは民主主義の根幹である代議制の問題になってきます。実際、パレスチナ暫定自治の立法府であるパレスチナ自治評議会の決定がヨルダン川西岸・ガザ、そして離散のパレスチナ人社会の総意を代表しているのか疑問視する声も出てきます。というのも、自治評議会の選挙母体はヨルダン川西岸およびガザの住民であり、周辺アラブ諸国などに離散するパレスチナ人はその選挙権を行使していないからです。

## オスロ合意の問題点

パレスチナ自治政府と離散パレスチナ人の相互関係はともかくとして、オスロ合意そのものの問題はどこにあったのでしょうか。次のような問題点を挙げることができます。①永久的地位交渉といった難問の解決は先送りにした、②パレスチナ自治区の拡大はイスラエル側の恣意のままで、パレスチナ側の「テロ」を口実にして自治区の領域がなかなか拡大することがなく、和平条約が締結されたにもかかわらず、和平が達成された実感をともなわず、それがパレスチナ人の不満につながった、③そもそも、イスラエルという国家主体（＝強者）とPLOという非国家主体（＝弱者）という非対称的な当事者間の交渉で、弱者にしわ寄せがきた、といったところがしばしば指摘されます。

しかし、オスロ合意のはらむ一番深刻な問題は、和平条約締結にもかかわらず、ヨルダン川西岸でのユダヤ人入植地の建設は少しも止まらなかったということにあります。もちろん、オスロ合意の文面には入植地建設禁止という条項はないのですが、合意は相互信頼の上に成り立っており、イスラエル側が、パレスチナ側の反対にもかかわらず、ユダヤ人入植地の建設を強行し続けた結果、オスロ合意が空文化していったことを指摘しておかねばならないでしょう。

## イスラエルのオスロ合意への反対勢力

もちろん、イスラエル側にはオスロ合意への反対勢力が根強く存在しました。そのような反対意見が表面化した事件が一九九四年二月にヘブロンで起こったパレスチナ人虐殺事件でした。この事件ではアメリカのニューヨーク出身のユダヤ人医師バルーフ・ゴールドシュタインがヘブロンのイブラーヒーム・モスクでパレスチナ人ムスリム礼拝者に対してライフル銃を乱射して、二九名が死亡、一二五名余が負傷したというものです。犯人は同じくニューヨーク出身のユダヤ人ラビ、メイール・カハネ（一九三二〜九〇年）の考え方に共鳴していたといわれます。

カハネは、カハという極右政党から出馬して一九八四年にはイスラエル国会議員にも選ばれた人物です。カハ党の綱領にイスラエルからのアラブ人追放という条項があり、国会では人種主義を標榜する政党は選挙に出馬できないという決議を行ったために、一九八八年の総選挙ではカハ党はイスラエル選挙管理委員会から選挙リストとしての登録を禁止されたのでした。イスラエル国会はクネセトといいますが、その選挙制度は全国区の比例代表制ですので、それぞれの政党は立候補のためには選挙リストとして登録する必要があったのです。

同じようにカハネ師の影響を受けた人物によって、イスラエル社会を根底から揺るがす事件が引き起こされました。イツハク・ラビン首相の暗殺事件です。当時、バール・イラン大学のユダヤ人学生だったイガール・アミールによる犯行でした。ラビン首相は一九九五年一一月、テル・アヴィヴで平和のための政治集会に出席して市役所前広場を去ろうとしたときに至近距離から銃で撃たれたのでした。

犯人が主張する首相暗殺の論理は、ユダヤ人の財産を異教徒に売り渡す者は死に値するという少数派ラビの裁定に基づくものでした。ラビン首相が和平の締結によって、神から与えられたエレツ・イスラエル(イスラエルの地)を異教徒に返還することはユダヤ教への背信行為だというものです。ユダヤ同胞が同じユダヤ同胞をユダヤ宗教法の名のもとに殺害するという行為が複数のラビによって承認されたという事実がイスラエル社会を震撼させたのでした。

## ハマースも和平に反対

他方、同じようにオスロ合意と戦うイスラーム勢力も存在していました。ガザに拠点を置いているハマース(イスラーム抵抗運動)はインティファーダ勃発直後にムスリム同胞団を母体として設立されました。ハマースの考え方も、パレスチナはワクフ(アッラーに寄進された土地)であり、その土地は一片たりといえども異教徒に売り渡してはならないというものです。ユダヤ教徒過激派と同じように「領土と和平の交換」という和平交渉の原則とは相いれない考え方をとっているのでした。

和平反対勢力は宗教の違いを越えて同じような論理で和平に反対していました。当時のハマースの精神的指導者はアフマド・ヤースィーン師（一九三七〜二〇〇四年）で、アブドゥルアズィーズ・ランティィーシー医師（一九四七〜二〇〇四年）が政治的指導者でしたが、二人とも二〇〇四年三月と四月に立て続けにシャロン首相の指示によりイスラエル軍によって暗殺されてしまいました。

ハマースは政治部門だけではなく、社会慈善活動部門ももち、医療、教育、福祉などのムスリム大衆への慈善活動の草の根ネットワークを形成して、貧しいムスリムからの支持を獲得していました。また、ハマースには軍事部門もあり、シャイフ・イッズッディーン・アル・カッサーム団という民兵組織がイスラエルへの軍事活動を行っていました。カッサーム団を擁するハマースは、アメリカやイスラエルからはテロ組織と呼ばれていました。

## 深まるイスラエルとパレスチナの対立

和平交渉を停滞させたベンヤミーン・ネタニヤーフ内閣が一九九九年七月、崩壊して、和平交渉の蘇生を公約に掲げたエフード・バラク労働党首がイスラエル首相に就任しました。ネタニヤーフは一九四九年生まれで、建国後生まれた最初の首相でした。二〇〇〇年五月、バラク首相は公約どおり、まずイスラエル軍を二二年ぶりに南レバノンから撤退させました。と同時に、南レバノン軍（ＳＬＡ）のレバノン人のキリスト教徒兵士たちをもイスラエルに受け入れました。

バラク首相は中東和平に関しても、二〇〇〇年七月に開催されたキャンプ・デーヴィッド会談に起死回生を懸けて和平交渉に臨みました。クリントン米大統領も任期を半年強残したのみで何とかして外交で得点を稼ぐために仲介工作に乗り出しました。しかし、エルサレム主権分割案とパレスチナ難民帰還権をめぐるイスラエル側とパレスチナ側の対立はいかんともしがたいものがありました。

## イスラエル、エルサレム妥協案を受け入れる

アメリカがキャンプ・デーヴィッドで提示したエルサレム問題に関する調停案は東エルサレム分割でした。これまでイスラエルの歴代内閣は労働党、リクードを問わず、イスラエルの永久の首都としての統一エルサレムに関する妥協をいっさい排除してきました。ところが、バラク首相はアメリカの調停案を受け入れたのですから「画期的」だと評価され

るはずでした。調停案というのは、エルサレム旧市街のハラム・シャリーフを含むイスラーム教徒地区とキリスト教徒地区、そして城壁外のパレスチナ人の居住区はパレスチナ側に、他方、城壁内のユダヤ教徒地区とアルメニア教徒地区、そして東エルサレムのユダヤ人入植地、さらにはマアレイ・アドミームやギヴァト・ゼェヴなどの統一エルサレム市行政区外にあるユダヤ人居住区をも含めてイスラエル管理下に置くというものでした。

バラク首相がこのアメリカ案を受け入れ、ヨルダン川西岸の領域の九割以上を返還すると報道されました。しかしアラファート議長は、サウジアラビアとエジプトから聖地エルサレムの主権に関しては妥協しないように圧力があり、またアラファート自身もムスリムの代表として聖地問題を処する決意も権限もなかったために、聖地の主権を分割するという議論には乗ることができませんでした。さらに、キリスト教徒諸コミュニティが分断されるような東エルサレム分割案を受け入れることはできず、あくまで旧ヨルダン領の東エルサレムを首都とする立場を崩すことがありませんでした。そのためにキャンプ・デーヴィッド会談は決裂したといわれています。

会談決裂後、アメリカとイスラエルが共同歩調をとってアラファート議長の非妥協的態度を強く非難したことは前述のとおりです。

交渉失敗後、アラファート議長がエジプト経由でガザに戻ると、アメリカ、イスラエルの政治的圧力に対して「英雄」的に抵抗したために熱烈な歓迎を受けたのです。さらに、アラファートはキャンプ・デーヴィッドで堅持した姿勢を、東南アジアを含む中東イスラーム世界、EU諸国、そしてロシアのプーチン大統領に説明するために各国の歴訪を行い、同時にパレスチナ独立国家への理解を求めるという迅速な外交攻勢に打って出ました。

他方、バラク首相が政治生命を懸けたはずのキャンプ・デーヴィッド会談において、エルサレム問題で大幅な妥協をパレスチナ側に示したことに対してイスラエル国内の反応はきわめて厳しいものでした。というのも、この妥協の割には何ら具体的な成果を得ることができなかったからです。

## 第二次インティファーダ勃発

このキャンプ・デーヴィッド首脳会談は、一九七九年の和平条約につながったエジプトとイスラエルとの間の同じキャンプ・デーヴィッドの地での交渉とは異なり、完全に失敗に帰しました。そのうえ、この交渉の失敗は予想以上の波及効果をもちました。パレスチナ人民衆の和平への失望を増幅させることになり、二〇〇〇年九月には最悪の事態を招くことになりました。アル・アクサー・インティファーダ（第二次インティファーダ）の勃発です。パレスチナ民衆はオスロ合意以来の和平交渉に対して、蜂起というかたちで意思表示を行ったのです。このインティファーダは、シャロン・リクード党首が国会議員とともにアル・アクサー・モスクを突然訪問するという挑発的な政治的な示威行為に対して、パレスチナ人が強く反発したものでした。

第二次インティファーダの勃発は、シャロンの政治的もくろみ通りとなり、オスロ合意に基づく和平交渉が事実上破綻してしまいました。それはパレスチナ民衆が忍耐の限界を超えて、平和をもたらさない〈和平〉に対して「ノン！」を突きつけたのでした。オスロ合意で約束された〈和平〉にもかかわらず、ヨルダン川西岸・ガザからイスラエル軍が撤退しなかったからです。目の前に占領軍が存在し続けるということは、オスロ合意に基づく〈和平〉は欺瞞《ぎまん》だったとパレスチナ人の目には映りました。

インティファーダ勃発後、パレスチナ側に大幅に妥協をしたバラク首相（労働党）の国内での人気が急落してしまい、対抗馬のシャロン・リクード党首への追い風となりました。そして二〇〇一年三月に行われた総選挙でシャロンが地滑り的な大勝利を収めて当選したのです。タカ派として鳴らすシャロンが政権の座に就くことは実質的な和平交渉の終焉を意味しました。シャロン首相は九・一一事件の約半年後の二〇〇二年三月、イスラエル軍にパレスチナの「テロリスト」一掃を名目にパレスチナ自治区への軍事侵攻を命じました。ブッシュ米大統領はイラク戦争勝利後の〇三年六月、パレスチナ暫定独立国家樹立を承認する中東和平に関する演説を行いましたが、その条件としてアラファート排除を求めたのでした。オスロ合意に基づく和平からロードマップに基づく和平への転換ですが、この和平方式も動かなくなります。

# 第13講　九・一一事件後のパレスチナ／イスラエル紛争

## 「九・一一事件は世界を変えた」

二〇〇一年九月一一日、ハイジャックされた飛行機がニューヨークにそびえる世界貿易センタービル（ＷＴＣ）のツインタワーの一つに吸い込まれていきました。ほどなくＷＴＣのもう一つのビルにもハイジャック機が突入しました。さらにワシントンＤＣのペンタゴンと呼ばれる国防総省の建物も同様に標的にされました。いわゆる「アメリカ同時多発テロ」事件です。その後、「九・一一事件」と呼ばれるようになりました。

九・一一事件は、その規模といい、その手段といい、これまで前例のない空前絶後の悲惨な事件であり、三〇〇〇人近い膨大な人的被害を生み出しました。私たちの常識を超えた衝撃的な事件だったために、事件そのものを理解するにも時間が必要でした。その上、犯行を行った実行犯たちはすべて死亡し、もう何も語りません。しかし、ツインタワーの倒壊の事実だけは残りました。

そのような中で「九・一一事件は世界を変えた」という言説が生み出されました。世界が変わったとするならば、それは事件後、アメリカが非国家主体によるテロ行為を未然に防止するために予防的に先制攻撃を行う「対テロ戦争」を全面的に展開して、アフガニスタンへの空爆、ついには二〇〇三年三月のイラク戦争にまで至ってしまうという、底の見えない泥沼のような戦争の時代をもたらしたという意味においてでした。アメリカは米ソ冷戦の終焉にともなって「共産主義の脅威」という「赤禍」としての敵を失い、新たな「緑禍」としての敵として創出されたのが「イスラームの脅威」論でした。

アメリカが共産主義に代わる新たな脅威としてイスラームという「妖怪」を産み出したとするならば、ムスリムの側にも巨大なアメリカに対抗しようとして、そのような敵イメージを受け入れて自らを肥大化させていった「妖怪」がいました。ウサーマ・ビン・ラーディンです。アメリカ対イスラームという非対称的二項対立の図式の下で、ブッシュ米大統領とウサーマ・ビン・ラーディンの肖像が対比されました。このように二項対立的に導かれた不毛な議論に多くの人びとが苛立ちを感じたことでしょう。イスラームが問題であるならば、同時にアメリカも問題なのだ、と。二〇〇一年から二〇〇九年までの息子ブッシュ政権下の八年間は、歯止めのない「対テロ戦争」の強行によって中東地域は混迷を極める最悪の時代になりました。「アメリカ対イスラーム」という善悪の二項対立的な問題の設定の仕方がはらむ問題性を根底から考え直す必要があります。その際、次の三つの問題群を考えてみる必要があります。

## アメリカの「対テロ戦争」論理への反応

まず、国際政治と中東地域政治の内在的論理の相互関係についての問題です。アメリカの「対テロ戦争」の論理の中では、世界は白か黒か、善（正義）か悪（不正義）か、あるいは味方か敵かというマニ教的な光と闇の二項対立に取り込まれてしまいました。

かつては冷戦という東西対立の国際政治の枠の中で、自由主義か共産主義か、資本主義か社会主義かというイデオロギー的な二項対立があったとはいえ、文明あるいは生活様式の違いでの対比がなされることはありませんでした。東西対立と呼ばれたアメリカとソ連という両超大国との対抗軸に沿って、一方の超大国の暴走に対する歯止めは、たとえば中東地域政治に内在する論理においてそれなりに可能でした。中東の国々は米ソ対立を同盟関係に入るかどうかという駆け引きにおいて政治的に操作することができたからです。しかし、米ソ冷戦後に出現したアメリカ一極支配の下でテロか反テロかという二項対立のどちらかを選択しなければならない状況では、アメリカの主唱する「対テロ戦争」に対する制御は利かなくなったようにも思えます。

## イスラモフォビアという社会現象

第二に、九・一一事件を契機に「文明の衝突」論が勢いづき、アメリカ対イスラームという二項対立の構図が「対テロ戦争」の中で意図的に再生産されるようになりました。しかし他方で、「文明の衝突」を唱える「ハンチントンの罠《わな》」に陥るな、という大合唱も聞こえてきました。それぞれの地域において個々具体的なムスリムの姿をしっかりと見据えて、その多様性を捉える必要があるのだという考え方も前面に押し出されました。しかし、「イスラームの脅威」というような本質主義的な立場から、イスラームがあたかも一枚岩であるかのように「大文字」で語ってしまうことで、二項対立的図式に取り込まれてしまうことになってしまいます。とりわけ、九・一一事件の実行犯がヨーロッパ諸国で教育を受けていたという事実と、そのようなムスリムがイスラームへの帰属を深めていった宗教的アイデンティティのありようはきわめて示唆的であるといえます。

さらに、九・一一事件後、イスラモフォビア（イスラーム嫌い）といわれるような反イスラーム的な社会現象が広がり、ヘイトクライム（憎悪に基づく犯罪）が頻発することになったため、ムスリムの側でもイスラームの多様性よりもいっそうイスラームの純一性を護教論的に強調する傾向が強化されました。同時に、中国にとっての新疆《しんきょう》ウイグル自治区、ロシアにとってのチェチェン自治共和国、インドにとってのカシミール問題などのように、「マイノリティとしてのムスリム問題」と連動することになりました。

## 「大国」はアメリカに歩調を合わせる

第三に、第二の問題に深く関連しますが、九・一一事件がどのように各地域の「大国」の政治権力によって利用されたかという問題です。例えば、ユーラシアではイギリス、ロシア、東アジアでは中国、南アジアではインド、中東ではイスラエル、トルコ、イランなどにいえますが、それぞれの地域の「大国」がアメリカの「対テロ戦争」の論理に対する歯止めになるどころか、むしろ積極的にアメリカの戦略に歩調を合わせました。イスラエルやインドはパレスチナ問題やカシミール問題では「対テロ戦争」を支持しました。

ところで、九・一一事件は、クリントン米大統領によるパレスチナ和平交渉の仲介の破綻の一年後という機会を狙ったかのように、またイスラエルでシャロン政権が成立したほぼ半年後という時期に起こりました。そのためこの事件がパレスチナ問題と密接にかかわっていると多くの人が直感したということなのでしょう。

事件直後、パレスチナ人グループ（パレスチナ解放民主戦線＝ＤＦＬＰ）による犯行説が流れ、またパレスチナ人が事件に喜ぶ映像がＣＮＮなどを通じて世界に配信され、パレスチナ問題と九・一一事件を結びつける論調が盛んに流されるようになりました。

## ビン・ラーディンの声明の世界的影響

このような九・一一事件とパレスチナとをつなぐ論調はビン・ラーディンが事件直後に発表した声明によっていっそう強められていきました。彼はエルサレムがシオニストによって占領されているという点を強調して、イスラエルへのジハードを訴えたのです。アメリカは「十字軍」で、イスラエルは十字軍が作った「傀儡国家《かいらい》」であるという比喩を使いながら、アメリカとシオニスト国家イスラエルを非難したのでした。第4講でも言及したとおり、キリスト教徒側の一方的侵略としての十字軍の比喩はアラブの人びとの歴史観を踏まえるとその琴線に触れるものでした。

「アメリカが今、味わっていることはわれわれが数十年間にわたって味わってきたことに比べれば大したことではない。ウンマ（ムスリム共同体）は（オスマン帝国崩壊以来）八〇年以上にわたってこのような屈辱と不名誉を味わってきたのだ。息子たちは殺され、血が流され、その聖域が攻撃されたが、誰も耳を貸さず、誰も注目しなかった。……数百万の無実の子供たちが殺されている。何の罪も犯していない子供たちがイラクで殺されているが、われわれは支配者から非難の声もファトワ（イスラーム法に基づく裁定）も聞いていない。このところ、イスラエルの戦車が大挙してパレスチナを襲っている。ジェニーン、ラーマッラー、ラファハ、ベイト・シャラーなどのイスラームの地においてである。誰かが声をあげ、行動にでたということも聞かない」（二〇〇一年一〇月七日に放送された衛星放送「アル・ジャジーラ」でのビン・ラーディンの声明。丸括弧内は引用者による）。

ビン・ラーディンが例を挙げたパレスチナ／イスラエル紛争の文脈において、イスラエルのシャロン政権は九・一一事件後ブッシュ政権による「対テロ戦争」を対パレスチナ戦略に大いに利用しました。ブッシュ政権は、アル・カーイダに拠点を与えたターリバーン政権はアフガニスタンを実効支配していたため、テロ支援国家であるという理由でアフガニスタンを空爆の対象としました。パレスチナという場でも、イスラエルが、ターリバーン＝パレスチナ自治政府、アル・カーイダ＝ハマースという図式の下に、パレスチナ自治政府がハマースのテロ活動を容認することは、パレスチナ自治政府もテロ支援国家と同じことだという理由で、ハマースのテロを抑止しえないアラファートをも攻撃の対象としたのでした。

換言すれば、アフガニスタンとパレスチナを「テロ支援国家」として同列に置き、ターリバーンの指導者ウマル師＝パレスチナ自治政府のアラファート議長、ビン・ラーディン＝ヤースィーンという等式を設定して、アラファートがハマースのテロを抑止できないのはテロリストを保護する「テロ支援国家」と同じであり、アメリカがアフガニスタンを攻撃したように、イスラエルもアラファートを攻撃すると宣言したのでした。

**イスラエル軍の議長軟禁、ハマース攻撃**

シャロン首相はパレスチナという戦線で「対テロ戦争」を展開しました。イスラエルは二〇〇二年三月末、パレスチナ人によるテロ事件を理由にしてヨルダン川西岸への総攻撃を行いました。そしてアラファート議長の執務するラーマッラーの自治政府の建物はイスラエル軍によって包囲され、議長は軟禁状態に置かれてしまいました。イスラエル軍のヨルダン川西岸への総攻撃の過程で、〇二年四月にイスラエル軍によるジェニーン難民キャンプへの攻撃が行われました。そこで多数のパレスチナ人が死傷したため、国際世論の非難が高まりましたが、イスラエル側は国連の事故査察団（緒方貞子氏もメンバーの一人でした）の受け入れを拒否しました。

同時にイスラエル軍は、アラファートのハマースによるテロ行為への無為無策に対して、直接ハマースを攻撃し、テロリストの指導者を殺害するという戦術に出ました。息子ブッシュ政権は「対テロ戦争」の名の下に、ハマースに対するイスラエルの軍事作戦を黙認しました。前講でも指摘しましたように、当時のハマースの精神的指導者はアフマド・ヤースィーン師で、実質的な政治指導者がアブドゥルアズィーズ・ランティースィー医師でしたが、二人とも「対テロ戦争」の一環として二〇〇四年三月と四月に立て続けにシャロン首相の指示によりイスラエル軍によって暗殺されました。

### アメリカ軍のイラク攻撃、フセイン政権崩壊

息子ブッシュ大統領の「対テロ戦争」はとどまるところを知りませんでした。アフガニスタンのターリバーン政権崩壊後、今度はイラクがターゲットになりました。二〇〇三年三月、アメリカ軍はサッダーム・フセイン政権が大量破壊兵器を隠し持っているとしてイラクを攻撃し、イラク戦争が勃発しました。そして、四月九日にバグダードが陥落し、事実上サッダーム・フセイン政権は崩壊しました。イラク戦争終結と軌を一にして、ブッシュ米大統領は〇三年六月にロードマップ（行程表）和平案を発表しました。カルテット（米国・ロシア・ＥＵ・国連）が協力してオスロ合意の再生とパレスチナ和平の達成を目

指して和平交渉を再開したのでした。パレスチナ自治政府の行政・治安などの民主化に向けての諸改革をともなうロードマップ和平案の始動です。

ロードマップ和平案では、まずパレスチナの民主化のために、首相職が設けられてマフムード・アッバースが就任して、「大統領」に相当するアラファートはアメリカ、イスラエルの交渉相手からははずされました。アメリカを仲介として、アッバース首相のパレスチナ自治政府とイスラエルとの間で和平交渉が再び開始されました。しかし、アッバース首相はアラファートの協力を得ることができず、結局、アメリカ、イスラエルとアラファートとの両者の板ばさみになってしまったのです。アッバース首相は半年後の二〇〇三年九月には辞任して、ロードマップ和平案は事実上、頓挫してしまいました。

ロードマップ和平案はパレスチナ人の間のアラファート人気を証明しただけで終わりました。さらに、この首相職はその後、パレスチナ自治政府内のファタハとハマースを対立に導く原因を作り出しました。

## シャロン首相、「分離壁」の建設開始

一方、シャロン首相は二〇〇二年六月、パレスチナ人テロリストの侵入を防ぐという目的で、高さ八メートル、最終的に全長七〇〇キロメートルにも及ぶ分離壁（安全フェン

**図16　ヨルダン川西岸のパレスチナ自治区と分離壁(2006年)**

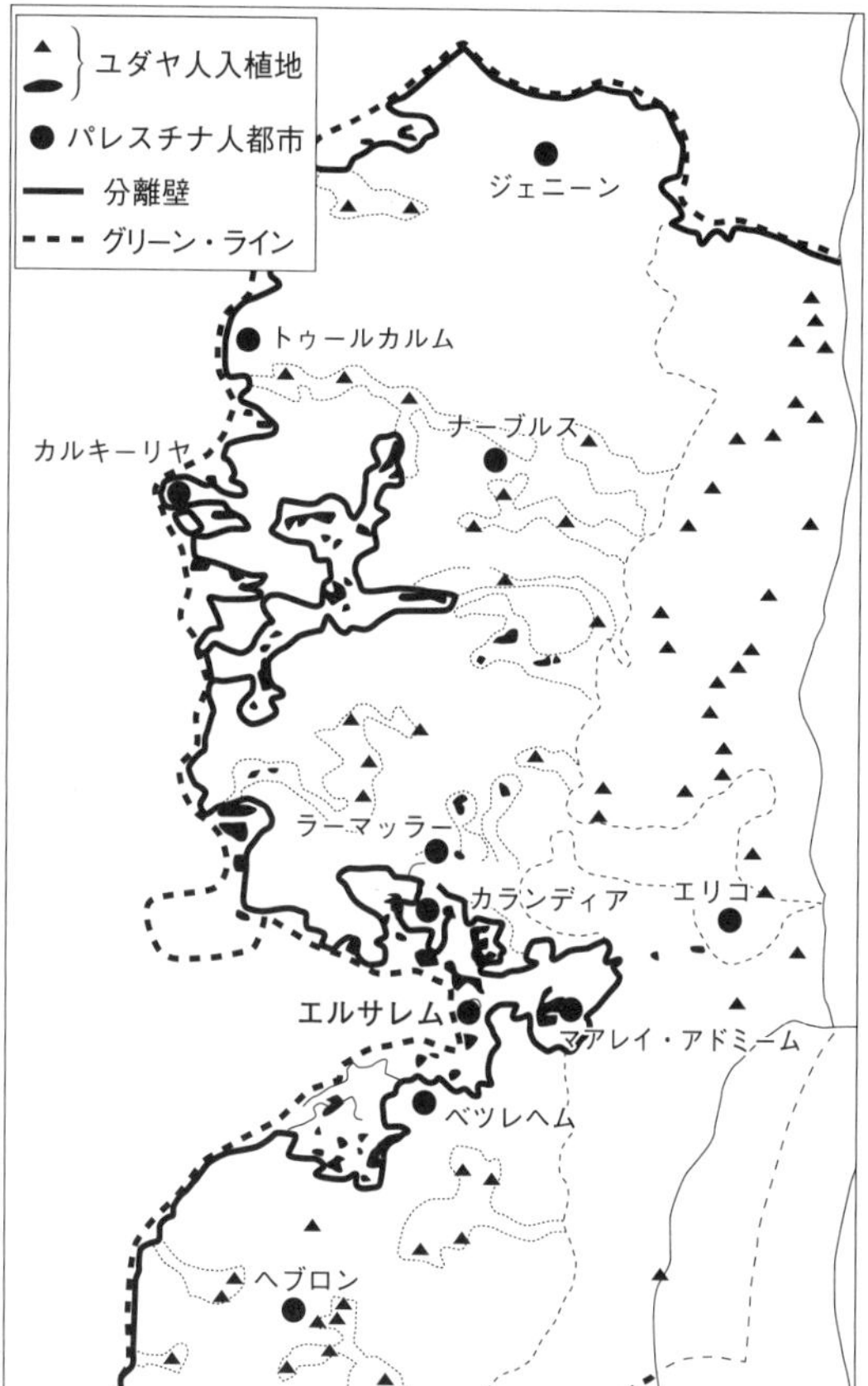

ス）の建設を一方的に開始しました（図16参照）。
この分離壁は「対テロ戦争」の一環という意味合いもありますが、同時にイスラエルとパレスチナ自治区とを切り離すという二国家建設案の原則にも合致しているのでイスラエル国民の支持は高いのです。しかし、この分離壁が建設されている境界線は、一九四八年の第一次中東戦争後の軍事休戦ラインであるグリーン・ラインよりも東側に食い込み、事実上、イスラエル領を拡大すると同時にヨルダン川西岸のパレスチナ人地区の領域を侵食するような引かれ方をしています。

二〇〇二年以来、イスラエル軍による軟禁状態にあったアラファートは急激に健康状態を悪化させ、二〇〇四年一一月、現在では放射性物質による暗殺だという報道もなされる状況の中で、フランスの陸軍病院で、七五歳で逝去しました。後継者を指名しなかったために、パレスチナ解放運動の象徴であった指導者アラファートの死はパレスチナ人に混乱をもたらすことになりました。しかし、最終的にマフムード・アッバースがアラファートの後任としてパレスチナ自治区大統領・PLO議長に就任しました。

他方、アラファートの死の約一年後、二〇〇六年一月、シャロン首相も脳卒中で倒れ、その後任にオルメルトがシャロンの設立したカディーマ（前進）党の後継者になりました。時を同じくして同年一月、パレスチナ自治評議会選挙でハマースがアッバースの率いるファタハを破り、パレスチナ自治区の議会で与党になりました。ハマースのイスマーイール・ハニーヤが首相に就任しました。当時、ハマースの本部はダマスクスにあり、ハマースの実質的な指導者は政治局長ハーリド・ミシュアルで、かつてのＰＬＯと同じようにパレスチナ自治区と離散のパレスチナ人支持者を代表していたのです。

## ハマース圧倒的勝利

二〇〇六年一月のパレスチナ議会選挙では、全一三二議席中、ハマースが比例区で二九議席、選挙区で四五議席を獲得して、合計七四議席、他方、ファタハは比例区二八議席、選挙区一七議席で、合計四五議席でした。その他の政党は、比例区では左派のＰＦＬＰ（パレスチナ解放人民戦線）系の会派が三議席、後述するファイヤード首相の母体である「第三の道」が二議席、ＤＦＬＰ（パレスチナ解放民主戦線）とパレスチナ人民党（共産党系）を中心にした会派バディール（オルタナティヴ）が二議席、ムスタファ・バルグーティーの会派「独立パレスチナ」が二議席、無所属が選挙区で四議席という結果でした。

ハマースとファタハは比例区では互角であるにもかかわらず、ハマースは小選挙区制の選挙区選挙での圧倒的勝利を得ました。総選挙の結果はファタハへの批判票がハマースに集中したかたちになりました。

この総選挙以降、ファタハとハマースの関係は、大統領職と首相職をそれぞれが分け合ったために権力闘争が起こって悪化していくことになりますが、両者が分裂するまでをまとめると次のようになります。

まず、対立が激化するようになった選挙後の時期です（二〇〇六年三月～一二月）。〇六年三月、アッバース大統領が選挙後、議会第一党となったハマース内閣への参加を拒否すると、ファタハ・ハマース間に小規模の衝突が頻発するようになります。アッバースが〇六年一二月一六日、新たな総選挙を呼びかけますが、ハマースはその呼びかけ自体の合法性を否定して、民主的選挙で選ばれた政府はその任期を全うする権利があると反論し、アッバースのやり方を正当な政権を倒すための「クーデタ」だと非難しました。その前日の一五日、ハマースがファタハによるハニーヤ首相暗殺未遂を非難した後、一七日から西岸でファタハとハマースの間で銃撃戦が行われます。サウジアラビアが戦闘激化に対して停戦合意の締結を試み、翌〇七年二月、サウジアラビアのマッカで停戦合意にこぎつけましたが、三月まで小規模衝突が続きました。

次は再戦闘期といっていい時期で、〇七年五月中旬にはファタハ・ハマース間の戦闘が再度激化しました。何度も停戦協定が結ばれましたがすぐに破棄されました。ガザでは組織力に優れるハマースが次第にファタハを圧倒するようになり、ついにハマースがガザの主要道路を制圧しました。

## パレスチナ自治政府、事実上の分裂へ

最終的に、〇七年六月、業を煮やしたアッバース大統領はパレスチナ国民憲章の大統領令による緊急事態宣言によってハマースを非合法化しました。そしてファイヤード財務相をハニーヤ首相に代わって自治政府の新首相に指名しました。しかし、ハマース側はアッバース議長の措置は非合法だとしてファタハへの協力を拒否しました。そのため、パレスチナ自治政府はファタハ支配下のヨルダン川西岸とハマース支配下のガザとに事実上分裂してしまったのです。アッバース大統領は国際的支持と援助を得て窮地を脱しましたが、ハマースは民主的選挙で選ばれた政権として、その正当性を主張したものの、「テロ」組織とみなされて国際的に孤立してしまいました。

以上みてきたように、アッバースが大統領令による緊急事態宣言によってハニーヤ内閣を非合法化して、事実上、ガザと西岸が分裂してしまいました。アッバース大統領はハニーヤ首相を完全にバイパスする戦術を選択しました。

もともと首相職は、ロードマップ和平案の名の下に、アメリカとイスラエルがアッバースを首相にしてアラファートはずしのために設置されたものでした。西岸を支配するファ

タハのアッバース大統領は国際的支持を獲得しましたが、その支持を象徴する人物として、サラーム・ファイヤード首相がいます。ファイヤード首相の経歴は注目に値します。というのも、彼は欧米社会から見れば、IMF・世界銀行出身のネオ・リベラリズムの代表的人物だからです。

## ファイヤード首相のパレスチナ経済戦略

ファイヤードは一九五二年ヨルダン川西岸に生まれ、ヨルダン国籍を持っていました。七五年にベイルート・アメリカ大学を卒業、八六年テキサス大学経済学博士号を取得し、ヨルダン・ヤルムーク大学経済学教授、一九八七年にIMF・世界銀行勤務（一九九二～九五年）、エルサレムにおいてIMFパレスチナ自治政府代表（一九九五～二〇〇一年）、アラブ・バンク・ヨルダン・ガザ地域支配人などを歴任します。

二〇〇二年から〇五年までアラファート大統領・アッバース首相の下で財務相を務めているときに、アメリカ・EUがパレスチナ自治政府への一二・八億ドルの財政援助を行いました。なお、ファイヤードは農相、観光相、地域経済相、エネルギー相、計画相をも兼任しています。二〇〇六年に民族評議会議員に「第三の道」から選出され、〇七年三月、パレスチナ自治政府財務相になりました。〇七年六月一五日、アッバース大統領がハニーヤ内閣を非合法化して、臨時内閣を組織した時に首相に就任して、現在に至ります。

ファイヤードの経歴を少し詳しく紹介したのは、パレスチナ経済の直面するネオ・リベラリズム的潮流に対して、まさにパレスチナなりに生き残る戦略を選択しているからです。グローバリゼーションの時代での経済戦略です。もちろん、このようなファイヤード首相への批判も根強くあります。二〇一二年九月一一日付ニューヨーク・タイムズ紙はファイヤードを「西欧で信頼を勝ち得ている政治的独立派で、イスラエルでも非常に尊敬されている」と評価しています。他方、彼は政治的な機会主義者で、パレスチナでのイスラエルの利益を代表する人間だとまで言われたりもしています。

また、「ファイヤード内閣はパレスチナの内部分裂とイスラエル＝ワシントン＝アラブ指導部の支援を取り付けることで維持されている。ファタハ指導部もファイヤードを支えているが、しかし彼は首相の地位を使って資金を自分の政府に流し込み、それによって自分の政治的権力基盤を固めている」(Mohsen Mohammad Saleh, *Evaluating the Salam Fayyad government in Ramallah*, Al Jazeera Centre for Studies, 27 December 2010, p.2) といったように、ファイヤードの金権体質を批判する論調も根強いのです。

## ＩＭＦはパレスチナ自治政府の財政改革を称賛

経済政策面で見れば、ＩＭＦがパレスチナ財政諸機関はもう国家の準備ができていると評価するくらいに高いのです。二〇一一年四月五日付ＡＰ電は次のように伝えました。

「パレスチナの財政諸機関は国家設立の準備ができていると、火曜日（五日）にＩＭＦの報告書はパレスチナ自治政府の財政改革を称賛した。自治政府は将来うまく機能するパレスチナ国家として期待できる健全な経済政策を行うことができると報告書は述べた。／ラーマッラーの首相代行であるサラーム・ファイヤードは二〇〇七年の就任以来、機構改革のプログラムに着手し、国際社会の信頼を勝ち取り、二〇一一年九月に発表が予定されているパレスチナ国家設立の準備に入っている。報告書は自治政府に対する援助を討議するための援助国会議の前にリリースされた。／パレスチナ金融局は目下、監督と規則に関して中央銀行の中核機能を果たしている。また報告書はパレスチナ諸機関の財政的透明性と綱紀の増加を称賛した。諸改革と慎重な財政政策はパレスチナ政府予算の外国援助への依存を軽減したからである。すなわち、二〇〇八年の一八億米ドルから二〇一〇年の一二億米ドルに減少し、二〇一一年には一〇億米ドルの援助が予定されている。／ＩＭＦ報告はパレスチナ経済の回復はイスラエルのガザ封鎖と西岸の物流制限の撤廃次第であると警告し、二〇一〇年の九・三％のパレスチナの経済成長率は、イスラエルがガザへの輸入制限を部分的に解除した結果もたらされたものだとしている」

ファイヤードがかつて勤務していたパレスチナの民間部門の代表としてアラブ・バンクがあります。アラブ・バンクは中東最大の金融機関の一つで、一九三〇年にエルサレムでアブドゥルハミード・シューマーン（一八九〇～一九七四年）が設立しました。

現在、世界三〇ヵ国以上に五〇〇以上の支店を持ち、ロンドン、ニューヨーク、ドバイ、シンガポール、キプロス、パリ、フランクフルト、シドニー、バハレーンの金融市場にも参入しています。ナーセル・エジプト大統領などのアラブ社会主義時代の金融機関国有化時代、あるいは一九四八年以降のアラブ・イスラエル紛争によってイスラエル占領下に入った支店を失うなどの政治的紛争による損失を受けましたが、預金の保護など預金者の利益を守り続ける姿勢によって信用を勝ち得たのです。グローバル化する国際金融市場において離散のパレスチナ人経済の発展を象徴する民間企業なのです。

他方、ハマース支配下のガザの窮状は目を覆うものがあります。アメリカはハマースを「テロ組織」と認識しているので、「対テロ戦争」を遂行するためにハマース政権下のパレスチナ自治政府への支援を中止する決定を行いました。ただし、ハマースが次の三条件を受諾すれば援助を続行するとも明言しています。①イスラエルの承認、②ファタハ政権下の自治政府が締結した諸協定の受諾、③暴力の放棄。EUおよび日本もアメリカの決定に同調しており、次講で取り上げるファタハ・ハマース和解後もイスラエルはハマースを交渉相手とせずと発表しています。

## ガザの「トンネル経済」

ハマース政権が国際的に孤立したばかりでなく、医療・食糧面でのパレスチナ民衆の困難は予想以上で何らかの対応を早急に取る必要がありました。その打開策の一つが封鎖によるガザの「トンネル経済」です。

ガザとエジプトの間には一〇〇〇を超えるトンネルが存在すると言われています。地下で働く労働者は約六〇〇〇人で、食事を提供するレストランも何軒かあるそうです。同時に、トンネル内の落盤事故で死者の数も増え続けています。トンネルを通じて「密輸」されるのは、必需品の食料品、飲料水、衣服、化粧品、薬品、日用雑貨から冷蔵庫、コンピューターなどの電化製品、セメント、食肉加工用の家畜に至るまでありとあらゆる商品です。パイプラインを引いてディーゼル油を「輸入」するものもいます。「ブラック・マーケット」の拡大は封鎖による必然的な結果であり、エジプト側も表立って全面的に禁止することはできませんでした。

イスラエル側は高性能のロケット弾が撃ち込まれることなどを根拠に、武器やミサイルの部品がエジプトからガザ地区に流入しているとして、しばしばトンネルに攻撃を加えていますが、数が多すぎて実質的な効果はありませんでした。

ユダヤ系アメリカ人研究者のサラ・ロイはガザ経済を次のように分析しています。

「ガザには現在、これと言った民間企業はなく、産業らしきものがありません。ほぼすべての生産活動が（戦争で）姿を消しました。戦争直前で五〇パーセント近くに達していた失業率は、いまでは間違いなくさらに悪化しているでしょう。／ガザ地区の経済崩壊のなかでひとつ活気が見られてきたのは、トンネル経済の急成長です。これは、ガザ地区の封鎖およびその代替策の欠如への対処法として、ずっと以前に始まったものです。数千人ものパレスチナ人がいまやトンネル掘りに携わっており、使われていないものも入れると約一〇〇〇本ものトンネルがエジプト側に届いていると見られています。トンネルを通して商品を密輸し転売する仕事が、対ガザ戦争後、地下経済として再び活気を取り戻しています。ガザの経済専門家のオマル・シャアバーンによると、いまではガザ地区における経済活動の九〇パーセントがトンネル密輸に関わっているとのことです」（サラ・ロイ著、岡真理他訳『ホロコーストからガザへ――パレスチナの政治経済学』青土社、二〇〇九年、九九～一〇〇頁、丸括弧内は引用者による）。

## イスラエル新政権の試金石、レバノン問題

パレスチナ側の総選挙では新たにハマース政権が誕生したものの、パレスチナ自治政府自体がヨルダン川西岸を支配するファタハとガザを実効支配するハマースに分裂してしまいました。イスラエル側でも二〇〇六年三月、総選挙が行われ、シャロンが設立したシオニスト中道政党カディーマ党が勝利し、エフード・オルメルトが首相に就任、労働党の一部と一緒に連立内閣を組織しました。イスラエルの新政権にとって最初の試金石になったのがレバノン問題でした。

レバノンのシーア派民兵組織ヒズブッラー（アラビア語で「神の党」）がイスラエル兵を人質にしており、またイスラエルへのロケット砲の攻撃を続けていました。そのため、イスラエル国防軍は人質解放要求を名目に〇六年七月一二日、レバノン全土に空爆を開始して、南レバノンへの侵攻を始め陸上戦も展開しました。しかし、イスラエル側の軍事攻勢はうまく進まず、八月一四日に国連の停戦決議を受諾してわずか三四日間で終結しました。イスラエル軍は所期の目的であったイスラエル兵の人質奪還を達成できず、結果的に一九七三年第四次中東戦争以来の軍事的な敗北といってもいい屈辱的な終わり方をせざるをえなかったのです。にもかかわらず、イスラエル国民は緒戦の段階ではこの人質奪還作

戦を全面的に支持しました。

敗戦後、イスラエル国内では北部国境の安全保障に関して議論が噴出しました。イスラエル軍はヒズブッラーの軍事的力量を見誤っていたということで、イスラエル国防軍首脳は責任を問われることになりました。

オルメルト政権のもう一つの困難な問題はガザでした。前述のとおり、ガザはイスラエルによって封鎖されているため、ハマースが実効支配するガザの経済的窮状は深刻でした。アメリカはハマースに「テロ組織」の烙印を押しているので、「対テロ戦争」を遂行するためにハマース政権下のガザへの支援を中止する決定を行い、EUおよび日本もアメリカの決定に同調しました。また、イスラエルもハマースを交渉相手とせず、ガザ封鎖の措置を厳しく実施しました。

イスラエル側からすれば、カッサーム・ロケットによるイスラエル領内への攻撃（「テロ」）をやめないハマースは徹底的に壊滅させなければならないと考えたのでした。

## イスラエル国防軍、ガザ軍事攻撃

イスラエル国防軍は二〇〇八年一二月二八日から二〇〇九年一月一八日まで、ハマースが実効支配するガザに対して激しい軍事攻撃を行いました。実は、イスラエルとハマースの間は、このガザ攻撃の前の〇八年六月一九日から半年間にわたって停戦状態にありましたが、断続的に軍事衝突が続いたので、一二月に入って再度エジプトの仲介で停戦延長の交渉が持たれました。

しかし、ハマース側はイスラエルがガザ封鎖の解除に応じないことを問題視し、その延長を拒否したため停戦は一二月一九日に失効することになっていました。イスラエル軍は停戦期限が切れる前の一一月四日夜にはガザ中部に侵攻しました。ハマースは翌五日、イスラエルに向けて三〇発以上のカッサーム・ロケット弾を発射したのですが、イスラエル側の被害はありませんでした。しかし、これが二八日以降のイスラエル軍の大攻勢のきっかけとなりました。

このガザ攻撃でのパレスチナ側の死者は計一四〇〇名以上と言われており、そのうち九〇〇名以上が一般住民で、その三分の一が一八歳未満の子どもでした。対照的に、同期間のイスラエル人死者は一般住民三人を含む一三人でした。イスラエルがこの時期にガザを攻撃したのは、イスラエルでは二〇〇九年二月に総選挙を控えており、対パレスチナ強硬派の野党・リクードが支持を拡大していたため、与党・カディーマも弱腰な姿勢を見せることはできないとして、大規模な軍事攻撃を実行することになったといわれています。また、「敵との対話」を掲げるアメリカ・オバマ政権の発足は〇九年一月二〇日の直前であり、その前に「テロリスト」であるハマースを軍事的に弱体化させておきたいとするイスラエルの思惑があったとの見方もありました。実際、軍事作戦自体は〇八年夏にはすでに策定されていたともいわれています。

イスラエルでは二〇〇九年二月の総選挙でカディーマ党が議会第一党、リクードが第二党になりました。しかし、リクード代表の強硬派のネタニヤーフが議会内の多数派工作に成功して二度目の首相に就任しました。そのため、中東和平は先行きが見えなくなり、パレスチナ問題の解決はいっそう困難になりました。

## トルコ、代表的イスラーム国家に

ネタニヤーフ新政権ではバラク国防相が留任しました。二〇一〇年五月、トルコを中心とするパレスチナ支援団体のガザ支援船が、封鎖されているガザへ救援物資を運ぼうとしたところ、ガザ沖の公海上でイスラエル軍の特殊部隊に急襲され、トルコ系支援者一〇人が死亡するという事件が起こりました。このガザ支援船団はトルコやヨーロッパなどの人権活動家らで構成する「自由ガザ運動」が組織し、約七〇〇人が六隻に分乗し、ガザで不足している建設資材、浄水装置、医療機器などの支援物資を積んでいました。

この事件はイスラエルとアラブ世界とトルコとの三者関係の大きな歴史的な変化を感じ

させるものでした。一九七九年のイラン・イスラーム革命以前、トルコはアタチュルク主義に基づいて中東での軍事同盟国としてイスラエルとイランと友好関係にありました。トルコはイラン革命後もイスラエルとの同盟関係を維持しました。トルコ・イスラエル関係は対ＥＵ・対米関係の強化を反映し、トルコが加盟するＮＡＴＯ（北大西洋条約機構）は欧米との関係の中核となっていました。

ところが、二〇〇三年のエルドアン政権の成立後、トルコはイスラエルとの関係を急速に悪化させることになりました。二〇〇九年一月のダボス会議で、エルドアン首相がイスラエルのガザ攻撃についての討論に際して、ペレス・イスラエル大統領を批判して、退席したこともありました。

さらに、イスラエル軍がガザ沖の公海上でトルコからのパレスチナ支援船団を攻撃した事件を契機に対イスラエル関係は断交寸前までに悪化しました。この事件後、トルコは「パレスチナの大義」を代表するイスラーム国家としてアラブ世界において絶大な人気を博するようになったのです。

# 第14講　アラブ革命とパレスチナ問題の現状

## 民主化を求めた「アラブ革命」

二〇一〇年末にチュニジアのベン・アリー政権が崩壊し、続いてエジプトのムバーラク政権も倒れました。さらにリビアのカッザーフィー政権も同様の運命をたどりました。北アフリカに位置するアラブ国家の一連の政変はシリアにも波及して、大規模なデモが発生し、それに対してアサド政権がデモを弾圧して内戦状態になっています。イエメンでもサーレフ大統領が二〇一二年二月までの任期をもって次の選挙には出馬しないと表明し、独裁政権は崩壊しました。一連の政権交代をアラブ諸国では「アラブ革命」と呼んでいます。

北アフリカに位置するアルジェリアは今回のアラブ革命の先行事例ともいえる経験を一九九〇年代に経験して内戦になりましたが、それ以来続いていた戒厳令が今回の「アラブの春」を機に解除されました。他方、ヨルダンやバハレーンなどでも二〇一一年初めには大規模なデモが起こりました。しかし、いずれの国も王制は維持されていますが、ヨルダンでは国王が首相を解任することによって危機を乗り切り、島国のバハレーンは橋でつながる隣国サウジアラビアからの支援を受けてデモを鎮圧しました。

この一連の民主化を求めたデモとその結果として起こった政変を欧米や日本のメディアのほとんどが「アラブの春」と呼んでいます。およそ二〇年前に起こった「東欧の春」からの連想なのでしょう。一九八〇年代末には東欧の社会主義体制が崩壊し、最終的にはソ連も解体しました。しかし、その時、アラブ諸国には「東欧の春」は波及しませんでした。米ソ冷戦の終焉はサッダーム・フセインによるクウェート侵攻を引き起こし、アメリカを中心とする多国籍軍による湾岸戦争が勃発したからです。湾岸戦争後のアラブ世界は「春」というにはほど遠い政治状況でした。

## 「アラブの春」はアラブ世界では「イスラームの春」

しかし、ようやく二〇一〇年末に至ってアラブ世界の独裁政権が崩壊したのです。アラビア語で「革命」は「サウラ」です。この「革命」という表現は日本の主要メディアではほとんど使われることはありませんでした。今は亡きソ連をはじめとする社会主義革命的な時代遅れの左翼の匂いがするからかもしれません。欧米メディアの表現である「アラブの春」が日本でも定着しつつあります。とはいっても、桜が満開になる日本の春とはちがい、「アラブの春」はハムシーン（春の砂嵐）の季節でもあります（小杉泰・京都大学大学院教授による指摘）。

北アフリカでシロッコと呼ばれる春の嵐もあります。宮崎駿のスタジオジブリの「ジブリ」とはイタリア語経由ですが、もともとアラビア語リビア方言で「山（ジャバル）」がなまったもので、「山の嵐」ですが、「キブラの（南の）」説もあります（杉田英明氏）。

アラブ諸国の「アラブの春」は文字通り「春の嵐」を経験しました。政変を経験した国々では民主的な選挙が行われ、議会ではイスラーム主義政党が与党になり、またエジプトではムスリム同胞団系の大統領候補者であるムハンマド・ムルシー氏が当選しました。「アラブの春」はアラブ世界では実は「イスラームの春」なのかもしれません。

しかし、「イスラームの春」といっても決して復古主義あるいは「原理主義」の方向に向かうことはないでしょう。当選したムルシー大統領は南カリフォルニア大学で工学博士の学位を取得してカリフォルニア州立大学で教え、帰国後はデルタ地帯のザガーズィーグ大学で教鞭を執っていた知米派知識人といってもいいからです。もちろん、欧米への留学を経験することで、イスラームに回帰することはしばしばです。ムスリム同胞団の指導者で「革命のジハード論」を唱えて政権転覆を企て絞首刑になったイスラーム主義理論家サイイド・クトゥブ（一九〇六〜六六年）などはその代表でしょう。

## ホブズボームが語るアラブ革命の「失敗」

「アラブの春」に関して、エジプト生まれのイギリスの著名な歴史学者が発言しています。二〇一一年一二月二三日にマルクス主義歴史家エリック・ホブズボーム（一九一七〜二〇一二年）がＢＢＣのインタビューに答えて、アラブ革命の「失敗」について語っているのです（http://www.bbc.co.uk/news/magazine-16217726）。彼の著作は日本語にも訳されています。『資本の時代』『帝国の時代』（以上、みすず書房）、『ナショナリズムの歴史と現在』（大月書店）などがあり、「伝統の創造」というキーワードで新たなナショナリズム論を展開した研究者でもあります（E・ホブズボウム、T・レンジャー編、前川啓治・梶原景昭訳『創られた伝統』紀伊國屋書店、一九九二年）。

ホブズボームはロシア革命の勃発する直前の一九一七年にエジプトのアレクサンドリアでヨーロッパ系のユダヤ人の両親の下に生まれています。しかし、二歳のときウィーン、そしてベルリンに移り、ナチス政権の成立した三三年にロンドンに移り住みました。したがって、彼にとって生誕の地であるエジプトでの革命の勃発は格別なものだったのかもしれません。

エジプトにヨーロッパ系のユダヤ人が第一次世界大戦の頃に住んでいるのは何故だろうと思う方もいるかもしれません。それは世界経済の大きな変化に呼応したものでした。一八六一年に勃発したアメリカの南北戦争でアメリカからイギリスへの綿花供給が激減した時に代替の供給地として注目されたのがエジプトでした。エジプト綿は毛足が長いことで有名で、アメリカの綿花の代替品となったのです。以来、エジプトの綿花市場でのユダヤ商人の活躍ぶりはギリシア商人とともに特筆すべきものがありました。エジプト綿の流通部門で儲けたのがヨーロッパからやって来たユダヤ人だということになります。

もちろん、ホブズボームもそんなユダヤ系の人びとの末裔《まつえい》かもしれませんが、そのあたりは定かではありません。しかし、ユダヤ人であるホブズボームとエジプトとの意外な関係が見えてきて興味深いのです。

## 一八四八年革命と「歴史なき民」

ところで、ホブズボームは「アラブの春」について次のように語っています。「アラブの春で私は一八四八年を思い出すのです。それは自己推進力をもつもう一つの革命で、ある国で始まり、それから短期間でヨーロッパ大陸中に広がった革命です」。前述のとおり、「アラブの春」は社会主義体制の崩壊の「東欧の春」にならったものでした。しかし、ホブズボームはさらにそれ以前の一八四八年革命にたとえるのです。

一八四八年革命というのは、世界史の教科書的には、この年に連続して起こったヨーロッパ諸国の一連の革命の総称です。同年二月に起こったフランスの二月革命は、ウィーンとベルリンの三月革命に連動して、これがオーストリア・ハンガリー帝国内やポーランドなどの民族主義を触発しました。

ウィーンの一八四八年革命については、良知力《らちちから》『向う岸からの世界史—一つの四八年革命史論』（ちくま学芸文庫、一九九三年。平凡社、初版一九七八年）という名著があります。この著者は「歴史なき民」が歴史の担い手であり、革命の主体であったという事実を掘り起こします。クロアチア人などのスラヴ系少数民族のルンペンプロレタリアート（資本主義社会の最下層に位置する浮浪的な極貧層）が担った革命の過程をいきいきと描いています。良知氏はエンゲルスの言葉を引きながら次のように語ります。「歴史なき民が歴史のおもてに現われる。歴史なき民がいまや歴史に積極的にかかわるかもしれぬ。歴史が、というより歴史の価値が崩れたのである。歴史を担った——そしてまた歴史の価値を自覚的に構成した――選ばれた民からすれば、これは歴史にたいする冒瀆と反動である。乱世か革命か、一八四八年のヨーロッパがそれである」(良知力『向う岸からの世界史―一つの四八年革命史論』五二頁)。

良知氏の問いにならえば、「アラブの春」は「乱世か革命か」ということになります。「歴史なき民」である、アラブ革命を街頭で担った名もなき若者たちが、「歴史の価値」という西欧近代をモデルとする歴史発展にアラブ世界での「意図せざる帰結」をもたらしたということかもしれません。

## チュニジア青年の焼身自殺

たしかに、融資の条件としてIMF・世界銀行が課した構造調整の下で、新自由主義的な経済政策をとったチュニジアやエジプトの旧政権は欧米から見れば優等生でした。その結果、それまでには見られなかった、今回の革命の主体となった中間層を育てたのも事実ですが、同時に貧富の格差が増大し、富裕層と貧困層の断絶をも生み出しました。

チュニジアやエジプトの社会で疎外された若者たちが立ち上がって成就したのが今回の革命でした。そのシンボル的な存在となったのが、抗議の焼身自殺を図ったチュニジアの二六歳の青年ムハンマド・ブーアズィーズィーでした。失業中だった彼はチュニジア中部の町スィーディー・ブーズィードの街頭で果物や野菜の販売を始めたところ、無許可だとして警察官が商品とはかりを没収し、さらに女性警官の一人から暴行を受けたうえ、没収品の返還と引き換えに賄賂を要求されたというのです。彼はこれに抗議して、二〇一〇年一二月一七日午前一一時三〇分、県庁舎前でガソリンをかぶって火をつけ、焼身自殺を図ったのでした。

失業中のこの青年は、いわば一八四八年のウィーン革命ではゲルマン系市民社会の外側に位置づけられ、疎外されていたスラヴ系移民労働者で、ルンペンプロレタリアートであり、最下層の貧民である「塞外の民」たちと同じ境遇だったのだ、とホブズボームや良知氏の指摘から見えてきます。

## 長期的にはアラブ革命は「新市民革命」か

ホブズボームが今回のアラブ革命を一八四八年革命にたとえるのは、アラブ革命もまた、あらかじめ「失敗」することが予定されてしまっており、指導者もいない、方向性のない革命だったからでしょう。この見方はいささか悲観的であるようにも思えます。革命を成し遂げた若者たちも自分たちの国に待ち構えている命運に強い不安を覚えていました。しかし、ホブズボームはそんな不安に安堵を与えるかのように次のようにも語ります。「一八四八年革命後の二年間、革命はあたかも失敗してしまったかに見えました。長期的に見れば、それは失敗ではなかったのです。多くの自由主義的な前進がなされました。だからこそ、革命直後は失敗といった状態でしたが、長期的にみれば成功したともいえるものでした。もちろん、革命というかたちをとることはありませんでしたが」と述べるのです。

長期的にはたしかにアラブ革命は板垣雄三氏が命名するように「新市民（ムワーティン）革命」ともいえるのかもしれません。アラブ革命は夜明けの虹のようなものなのですから本格的な変化の前触れなのです（板垣雄三「人類が見た夜明けの虹―地域からの世界史・再論」『歴史評論』二〇一二年一月号）。

## ヨーロッパ中心史観の克服が前提

ホブズボームのように、アラブ革命を「東欧の春」よりも一八四八年革命にたとえる論者が増えているようにネット上の議論を垣間見るだけでもたしかに感じられます。たとえば、国際関係論を専門とするジョン・オーウェン・ヴァージニア大学教授がニューヨーク・タイムズ紙に投稿した意見がそれです。「なぜイスラーム主義が勝利するのか」(http://www.nytimes.com/2012/01/07/opinion/why-islamism-is-winning.html) と題する投稿は「西洋人の眼には政治的に退行しているように見える政党にアラブの多くの人びとはなぜ投票するのか」という疑問に政治体制変動論の立場から答えようとしているのです。「西欧自身の歴史が解答を与えている。一八二〇年から一八五〇年、ヨーロッパも二つの点で現在のアラブ世界に類似していた。両地域ともある国から他の国へと歴史的かつ感染しているかのように思える反乱を経験している。そして両者において、相対的にほとんど共通性のない多くの国ぐにの不満だらけの人びとがたった一つだけのイデオロギーの下に結集している。そのイデオロギーは自分たちが作り出したものではなく、以前の世代の急進派から受け継いだものである」と指摘します。

要するに、ヨーロッパでの継承されたイデオロギーが自由主義であり、アラブではイスラーム主義だというわけです。そして次のような結論を提示します。「一九世紀ヨーロッパの自由主義と今日のアラブ世界のイスラーム主義は、ある世代の活動家により掘り進められ、その次の世代によって時として静かに開放し続けられてきた水路のようなものである。ヨーロッパであれ、中東であれ、革命の嵐が到来したとき、水はその水路を見出す。イスラーム主義が成功しているのは、それが今日のアラブの人びとの不満が流れ込む、もっとも深くて幅広い水路であるからである」、と。ここでホブズボームとオーウェンの議論を引き合いに出したのは、アラブ革命を評価する際には短期的な視野ではなく、長期的な物差しで測る必要があるだろうということです。もちろん、このような議論はヨーロッパ中心史観の克服が前提になっていることは言うまでもありません。

## ファタハとハマースの和解

アラブ革命がパレスチナに与えた影響についても考えてみましょう。アラブ革命は前講で述べたファタハとハマースの分裂にも影響を及ぼしました。二〇〇七年から対立を続けてきたヨルダン川西岸地区を統治するファタハと、ガザ地帯を実効支配するハマースが二〇一一年四月二七日、和解することで基本合意したのです。挙国一致内閣をつくり、一年後をめどに選挙を行うというものでした。エジプトの仲介で交渉を行った両派が同日、カイロ市内で会見し、発表しました。

ムバーラク大統領の退陣が、両者の和解に向けた交渉を後押ししたともいえます。ムバーラク大統領は、ハマースのようなイスラーム主義組織が勢力を伸ばすと、自らの政権にとって脅威になると考えていました。というのも、ガザ地帯を実効支配するハマースは、もともとエジプトのムスリム同胞団のパレスチナ支部だったからです。

ムバーラク大統領はガザのハマースとエジプトの同胞団が協力しあう関係に入らないように、イスラエル当局と密接に協力しつつハマースに対しては厳しい姿勢を貫いていました。前政権のイスラーム主義勢力に対する強硬策は「対テロ戦争」を戦うイスラエルやアメリカの方針にも沿うものでした。イスラエルとエジプトの同盟関係を支えていたムバーラク大統領がエジプトの「一・二五革命」で政権の座を追われて失脚したことで、ハマースがエジプトの仲介を受け入れやすくなったのでした。

## パレスチナ住民のデモとシリア情勢

また、ガザのパレスチナ住民がファタハ、ハマースの分裂状態の解消を求めてデモを起こしたことも大きな要因として挙げることができます。ハマースの支配が続く限り、イスラエルによる封鎖が続くという危機感が広がったからでもありました。さらに、ハマースを支援してきたシリアの情勢の先行きが不透明になったことも両者を和解に導くことになりました。

バッシャール・アサド大統領は二〇〇〇年以来、長期独裁政権を維持していますが、父親のハーフィズ・アサド大統領（在任一九七一～二〇〇〇年）の期間を加えると四〇年以上にわたる父子の独裁支配ということになります。このようなバース党政権の長期独裁に反対するシリア民衆のデモが拡大し、アサド政権の瓦解が現実的になりつつある状況でシリアに政治拠点をもつハマース政治局の最高指導者であるハーリド・ミシュアルがファタハと妥協せざるを得なくなったという政治的な背景もあります。実際、ミシュアルはシリアを出国して、他のアラブ諸国に拠点を移したと報道されています。

ファタハとハマースは二〇一一年五月四日、暫定内閣樹立などを盛り込んだ和解合意文書への調印を正式発表しました。両者は三日、仲介役のエジプト当局者と詰めの協議を行い、①実務的な暫定内閣を樹立、②一年以内の議長・評議会（議会）選挙の実施、③治安部隊の統合、④対外交渉は引き続きPLOが担当すること、などを柱とする和解文書に調印しました。

## オバマ大統領が発言した国境線

このファタハとハマースの和解を受けるかたちで、バラク・オバマ米大統領は、二〇一一年五月一九日に中東情勢および中東政策について演説を行いました。その中で大統領は、イスラエルとパレスチナの国境線は、一九六七年までの境界線を基本とすべきで、一九六七年の第三次中東戦争で、イスラエルが占領地を獲得する前の停戦ラインを基本にして、国境線を画定すべきだと述べたと報じられたのです。オバマ大統領は、イスラエルと将来のパレスチナ国家の国境線についての指針を、アメリカの大統領として初めて明確に打ち出しました。テロリストのハマースとは交渉しないとも付け加えました。

しかし、オバマ大統領の演説についてパレスチナ側は評価しているものの、イスラエルのネタニヤーフ首相は「われわれが六七年のラインまで撤退することは絶対にありえない。イスラエルの安全を脅かすもので容認できない」と強く反発しています。

ムバーラク政権を引き継いで暫定政権を担っているエジプト軍最高評議会は、五月二八日、ガザ地区との間の「ラファ検問所」の通行制限を大幅に緩和する措置をとりました。これはパレスチナ住民に同情を寄せる国内世論に配慮したためですが、物資の輸出入は依然として認めませんでした。ムバーラク前政権は、イスラエルのガザ封鎖に全面的に協力し、武装組織のメンバーや、武器・資金がガザ地区に入ってくるのを食い止めるため、ラファ検問所で、ヒトとモノの通行・移動を厳しく制限する措置をとったのでした。その結果、ガザ地区には、食料、燃料、医薬品、建設資材などが届かなくなりました。二〇一〇年下半期の失業率が四五％に達するなど、パレスチナ住民は悲惨な状態に置かれていたのでした（UNRWAの発表）。

ところが、ファタハとハマースの和解交渉は難航しています。両者が発足を目指す「統一政府」の首相人事を巡って再び対立を深めたからでした。ファタハを率いるパレスチナ自治政府のアッバース議長とハマースの最高幹部ハーリド・ミシュアル政治局長は、六月二一日にカイロでトップ会談を開いて新首相を決めるはずだったのですが、ファタハは一九日、会談の延期を発表しました。首相人事では、ファタハが米欧の信任が厚い穏健派のファイヤード首相の続投を主張するのに対し、ハマースが難色を示しました。ハマースは、ファイヤード氏が親米で、イスラエルと協力してハマース支持者を拘束している、と非難を強めています（二〇一一年六月二〇日付読売新聞）。

## パレスチナ国連加盟を求める申請書提出

ファタハ、ハマース和解の話し合いもうまくいかず、イスラエルとの交渉が完全に暗礁に乗り上げている中で、アッバースPLO議長は打開策を模索することにしました。アッバースはオバマ大統領の説得に応じることなく、二〇一一年九月二三日、ニューヨークの国連本部で潘基文《バンギムン》事務総長と会談して、国家としてのパレスチナの国連加盟を求める申請書を提出したのでした。

潘氏はすぐに安全保障理事会に付託しましたが、国連憲章によると、安保理の理事国全一五ヵ国中九ヵ国以上の賛成が得られれば、加盟を勧告する決議案が国連総会に提出されることになっていました。一五理事国のうち中国、ロシア、インド、ブラジル、南アフリカ、レバノンの六ヵ国が加盟支持を表明しました。しかし、常任理事国のアメリカは拒否権を行使すると明言したため、安保理での承認は取り付けられないまま、現在に至っています。もちろん、アメリカとしても拒否権を行使すれば、イスラエル寄りの姿勢が一層鮮明となり、中東和平の公正な仲介者としての信頼が揺らぎ、アラブ諸国などの反発を招くのは必至ですので、パレスチナ国連加盟は当面は棚上げにしておきたい、きわめて難しい外交問題というべきなのかもしれません。

## 国連総会でアメリカ拒否権発動

もちろん、国連のパレスチナ外交代表団は「これまでのところ、世界一三二ヵ国が一九六七年の国境によるパレスチナ国家の樹立を支持している」としてその承認の実績を強調しています。国連総会の「パレスチナ独立国家承認」の決議は加盟国の過半数または出席国の三分の二で可決できますが、アメリカの拒否権発動の発言でまったく事態は動かなくなったわけです。しかし、二〇一二年一一月二九日に総会がパレスチナ国家を承認して、PLOが一九七四年から獲得している投票権なしの「オブザーバー組織」から、パレスチナ自治政府が投票権なしの「オブザーバー国家」に格上げされました。

これはバチカン市国と同等の資格ということになりますし、パレスチナが世界保健機関（WHO）など国連の十数の国際機関や国際会議への参加資格を得るだけでなく、イスラエルを国際刑事裁判所（ICC）に訴えることも可能になったのです。すでに先行的事例として、パレスチナは二〇一一年一〇月末に国連教育科学文化機関（UNESCO）の加盟を認められていました。

イスラエル側はこのようなパレスチナ側の動きを和平合意の可能性を遠ざけるものとして非難しています。ネタニヤーフ政権は国連決議に反発し、入植地の拡大を宣言しました。国連を舞台としたパレスチナ側の一方的な動きを理由に、イスラエルが和平交渉を放棄して、占領地の併合を一方的に宣言し、和平プロセスそのものが崩壊するリスクもあります。領土が確保できないままの国家独立では意味がない、とのパレスチナ内部の批判もあります。

パレスチナ独立国家樹立のみならず、国連でのパレスチナ国家の承認も一筋縄ではいかないところに、現在のパレスチナ人の置かれている苦しい状況が象徴されているともいえます。

## 覇権国家アメリカの凋落

パレスチナ問題と和平交渉の現状を考えると、二一世紀に入った二〇〇一年にイスラエルにおいてアリエル・シャロン首相というタカ派政権が登場して以来、一〇年以上にわたって和平の進展はありませんでした。シャロン政権の時代はアメリカの息子ブッシュ政権の時代に相当します。この息子ブッシュ大統領時代には九・一一事件後の「対テロ戦争」でアフガニスタンとイラクで戦端を開くという愚かな政治的な選択を行ってしまいます。中東におけるこの二つの戦争は確実に、中東における覇権国家アメリカの凋落《ちょうらく》を準備するものになりました。

米ソ冷戦終焉後に開催されたマドリード中東和平国際会議以来、パレスチナ問題の解決のための最大の鍵を握る唯一の超大国アメリカの果たしてきた役割を考えてみると、パレスチナ問題の解決に向けてなぜ停滞しているのかが見えてきます。

アメリカは冷戦終焉以来、アラブ・イスラエル紛争およびパレスチナ問題の解決のために仲介の努力を行ってきました。しかし、結局、現在に至るまでアメリカの調停工作はうまくいっていません。

## 「イスラエル・ロビー」の存在

この調停失敗の最大の要因としてしばしば指摘されるのが、アメリカにおける強大な「イスラエル・ロビー」の存在です。もちろん、「イスラエル・ロビー」はあくまでアメリカ国内政治の文脈で第一義的には評価しなければなりません。しかし、「イスラエル・ロビー」の代表的団体であるアメリカ・イスラエル公共問題委員会（ＡＩＰＡＣ）などは合法的に活動しながら、アメリカの上下院議員やメディアなどを通じて大きな政治的影響力を与えています。

ところが、その結果、アメリカの外交政策においては、イスラエルへの偏重という紛争解決の仲介者としては中立性・公正性を欠く事態になってしまっているのです。この点は『イスラエル・ロビーとアメリカの外交政策』（講談社、二〇〇七年）で指摘されたことです。その二人の著者はジョン・J・ミアシャイマー氏（シカゴ大学政治学教授）とスティーヴン・M・ウォルト氏（ハーヴァード大学ケネディ行政大学院教授）で、国際関係論の分野では世界的な権威と呼ばれている学者です。そのような名声を博している研究者だからこそ「アメリカ合衆国の建国以来の最大のタブー」である「イスラエル・ロビー」に対する批判を国益を守る立場から行ったのですが、アメリカのシオニスト・ユダヤ人団体は「反ユダヤ主義」「事実誤認が甚だしい」という激しい非難を浴びせかけました。著者たちはそのような感情的な非難の大合唱の中で孤立無援の状態にありました。ただ、二人の著者がその序文の謝辞で記しているように、政治的立場を越えて学問的良心のレベルで最後まで全幅の信頼を置いていたのが、『文明の衝突』（集英社、一九九八年）の著者であり、ユダヤ人の出自をもつサミュエル・ハンチントン・ハーヴァード大学教授だったということは銘記しておくべきことでしょう。彼は「活発で礼節をわきまえた討論は、学問の発展と健全な民主政治にとって不可欠なものであること」を理解していたというのです。

二人の著者は「米国はイスラエルに対して、これまで多大の支援を行ってきたが、それは米国内の〈イスラエル・ロビー〉と呼ばれる諸団体や個人の連合体が、米国政府に無理強いし、過度に働きかけて実現させたものだ。そのために米国の外交政策が米国の国益《ナショナルインタレスト》に適《かな》ったものとならなかった」「（イスラエル・ロビーが）米国の外交政策決定過程において異常とも思えるほどの影響力を持っている。そのためにアメリカの外交政策が極度に親イスラエルに偏向した結果、米国は〝世界の嫌われ者〟となってしまった。つまり〈イスラエル・ロビー〉が米国の外交政策を大きく誤らせたからだ」というアメリカの国益を守る現実主義に基づく保守主義的な立場から論陣を張ったのです。

## ユダヤ人国家への英米の対応の差

九・一一事件以降、しばしば指摘されたのは「反米主義（アンチ・アメリカニズム）」といった中東におけるアメリカの覇権への素朴な反発の感情でした。「ヨーロッパ対イスラーム」といった伝統的な二項対立に基づく「文明の衝突」論を煽《あお》るようなイスラモフォビア（イスラーム嫌悪）への過敏な反応の一形態ともいえます。アラブ民衆のあいだで鬱積した嫌米感情が時として間欠泉のように暴力的行為として噴出してきました。

しかし、中東でこのように嫌われるのがアメリカであって、何故かつての植民地帝国・イギリスではなかったのでしょうか。現在の中東問題の元凶といっていい、ほとんどすべてを植え付けたのがイギリスであったのに、イギリスが中東地域で現在、それほど嫌われていないのと対照的に、何故アメリカだけがこれほどまでに嫌われるのでしょうか。しばしば投げかけられる問いですが、英米の中東政策の大きな違いはやはりイスラエルというユダヤ人国家への対応の違いに帰着します。

イギリスはバルフォア宣言でパレスチナ問題という厄介な国際問題の種をまきながら、三九年のパレスチナ白書で親シオニスト的立場は御破算にしてしまったため、イギリスがシオニスト・ユダヤ人にはナチス・ドイツと同じくらいに憎まれていることは日本ではあまり知られていません。イギリスは第二次世界大戦後のイスラエル建国をめぐる動きにはもっとも責任のある当事者でありながら距離を置きました。イギリスは一九四七年の国連パレスチナ分割決議案では棄権しました。第10講で指摘したように、隣国のヨルダンを支援することで側面からパレスチナ問題に関与し続けたのです。これをジョン・ブル《イギリス》の現実主義に基づく外交上の老獪《ろうかい》さとアンクル・サム《アメリカ》の理想主義に基づく強引な中東政策の帰結とみるかどうかは意見が分かれるところでしょう。しかし、中東イスラーム世界におけるアメリカ嫌いの風潮は深刻な政治問題だといわざるを得ません。

## 「特別な関係」がアメリカの否定的イメージを決定

イスラーム諸国では二人に一人がアメリカには好ましくないイメージを抱いているという二〇〇三年のギャラップ調査があるそうです。アラブ諸国ではこのような対米悪感情がさらに高まっていると考えられます。その理由として、イラク戦争とパレスチナ問題の未解決、という二点が指摘されます。

しかし、ここで強調しておきたいことは、あくまでパレスチナ問題と、アメリカとイスラエルの間の「特別な関係」が中東地域でアメリカの否定的イメージを決定しているという点です。

中東におけるアメリカの国益にかかわる問題は公式には、テロリズムの撲滅、大量破壊兵器の非拡散、イラクとアフガニスタンの体制転換、石油へのアクセス、そしてイスラエルの安全保障、の五つが柱だといわれています。ところが、アメリカの国益を中東の人びとがどのように受け止めているかとなると、いささか様相が異なります。というのも、世論調査によれば、ムスリムの多くはアメリカの国益は石油の安定供給とイスラエルの安全保障だと考えているからです。それもパレスチナ人のためではなく、イスラエルの利益に沿っていると思っているのです。

## アメリカとイスラエル市民が共有する目標と利益

アメリカとイスラエルの両市民は、民主主義、対テロ戦争、中東の大量破壊兵器の廃絶、という共通の目標と利益を共有しています。この共有された利益が両国の特別な関係を作り出してきました。しかし、イスラエルが核兵器を事実上保持しているとみなされるからこそ、その特別緊密な関係が維持されてきたとも考えられます。今後も両国の関係は特別であり続けることでしょう。だからこそ結果的に、アメリカはイスラエルとの「特別な関係」を維持するために中東で非常に高い外交的なツケを払い続けなければならないのです。

アラブの人びとは両国の「特別な関係」に対して憤慨しており、それが逆にアメリカの中東政策全体に悪影響を与えているという点は、ミアシャイマーとウォルトが指摘する通りです。このアメリカ・アラブ間の緊張関係を和らげるために、アメリカは①イスラエルとの関係を少しずつ通常の同盟関係にしていく、②「アラブの春」を推進する、③アラブ湾岸諸国産の石油への依存を軽減する、④イスラエルとパレスチナ人の和平を推進する、といったことを進めていかざるを得ないでしょう。

とりわけ、現実性のある選択肢は「アラブの春」と和平の推進でしょう。ただ、イスラエルとの同盟関係を段階的にでも弱めていくということはむずかしいかもしれません。というのも、中東地域における協力的かつ安定的な同盟国との関係を弱めるような政治的リスクを選択するのはアメリカの国益にとって現実的ではないからです。また、中東石油への依存を少なくすることも短期的には市場の不安定化の原因になってしまうのでむずかしいでしょう。

要するに、アメリカが現在、中東での同盟国としてイスラエルを選択しているのは、政治的にも軍事的にもイデオロギー的にも、イスラエルがもっとも安定的なパートナーであるからです。換言すれば、イスラエルが中東地域の「大国」であるからです。この両国の同盟関係はレーガン米大統領がイスラエルとの「特別な関係」に基づきパートナーとみなして以来のことなのです。

もう少し長いタイムスパンで考えてみましょう。アメリカと中東の関係を議論した研究書などを調べてみますと、圧倒的な点数が第二次世界大戦後の米・中東関係に集中しています。第二次世界大戦前は両者関係の「前史」として位置づけられているにすぎません。ただ、歴史的に振り返ると、アメリカの中東地域への介入は「人道主義」的な立場から始まったことは記憶しておく必要があるかと思います。人権外交のプロトタイプです。それが一九世紀末にオスマン朝で起こったアルメニア人虐殺事件への介入でした。と同時に民間レベルでは一九世紀中頃からのキリスト教ミッショナリーの中東での活動もありました。

## エルサレムとパレスチナへの「思い入れ」

もう一つ強調しておきたい点は、アメリカは建国の精神史の観点から自らを「新しいエルサレム」あるいは「新しいイスラエル」と位置づけているために、このアナロジー（類比）はたんなるレトリックには終わらないということです。つまり、アメリカ人自身に聖地エルサレムあるいはパレスチナへの特別な思い入れがあるということであり、このことが政府レベルのパレスチナ／イスラエル紛争に対する認識だけではなく、国民レベルでもその特別な「思い入れ」の傾向を助長しているということです。

一八四〇年代からのアメリカ人のパレスチナへの憧憬は、イエス・キリストの再臨の前提条件としてユダヤ人が約束の地で再興する必要があるという「ユダヤ人復興主義」によって培われてきました。一九世紀末にシオニズム運動が勃興するとキリスト教シオニズムと呼ばれるようになり、キリスト教徒がシオニズムを支持するような潮流が形成されます。このような潮流が息子ブッシュ政権時代に「宗教右派」と呼ばれた政治勢力であり、エヴァンジェリカル（福音派）のキリスト教徒でしたし、キリスト教根本主義（原理主義）者とも呼ばれました。

聖書の地に実際に巡礼に行きたいという宗教的情熱に駆られる人びとも少なからずいました。「聖地マニア」という表現さえもが流行した御国柄です。アメリカ人のピューリタンにとって「わが心のエルサレム」は繰り返される重要な精神史的テーマなのです。

## 『イノセント・アブロード──聖地初巡礼の旅』

そんなアメリカ人の一人に作家マーク・トウェイン（一八三五～一九一〇年）がいます。彼は三〇歳代に入った一八六七年に初めて聖地巡礼の旅に出かけました。彼は『イノセント・アブロード──聖地初巡礼の旅』という旅行記を帰国後の一八六九年に出版しました。日本がちょうど幕末から明治維新への転換期に差し掛かった時期です。彼は次のように自分の中で肥大していた聖地パレスチナへの思いを表現しています。

「私はパレスチナのすべてのものを、あまりにも大きすぎる尺度で計っていたようだ。私が考えていたことは荒唐無稽だった。パレスチナという言葉を耳にすると、いつもそれが合衆国ほどの大きさの国だという漠然とした印象を持っていた。理由はわからないが、本当にそうだったのだ。おそらく、ちっぽけな国がそんなに多くの歴史を抱えていようとは思いもよらなかったのだろう。トルコの大皇帝が普通の人間だと知って、私は少し意外に思ったのだが、パレスチナについての私の考えも、もっと合理的な尺度に縮めなくてはならない。少年の頃に大きいという印象を受けたために、時には、それで一生涯苦しむということもある」（マーク・トウェイン著、勝浦吉雄・勝浦寿美訳『イノセント・アブロード──聖地初巡礼の旅（下）』文化書房博文社、二〇〇四年、一八四頁）

マーク少年が日曜学校で「これらの王たちはみな」というヨシュア記一一章の句を読んでいた時、その王たちは、素晴らしい衣装を身につけたイギリス、フランス、スペイン、ドイツ、ロシアの王様のような華麗な姿を思い描いていたといいます。しかし、彼は聖地の現実の姿に幻滅してしまったのです。

「シリアを通り過ぎ、この国（パレスチナ）の性格と習慣を真面目に検討したあと、このアイン・メラハに来てみると、『これらの王たちはみな』という言葉も、その荘厳さを失う。この言葉が示すものは、ただのちっぽけな族長たちだったのだ──アメリカのインディアンとよく似た、服装も粗末なら、質《たち》も悪い野蛮人どもで、お互いを見透かせるほどの所に住み、『王国』と言ったところで、五マイル四方のものもあって、二千人も住民がいれば大きい方だとされていたのだ」（同上書、同頁。ただし、傍線部、丸括弧内は引用者）。

この一節からマーク・トウェインのパレスチナに住む人びとへのまなざしのあり方を批

判することは簡単です。

しかし、ここで重要な点は、キリスト者としての目線から、つまり聖書の記述というフィルターを通してパレスチナという〈場〉を見ていたということです。したがって、聖地に関する描写はほとんどが聖書の記述を通しての発想であり、現地に住む人間が実際どうであったのかという視点は欠如しています。自らの「思い込み」でパレスチナを見ているのです。現地で生活を営む人びとの姿はパレスチナという聖書的な風景の一部を構成する背景にすぎません。その意味では時代も文化的背景も異なりますが、徳冨蘆花《ろか》の『順礼紀行』や無教会派キリスト者である黒崎幸吉の『パレスチナの面影』などの日本人キリスト者の聖地描写と大きく異なるわけではないのです。

アメリカ人の中東体験という観点から、トウェインがアメリカの先住民族の名前をわざわざ「野蛮」の代表として挙げて、アラブの族長たちと比較している点は注目に値します。このような視点は、アメリカのキリスト教ミッショナリーが、「マニフェスト・デスティニー（明白な使命）」の名の下になされた国内の先住民族に対する布教とその後の「エスニック・クレンジング（民族浄化）」による屍《しかばね》の山を越えて、「文明化の使命」の名の下に行った海外へのキリスト教宣教を思い出させるからです。

## アラブ諸国はアメリカの自由と民主主義に好意的

アメリカの海外宣教の団体の一つであるアメリカン・ボード（American Board of Commissioners for Foreign Missions：ABCFM）がレバノンのベイルートに一八六六年、「シリア・プロテスタント大学」として設立したのが現ベイルート・アメリカ大学（AUB）でした。トウェインの巡礼の前年です。アメリカが中東の教育史に残した輝かしい足跡の一つです。

しかし、アメリカの宣教師たちはアラブ世界において教育施設を建設することには成功しましたが、現地のムスリムやユダヤ教徒を改宗させるという「文明化の使命」という本来の大事業には失敗しました。もちろん、当初の意図に反して、東方諸教会のキリスト教徒をプロテスタント・キリスト教に改宗させたことに関してはそれなりの成功を収めたということができます。

アラブ諸国の圧倒的に多くの人びとはアメリカの自由や民主主義を好意的に見ていることとは世論調査でも明らかです。アラブの多数派はアメリカ製品や教育にも好意をもっています。しかし、同じ世論調査では、ほとんどの人びとがアメリカの外交政策に対しては否定的な見方を示しているのです。

一九世紀においても、また二〇世紀末から二一世紀初頭にかけても、実はアメリカは同じようなことを中東において繰り返しているのではないかという思いに駆られてしまいます。一九世紀には、同時代のイギリスと違って、植民地主義的な野望のないアメリカの教育普及活動は中東で極めて高い評価をもって受け入れられましたが、今日ではアメリカの対中東外交は帝国主義的だと受け止められており、まったく逆ということになるからです。

## パレスチナ問題解決への模索

キリスト教に内在化されたユダヤ教排除の思想とその政治体制は反ユダヤ主義という病根を受け継ぐことになりました。それに対して時代的に遅れてきたイスラームの統治は「啓典の民」としてユダヤ教徒とキリスト教徒を取り込む叡智を持ち合わせていました。しかし、現代的に表現すれば「多文化主義」的な緩やかなイスラーム的統治のあり方は、一民族一国家の理念に基づく国民国家という民族的排他性を内在する政治システムに取り込まれると、諸問題を内包しつつ解体してしまいました。近代という時代の到来です。

さらに帝国主義の時代を経て、現代という時代に入ると、国民国家システムは第一次世界大戦と第二次世界大戦という総力戦の悲劇に人類を導きました。第二次世界大戦の総力戦の中でホロコーストというユダヤ人大虐殺の惨劇が実行され、戦後、その政治的な解決としてユダヤ人国家が建設されました。国民国家システムの民族的排他性の下では新たな犠牲者を生み出すのは必然です。ユダヤ人国家の帰結として、パレスチナ人の難民という新たな犠牲者が誕生したのです。世界史という大きな枠組みの中でパレスチナ難民は超大国のパワーポリティックスの前に沈黙を余儀なくされました。

しかし、前近代のヨーロッパとイスラームの文明的対立、そして近代以降の東方問題という根深い歴史的な起源をもつパレスチナ問題は、その歴史構造からいって、欧米列強の関与なくして解決はとうてい不可能です。米ソ冷戦（終焉）後、唯一の超大国アメリカ主導で中東和平の模索が始まりました。

この和平の模索も九・一一事件で水泡に帰してしまい、アフガニスタンへの攻撃での戦勝で「対テロ戦争」は華々しい出発を飾りましたが、イラク戦争で決定的に迷走をはじめてアフガニスタンとイラクが泥沼化することで、アメリカが中東での覇権を失う契機になりました。ちょうど一九世紀末にイギリスが南アフリカのボーア戦争で苦戦することで大英帝国の栄華の凋落の契機となる事件を目撃したように、二一世紀初頭のアメリカはイラク戦争で、そのパクス・アメリカーナ（アメリカによる平和）という覇権を失ってしまったのです（ファリード・ザカリア著、楡井浩一訳『アメリカ後の世界』徳間書店、二〇〇八年）。

# 第15講　パレスチナ問題と日本

## 日本人のパレスチナ認識の出発点

本書を締めくくるに当たり、日本とパレスチナ問題とのかかわりを中心に、日本人がパレスチナをどのように見ていたのかを簡単に垣間見てみたいと思います。日本人のパレスチナ認識の出発点には欧米的キリスト教が培ってきた意味での「宗教」をどのように理解するかという課題がつきまとっていました。そして第一次世界大戦以降はユダヤ人のナショナル・ホームをどのように見るかというテーマが中心となりました。

さらに、第二次世界大戦敗戦後はキリスト者の聖地への関心は継続されますが、イスラエル建国後は新たにパレスチナ問題をどのように捉えるかという課題が浮上して、イスラエルを支持するのか、あるいはパレスチナと連帯するのかといった、踏み絵を踏ませるような対立的な状況が生まれてきます。

## 島地黙雷の聖墳墓教会体験

さて、明治初期、日本政府が廃仏毀釈を行って国家神道を中心にその制度化を進めている中で、仏教の勢力を挽回すべく島地黙雷《もくらい》（一八三八〜一九一一年）、赤松連城《れんじょう》（一八四一〜一九一九年）ら西本願寺派の僧侶が宗教事情の視察にヨーロッパに派遣されます。黙雷らの欧米を範とする政教分離や信教の自由を主張する戦略は功を奏して神仏を統合した大教院から浄土真宗を独立させて、廃仏毀釈後の仏教の立て直しには成功します。黙雷は、ヨーロッパ諸国での国家と宗教の関係を視察して、日本での改革に役立てようという実践的な課題を背負っていました。

黙雷の訪問はヨーロッパ視察の帰路の一八七二（明治五）年五月二日にヤーファー港より上陸してエルサレムやベツレヘムを訪れ六日にはパレスチナを発つという慌ただしい日程でした。黙雷のエルサレム訪問は近代に入って仏教徒として初めて聖地に足を踏み入れたことになります。彼は旅行日誌で聖地訪問の事実のみ記していますが、興味深いのは聖墳墓教会を訪れた際に「（教会の）門の鑰《かぎ》を持するは回教徒なり、諸宗之を争ふが故に、終に他宗に之を持せしむ。又怪しむべし」(「航西日策」『島地黙雷全集』第五巻、本願寺出版部、一九七八年、八六頁、丸括弧内は引用者による)と記して、不可思議だという感想を残していることです。

聖墳墓教会をめぐるキリスト教諸宗派間の争いのために、エルサレムのムスリム名望家ヌセイバ家が門の鍵を管理している事実をきちんと書き留めているのです。また、ベツレヘムでは偶然婚礼に遭遇したのでしたが、「此の已前寡婦回教宗の人と通じて終に死に処せらる、残酷も甚し」(同上書、八九頁)というキリスト教徒の女性がムスリムの男性と姦通したということで死刑に処せられたエピソードをひじょうに残酷だと紹介しているところなどは、全体として事実を淡々と記しているだけに印象深いものがあります。

西欧的な「宗教」というプリズムを通して聖地を視るという意味では、ほとんどの日本の知識人のパレスチナ認識はやはり近代以降、欧米のキリスト者の眼差しを通してのものでした。とりわけ日本人キリスト者には欧米のキリスト者による聖地エルサレムへの見方が色濃く投影されているということができます。

前近代まで視野を広げると、ペテロ岐部(一五八七〜一六三九年)がエルサレム巡礼を行ったという記録があるそうですが、具体的な資料は残っていません。

## 日本人キリスト者徳富蘆花の意見書

日本人のキリスト者で明治末期に聖地エルサレムの巡礼を行った著名な作家として徳富蘆花（一八六八〜一九二七年）がいます。蘆花は同志社に入学、キリスト教の洗礼を受けました。同志社を中退後、明治二二（一八八九）年に兄・徳富蘇峰《そほう》の経営する民友社に入り、明治三一（一八九八）年から国民新聞に連載した『不如帰《ほととぎす》』はベストセラーとなり小説家としての地位を確立しました。

蘆花は日露戦争後の一九〇六年と第一次世界大戦後の一九一九年の二度、聖地エルサレムに巡礼し、それぞれ『順礼紀行』と『日本から日本へ』という旅行記を出版しました。前者はロシアの文豪トルストイとの面会を主要目的として、後者の旅は妻・愛子と世界一周旅行の一環としてイギリス占領下のパレスチナを訪れた時の旅行記です。蘆花が『日本から日本へ』において記しているロイド＝ジョージ英首相、ウィルソン米大統領、ロンドンのタイムズ紙に送った世界絶対平和に向けての意見書「私の所望」では、ヴェルサイユ講和会議を進めて世界的家族会議の開催、新紀元の創始、陸海軍全廃、税関撤廃、国際貨幣の制定など七ヵ条に及ぶ理想主義的な世界平和の提言を行っており、いささか異様に熱を帯びた調子の内容の是非はともかくとして、当時の日本人のキリスト者としての世界平和を進言する「気概」が見事に表現されています（『蘆花全集』第一二巻、蘆花全集刊行会、一九二九年、三二一〜三二三頁)。

蘆花の気概の背景として考えなければならないのは、第一次世界大戦を契機に日本が列強の仲間入りをしたということです。新たに設立された国際連盟の事務次長に新渡戸《にとべ》稲造(一八六二〜一九三三年)が就任したこともその象徴的な事例でしょう。蘆花のエルサレム訪問と同時期に行われていた第一次世界大戦の戦後処理をめぐるパリ講和会議は戦後秩序を決定する重要な場となりました。牧野伸顕・次席全権大使は国際連盟規約に「人種あるいは国籍如何により法律上あるいは事実上何ら差別を設けざることを約す」という人種差別撤廃条項を付け加えるよう提案しました。

しかし、民族自決の原則などを提唱して植民地諸国の「救世主」とまで讃えられたウィルソン大統領がこの条項に反対したために実現しなかったのでした。

## 柳田國男のパレスチナ訪問計画

現在では日本民俗学の父として著名な柳田國男(一八七五〜一九六二年)も一九二一年五月に新渡戸事務次長の推挙で国際連盟常設委任統治委員会委員に就任し、関東大震災の後の二三年一二月に辞表を提出しました。柳田も内閣書記官長を辞めて委任統治委員会委員としてパレスチナ訪問を計画するのです。しかし結局、許可が下りたものの、外務省内で横やりが入り、決定が覆されて、訪問計画を断念せざるを得なくなります。

柳田はパレスチナを訪問して、その実情を日本国民に伝えたいという希望を記した次のような書簡を残しています。委任統治委員会のヨーロッパ諸国の委員がたとえ冗談であっても柳田にパレスチナのために働いてもらいたいと発言するのは、欧米社会のキリスト教徒では反ユダヤ主義的な偏見があったため、ユダヤ人のナショナル・ホーム建設に関しては、日本人に第三者的な役割が期待されたということを意味するものでしょう（岩本由輝『論争する柳田國男―農政学から民俗学への視座』御茶の水書房、一九八五年、三〇八頁）。

「『パレスチン』ノ委任統治ニハ一通リナラヌ複雑事情有之、殊ニ所謂猶太国土ノ建設ト申コトニ賛否トモ行掛リアリテ、去七月ノ理事会ノ決定（国際連盟での受任国イギリスによるパレスチナ委任統治）ハ決シテ解決トハ申難ク、伊太利ト申、法皇庁ト申、無理ニ英国ニ抑ヘラレ、一時隠忍セルノミナレハ、来年ニモ大問題ハ内外ヨリ起ルヘク、結局ハ四大宗教ノ中ノ三ツカ喧嘩スルコトニテ、委任統治委員会ノ委員タチハ勿論冗談口調ヲ以テナレトモ、「我々ハ何レモ『クリスチアン』ニテ公平ヲ疑ハルル地位ニ在リ。此ハ是非柳田氏ニ働イテ貰ハネハナラス」ナトト度々申（中略）何ヨリモ大ナル興味ヲ以テ此問題ノ成行ヲ注意シ居ル折柄ナレハ、仮令言語ナトノ関係上、委員トシテ十分ノ働キハ出来ストモ、セメテ此事情ノ大様ヲ誤ナク日本ノ同胞ニ語リ伝ヘ度、切ナル望ヲ抱キ居候」(一九二二年九月二一日付柳田國男書簡より。丸括弧内は引用者による)。

日本がこのようにパレスチナ問題にかかわるようになった背景としては、一九二〇年四月に開催されたサンレモ会議があります。日本も第一次世界大戦の戦勝国としてサンレモ会議に駐仏大使を派遣しました。この会議で東アラブ地域の分割が決定され、第一次世界大戦後の新しい政治的秩序が形成されたのです。日本も赤道以北の旧ドイツ領南洋群島(マリアナ、カロリン、およびマーシャルの主要群島)のミクロネシアを委任統治領として獲得しました。

パレスチナ問題はこの委任統治の形成過程で生まれたものであり、日本はその決定に国際連盟理事国として責任の一端を担ったのです。

## シオニズム運動への関心の高まり

第一次世界大戦後、日本では委任統治の問題と関連して、パレスチナ問題への関心がシオニズム運動への賞賛と結びついて高まることになります。その際、次のようなユダヤ人復興運動としてのシオニズムへの関心の契機がありました。

第一に、キリスト教的な契機、第二に、植民政策的な契機です。さらに、この植民政策的な契機と関連して第三にアジア主義的な契機、そして第四に軍事戦略的な契機も付け加えることができるでしょう。

この四つの契機は相互に重なり合う部分が多く、はっきりと境界を引くことができない場合が多いのですが、第一のキリスト教的な契機は、内村鑑三や矢内原忠雄（一八九三～一九六一年）などの無教会派運動を中心とする日本的キリスト教の流れに属するキリスト者によって代表されます。聖書に記された預言の実現であるユダヤ人復興運動としてのシオニズムへの信仰のレベルでの関心です。また、キリスト教的な熱情と神智学にも影響を受けながら古神道を強調する国粋主義的な言説と結合して、後述する酒井勝軍や中田重治などの「日猶同祖論」も形成されていくことになります。

第二の植民政策的な契機は、日本が日清・日露戦争を経て台湾・樺太・朝鮮半島などの植民地を領有して帝国主義列強の一翼を担うようになって、日本人が植民地に入植していくようになったことです。すなわち、聖地パレスチナへのユダヤ人入植運動としてのシオニズムへの関心ということになります。第一のキリスト教的な契機と第二の植民政策的な契機が融合するかたちでそれを同時に体現したのが、無教会派運動に直接関わり、東京帝国大学経済学部助教授として植民政策学の教鞭を執っていた矢内原忠雄に代表されます。

第三のアジア主義的な契機ですが、日本はアジア唯一の帝国主義列強の後発国として欧米諸列強の仲間入りを果たしたにもかかわらず、一部の日本人ナショナリストの間では欧米植民地主義に対抗してアジアの被抑圧諸民族との連帯を目指すアジア主義の文脈でシオニズムへの強い関心が芽生えました。シオニズムはヨーロッパで差別・抑圧されたユダヤ人の民族解放運動だとみなしたからです。このような流れを代表するのが、大川周明(一八八六~一九五七年)や満川亀太郎(一八八八~一九三六年)でした。両者ともアジア主義を唱え、拓殖大学で海外事情・植民史・植民政策などの教鞭を執っていました。また、大川は満鉄の東亜経済調査局に勤務していました。

シオニズムの関心についての第四の軍事戦略的な契機に関してですが、日本は第一次世界大戦後、ロシア革命に対する干渉戦争であるシベリア出兵(一九一八~二二年)を行いますが、この事件が出発点となります。軍部で「猶太問題専門家」と呼ばれた四王天延孝(一八七九~一九六二年)・安江仙弘・犬塚惟重などの軍人たちがシベリア出兵の際に、反共産主義的な考え方とともに、「猶太禍論」(「ユダヤ陰謀論」の当時の表現です)といった反ユダヤ主義的な考え方を、ロシア革命を嫌って逃げてきた白軍のロシア人将校から受け入れて、その後日本で広めていくことになります。

## パレスチナでのシオニスト活動への評価

新渡戸稲造が国際連盟事務次長に転出したために、その後任として東京帝国大学経済学部の植民政策講座助教授に就任したのが矢内原忠雄でした。矢内原は欧米留学後の一九二二年にエルサレムを訪問します。矢内原は内村鑑三の弟子で、前述したように無教会派キリスト者として知られています。そして帰国後、「シオン運動に就て」という論文を発表して、パレスチナにおけるユダヤ人入植地でのシオニストの経済的活動を積極的に評価するのです。また、同じ無教会派の黒崎幸吉も聖地の訪問を機に『パレスチナの面影』(向山堂書房、一九二五年)という紀行文を刊行します。

内村鑑三を含む無教会派の共通の関心として、キリスト再臨の前提であるユダヤ教徒が聖地で復興しなければならないというキリスト教シオニズム的な発想がありますので、パレスチナにおけるシオニズムの活動への関心は並々ならぬものを感じさせるのです。息子ブッシュ政権を支えたアメリカの宗教右派の福音派の人びとと共通の信仰を持っているといえます。

志賀重昂《しげたか》(一八六三〜一九二七年)もパレスチナを訪問しており、その著作『知られざる国々』(一九二五年)の中の「回教の国土」において「パレスタインに於ける亜剌比亜猶太両人種の軋轢等、欧洲外交の禍機は全く此処に包蔵せらる、亜剌比亜系の研究は急務中の急務である」として当時のパレスチナ紛争の研究の重要性について地理学者として簡単ではあるが言及しています(『志賀重昂全集』第六巻、志賀重昂全集刊行会、一九二八年、三九九頁)。

アジア主義者として知られ、第二次世界大戦後の東京裁判で被告となった大川周明も、『復興亜細亜の諸問題』（大鐙閣、一九二二年）の初版本において「猶太民族の故国復興運動」という章を設けて、シオニズム運動をアジア復興運動の一つとして高く評価しています。しかし、同書が一九三九年に明治書房から再版された時には、このシオニズムに関する章だけが何の説明もないままに削除されてしまっています。おそらく、第二次世界大戦が勃発するころには大川はシオニズムをイギリス帝国主義の一翼を担う反動的な運動とみなすようになったからでしょう。また、北一輝とともに国家主義団体の猶存社を設立した大川の盟友である満川亀太郎もその代表的著作『奪われたる亜細亜』（一九二一年）で「猶太民族運動の成功」という章を設けて、シオニズムについて好意的に議論しています。

## 反ユダヤ主義と親ユダヤ主義の両義的認識

第一次世界大戦後の一九二〇年代後半にはキリスト者によるエルサレム訪問がほとんどですが、帝国軍人もパレスチナに派遣されるようになります。第8講でも触れた安江仙弘がその一人です。その関心はやはり「猶太問題」でした。安江は帝国陸軍のユダヤ問題専門家として一九二八年晩秋、酒井勝軍を英語通訳として伴ってパレスチナを訪問したのでした。

安江は帰国後パレスチナ訪問記を『猶太国を視る』（織田書店、一九三〇年）として出版しますが、さらにナチスとの防共協定締結を機に時局に便乗して同じ内容の本を『革命運動を暴く—シオニスム《ママ》の本源』（北斗書房、一九三七年）として再版します。共産主義というユダヤ陰謀論の反ユダヤ主義とナショナリズムとしてのシオニズムへの高い評価という、当時の「ユダヤ問題」に携わる軍人に共通する、反ユダヤ主義と親ユダヤ主義とを併せ持つ両義的な認識を示したものです。

　安江に英語通訳として同行した酒井勝軍は米国留学経験のあるキリスト者であり国粋主義者ですが、酒井は欧米への劣等感をバネに、ユダヤ人の欧米での差別・迫害の境遇と日本人を重ね合わせるかのように、日本人とユダヤ人は共通の先祖を持つ兄弟民族であるという「日猶同祖論」という持論を展開します。また、日本精神と一神教的神が無媒介に結合して、世界に君臨する天子（＝天皇）はメシアでありキリストであるという神秘的天皇主義をも唱えるようになります。

　最後の審判の日に神が立ち死者がよみがえる場所とされているエルサレムのオリーブ山を自著の題名に冠した『橄欖山上《かんらんさんじょう》疑問の錦旗』（萬里閣書房、一九二八年）といった、いささか荒唐無稽で神がかり的な書物を出版することになります。ただ、酒井は反ユダヤ主義と親ユダヤ主義が混然一体となった日本人キリスト者であり、天皇崇拝者のエルサレム認識の一つの極端な事例だという点からは興味深い人物だともいえます（以上については臼杵陽「日本におけるシオニズムへの関心の端緒—日露戦争から大戦間期までを中心に」臼杵陽監修、赤尾光春・早尾貴紀編『シオニズムの解剖—現代ユダヤ世界におけるディアスポラとイスラエルの相克』人文書院、二〇一一年、三二五〜三五〇頁、を参照してください）。

**日本政府のユダヤ難民問題**

一九三九年九月にヨーロッパで第二次世界大戦が勃発する前の日本は、ナチス・ドイツ占領下のヨーロッパから東アジアに避難してきたユダヤ人をどのように扱うかという問題にその関心を集中しており、パレスチナとは直接的にあまり関係なかったといえます。むしろユダヤ人問題の背景にある真の標的はアジア太平洋地域で影響力をもつアメリカでした。日本政府はユダヤ難民問題に対応するために、回教及猶太問題委員会を一九三八年四月、外務省に設置しました。その目的は、「満州、支那、内蒙、外蒙、中央亜細亜（ソ連）における回教徒・猶太人対策の立案」でしたが、「本委員会ハ回教及猶太問題ノ根本対策ヲ検討シ併セテ関係官庁間ニ統一的ニ事務処理スル為打合セヲ為スヲ目的トス」としており、構成員は外務次官（委員長）、外務省東亜局長、欧亜局長、米州局長、陸軍省軍務局長、参謀本部第二部長、海軍省軍務局長、軍令部第三部長でした。さらに、「猶太人対策要綱」が一九三八（昭和一三）年一二月に五相会議（首相、蔵相、外相、陸海軍大臣で構成）で決定されます。「（独伊）盟邦ノ排斥スル猶太人ヲ積極的ニ帝国ニ抱擁スルハ原則トシテ避クヘキモ之ヲ独国ト同様極端ニ排斥スルカ如キ態度ニ出ツルハ啻《ただ》ニ帝国ノ多年主張シ来レル人種平等ノ精神ニ合致セサルノミナラス現ニ帝国ノ直面セル非常時局ニ於テ戦争ノ遂行特ニ経済建設上外資ヲ導入スルノ必要ト対米関係ノ悪化スルコトヲ避クヘキ観点ヨリ不利ナル結果ヲ招来スルノ虞大ナルニ鑑ミ左ノ方針ニ基キ之ヲ取扱フモノトス」（丸括弧内は引用者による）というものです。

日本はユダヤ人を積極的に受け入れることはしないが、かといってドイツのように極端な排斥もしないという立場をとります。その理由は、パリ講和会議以来、日本が唱えてきた人種平等の精神に合わないし、戦争遂行のために外資導入、とりわけユダヤ資本が必要であり（日露戦争の時に日本に融資したユダヤ人ヤコブ・シフの記憶があったのでしょう）、さらにアメリカ経済を牛耳っているであろうユダヤ人の歓心を買うことで対米関係を悪化させないという三点に由来します。

しかし、この対ユダヤ対策は一九四〇（昭和一五）年八月に対英米戦争を決意して、翌月日独伊三国同盟を締結したために破棄されてしまうことになります。

## ユダヤ排斥論の席巻

太平洋戦争中は一転して、大日本回教協会（一九三八年九月設立）の第二代会長の四王天延孝が衆議院議員として唱えるユダヤ排斥論が日本中を席巻することになります。四王天は陸軍の回教・猶太問題の専門家で、シベリア出兵の際にハルビン特務機関長としてユダヤ人と接触し、一九二四年に国際連盟陸軍代表としてジュネーヴに駐在します。四王天は国際政経学会の主要メンバーとして『猶太研究』といった雑誌にも関わり、『ユダヤ思想及運動 付・シオンの議定書』（内外書房、一九四一年）を出版して、戦時下日本社会でユダヤ陰謀論に基づく反ユダヤ主義を声高に唱えました。そして在郷軍人会などの会報を通じて反ユダヤ主義的な考え方は日本中の津々浦々にまで知られるようになっていきます。

他方で、大日本回教協会には調査部があり、そこには戦後、マルクス主義哲学者として知られるようになる古在由重《こざいよししげ》が海外向け短波放送の原稿を書いていました。エルサレムのムフティーのハーッジ・アミーンに関する記事も残っています。大東亜共栄圏に多数居住するムスリムの動員という緊急を要する政治問題は、ナチスと手を組んだパレスチナ人の宗教指導者との連携の模索というかたちであらわれることになるのです。

戦前・戦中の日本のパレスチナ問題とのかかわりを何人かの個人を通してみたのは、戦後のパレスチナとの関係との対照性を考え直してみたいからです。というのも、日本はアジア・太平洋戦争終了後から一九五二年まではアメリカの占領下にあったために、パレスチナとの関係はまさに「無関係の関係」でした。この占領期間中、パレスチナ問題は国連パレスチナ分割決議案、イスラエル建国、そしてアラブ・イスラエル紛争の勃発といった重大事件が起こり、パレスチナ問題はどんどんと深刻化していきました。しかし、日本はこのような事態の推移の中でアメリカ占領下にあったためにまったくかかわることがなかったのです。

そのため、戦前・戦時中、とりわけ第一次世界大戦直後の日本のパレスチナ問題とのかかわりがいっさい忘れ去られて、「日本はパレスチナ問題に手を汚していない」といった言説が戦後、広まることになりました。けっしてそんなことはなかったことは日本のサンレモ会議への参加でもわかります。

### 主権回復後、イスラエルを承認

サンフランシスコ講和条約を経て日本は一九五二年四月に主権を回復します。日本はその翌月にはいち早くイスラエルを承認し、イスラエル公使館が東京に開設されます。また、日本も一九五五年には公使館をテル・アヴィヴに開設し、一九六三年に双方の公使館は大使館に昇格されます。

また、一九六〇年代を通じて、日本ではキブーツ運動がコミューン運動として宣伝されて、多くの若者がキブーツに理想社会を求めてイスラエルに向かうことになりました。さらに、日本イスラエル親善協会が一九八四年に設立され、春日一幸（当時の民社党顧問）が初代会長に就任し、石原慎太郎などが歴任しました。

エルサレム問題を含むパレスチナ問題との関連では戦後、ユダヤ教・キリスト教・イスラーム関係の文献を含めると数多くの書籍が出版されており、ここでその全容についてとうてい踏み込むことはできません。しかし、一言だけ触れておく必要があるのが、イザヤ・ベンダサン『日本人とユダヤ人』（山本書店、一九七〇年）でしょう。ベストセラーになったこの本の本当の著者は山本七平氏であることが現在では明らかになっていますが、一九七〇年代には日本人論として数多くの読者を獲得しました。

その特徴は、聖書に関する編集者としての博覧強記的な知識と現代イスラエルについての豊富な情報を恣意的かつ巧みに構成したものでした。聖書の中のユダヤ教徒でユダヤ人を代表させて現実のイスラエル国家と同一視し、その対極にある日本人の国際認識の甘さを組上に載せて日本人論を展開したエッセイです。このような叙述スタイルは、大正期以来の日本のユダヤ人論としては正統的ともいえます。

聖書に表象されるユダヤ人に関する日本人の固定的なイメージを語りつつ、厳しい国際政治の現実を知らない日本人に対して権謀術数が渦巻く権力政治を激しい差別と迫害にもかかわらず生き延びてきた逞《たくま》しいユダヤ人やイスラエル国家を称賛するという親ユダヤ的議論でありながら、その根底にはユダヤ人を特別視するという意味では反ユダヤ主義的な発想にもつながってしまうユダヤ人論の古典的なパターンです。

また、日本は水と安全がタダだと思っているという著者自身の国防観をイスラエル国家や離散ユダヤ人の歴史的体験を引き合いにだして主張するというのも、中東における軍事大国イスラエルのタカ派的側面を代表するイスラエル観であるともいえますし、「彷徨《さまよ》えるユダヤ人」の離散イメージに立脚したものだといえます。むしろ日本人論としての問題は、そのようなユダヤ人認識のあり方自体が「反ユダヤ主義」的姿勢だと自覚されないところにあります。

## PFLPと日本赤軍合流

他方、日本とパレスチナとのかかわりはパレスチナ解放運動が高揚する一九七〇年代以降ということになります。それまではパレスチナ問題は「アラブの大義」の一部であり、それ自体として話題になることはありませんでした。しかし、一九六七年の第三次中東戦争以降、ファタハをはじめとするパレスチナ解放運動が、アラブ統一を目指すアラブ民族運動から自立して活発化することで注目を集めることになりました。

とりわけ、マルクス・レーニン主義を唱えるPFLP（パレスチナ解放人民戦線）はハイジャック闘争を機軸に反イスラエル武装闘争を展開しました。重信房子らの日本赤軍もレバノンに拠点を置くPFLPに合流して、イスラエルと戦い、岡本公三ら日本赤軍の一部は一九七二年五月にロッド空港（現ベングリオン空港）で乱射事件を引き起こしました。岡本はイスラエルでの裁判では終身刑を言い渡されて服役していましたが、一九八五年にイスラエルとPFLP－GC（パレスチナ解放人民戦線総司令部）との捕虜交換により釈放され、現在はレバノンにいるといわれています（パレスチナ連帯運動の詳しい歴史については、板垣雄三「特別寄稿　日本パレスチナ医療協会の軌跡」『日本パレスチナ医療協会（JPMA）の四半世紀』CD—ROM版、二〇一一年、を参照してください）。

この日本赤軍の問題は一九七〇年代の新左翼運動の国際的連帯の文脈で改めて評価しなければならぬことはもちろんですが、同時に戦前から連綿と続く民間レベルにおけるアジア主義的な連帯と関連させて再度考えてみる必要があります。日本のパレスチナ支援は被抑圧の立場にある弱者とのつながりを強調しており、イスラエル側からはメディアを含む日本の「判官《ほうがん》びいき」として、揶揄《やゆ》的かつ冷笑的に指摘されることがしばしばですが、日本・パレスチナ関係史を改めて検証する際の重要なテーマの一つといえます。

日本・パレスチナ関係史の政治的側面について簡単に触れると、やはり画期となる事件は一九七七年二月にPLO東京事務所が開設されたことでしょう。この開設は日本とイスラエルとの外交関係の樹立に遅れること四半世紀ですが、この時間的な隔絶が日本との関係を象徴しているといえます。七九年六月に日本・パレスチナ友好議員連盟が設立されました。連盟の事務局長は山口淑子（李香蘭）参議院議員でした。旧満州で生まれ育った山口は、パレスチナ人のみならず、離散ユダヤ人の境涯をもよく理解できたのでしょう。八九年にはアラファートPLO議長の初来日が実現します。

PLO東京事務所は同時にパレスチナ総代表部に格上げされますが、非国家主体としては苦難の道を歩まざるを得ませんでした。湾岸戦争後の一九九五年六月にアラブ湾岸産油国からの援助停止で資金難により閉鎖され、二〇〇三年九月に在京パレスチナ常駐総代表部としてようやく再開に漕ぎ着けました。

## 欧米経由の聖地認識

一九九一年一月に勃発した湾岸戦争以降の日本政府とイスラエルおよびパレスチナとの関係は、中東政策の文脈では基本的に日米関係の変数として捉えることができます。一九七三年の第四次中東戦争時の石油危機以降、エネルギー安全保障という観点からアラブ連盟加盟国のイスラエル・ボイコットという路線に沿って、アジア外交の一環として中東外交が展開され、石油・天然ガスなどのエネルギーの安定供給が最大の政策的課題でした。

しかし、一九九一年の湾岸戦争以降、日本は国際貢献をアメリカから強く求められることになり、安全保障にその重点を移していきます。日本の対イスラエル・パレスチナ関係も日米同盟の観点から判断されるようになります。そのため、日本独自の中東政策の模索は事実上、不可能になってしまうのです。パレスチナ問題に関して独自の立場から日本が関与していく可能性がなかなか見えてこないのも、日米同盟に基づいて日本の安全保障政策が立案されている以上、致し方のない日本外交の現状といわなければなりません。

このように、日本と聖地を抱え込むパレスチナあるいはイスラエルとの関係を歴史的に展望してみると、率直に言って、欧米の国ぐにや人びとの聖地とのつながりとの比較では、まったく雲泥の差があります。むしろこのような遠い関係こそが日本と聖地との関係の特徴といってしまうこともできます。同時に日本人の聖地観も、この国が脱亜入欧を目指して以来、ずっと欧米経由のものだということも指摘できます。

そのような偏向的な聖地認識のあり方が日本とパレスチナあるいはイスラエルとの関係、ひいては中東との関係を規定してきたといっても過言ではありません。

# おわりに

これまで一五講にわたってパレスチナ問題の歴史を、それぞれの時代相を象徴する事件あるいはトピックを適宜切り抜きながら概観してきました。

第一部では三つの一神教の相互関係から始めて、十字軍、東方問題までを、第二部では帝国主義時代から第一次世界大戦後の英仏支配、第二次世界大戦後の米ソ冷戦期におけるアラブ・イスラエル紛争のうち第三次中東戦争に至るまでの時期を、そして第三部ではパレスチナ／イスラエル紛争への変質（アラブ・イスラエル紛争のパレスチナ化）から、湾岸戦争後のアメリカ単独一極支配とそのアメリカの覇権の終焉、アラブ革命の勃発までを取り扱いました。そして第15講では日本とパレスチナ問題の関係について、各時代を象徴する人物を中心に取り上げて素描を試みました。

世界史の中のパレスチナ問題を考えるにあたって、現代という視点から重要だと思われる事件を切り抜いて解釈を加えるという作業を通じて、私たちは今、何を学ぶことができるのでしょうか。パレスチナ問題の解決はむずかしいというのはいわば常套的な表現ですが、歴史的な解釈の積み重ねの上に築かれた、「現代」から見たそれぞれの時代における諸相はパレスチナ問題が抱え込む世界的な重層構造の中で形成されたことを認識させられます。

世界史とは「統一的な連関をもつところの全体としてとらえられた人類の歴史」ということであれば、本書は、一神教の聖地という観点からは「世界の中心」であり、同時に中東地域の一部という観点からは「世界の周縁」でもある両義的な性格をもった、パレスチナという地域から見た世界史ということになります。ヒト・モノ・カネ・情報が国境を超えて瞬時に行き交うグローバル化の時代において、パレスチナ問題を通して世界史を再考することは、問題自体が現在進行形で進みつつあり、また現代世界が直面する矛盾を集中的に抱え込んでいるがゆえに、いよいよ重要になりつつあります。

パレスチナ問題は人類の叡智をかけて必ずや解決しなければならない世界史的な課題だからです。

私自身、かつてパレスチナ問題を語ることは人類の解放を語ることにつながるのだという確信をもち、差別や抑圧のない社会を作るための一助になりたいという理想に燃えていたことがありました。しかし、現実のパレスチナが置かれている政治的状況はひじょうに厳しく、現在ではさらに絶望的なものになっています。なぜこのような不正・不義が放置され続けるのかと憤ったりして、私自身の歴史認識が常に問い直されることばかりでした。このような新書を著すことによって問題の所在を明らかにして解決の方向性を見出そうと試みたのですが、いっそう深い森に迷い込んだ感じで、むしろ将来的な展望が見えなくなってしまったというのが本音といったところです。

ただ、世界史という大きな枠組みの中でパレスチナ問題をもう一度考え直す必要に迫られたのは、解決を準備したはずの一九九三年のオスロ合意が締結されて以降、すでに二〇年もの歳月が流れているにもかかわらず、何の解決の見通しも立っていないことへの苛立ちと同時に無力さからでした。パレスチナ人自身はもっと苛立ち、あるいは絶望に追い込まれていることでしょう。同時にイスラエルの人びとも違ったレベルからでしょうが同じような感情にとらわれているはずです。「はじめに」にも記したように、「平和」がサラームであるかシャロームであるかで、あまりにも隔たりが大きすぎるのです。

そのような状態の中で、パレスチナ問題をめぐる国家間の冷酷なパワーポリティックスが進行する現実を冷静な眼で一歩引いたところから見続けたいという気持ちが生まれたことも確かです。

私がオスロ合意のニュースを、佐賀大学という地方国立大学で教鞭をとっているときに聞いたとき最初によぎったのは、イスラエル占領地以外の離散のパレスチナ人の運命はどうなるのかということでした。すでにその時点でそれなりの年月、パレスチナ問題に付き合ってきた後だったので、その時の直観はヨルダン川西岸・ガザ以外のパレスチナ人を「棄民」してしまうのではないかという懸念でした。が、やはり当時感じたことは大事にすべきことだったのかもしれません。今、パレスチナ問題を解決するうえで突き当たっている高くて厚い壁は、イスラエルという内向きになった国家と社会そのものが抱え込む問題です。と同時に指摘しなければならないのは、国家と民族中心のエゴですが、やはり同じ土地で同じ国家を分け合うことをいかにして可能にするかという問いすらも問われなくなってしまったことは和平から遠ざかってしまったことの証左でしょう。

　離散のパレスチナ人が「棄民」とならないために祖国への帰還権を保障するということが、国民国家という排他的な制度的枠組みの桎梏《しっこく》によって棚上げになってしまっている現状があるからです。この点に関してはやはりアメリカという超大国の担う責任は重いと考えます。したがって、本書でもパレスチナ問題でのアメリカの果たしてきた役割についても意識的に前面に押し出しました。

　これまで大学の講義などでパレスチナ問題の歴史を語ってきました。しかし、私自身が構想するパレスチナ問題の歴史を語るには適当な教科書がありませんでした。いつかは私なりのテキストを作らねばと思いつつもなかなかそのような機会がめぐってきませんでした。

本書の構想の大枠は、板垣雄三・東京大学名誉教授がパレスチナ問題に関してこれまで執筆・講演などを通していろいろなところで提唱されてきた内容に依拠しています。その意味では、本書をこのようなかたちで刊行できることについては何よりもまず、板垣先生に感謝申し上げなければなりません。もちろん、本書は私自身の責任において執筆したものであり、板垣先生の議論や考え方とは異なる点が多々あることは言うまでもありません。むしろ私としては、板垣先生の気宇壮大な議論に接する機会のなかった若い世代の方々に本書を批判的に読んでいただいて、新たなパレスチナ問題の歴史を考えるきっかけにしてもらいたいという期待があります。本書は私なりにこれまで世界史の中でパレスチナ問題を考えるという課題に立ち向かった、とりあえずの現時点での帰結だからです。

最後に、講談社現代新書編集部の岡部ひとみさんに感謝申し上げなければなりません。岡部さんが最初にご提案下さった構想とはまったく違った内容になってしまいました。また脱稿が大幅に遅れて最後の最後までご迷惑をおかけしたことを心よりお詫び申し上げます。

二〇一二年八月吉日　目白台の研究室にて

## 今後の読書案内のための文献一覧

（本書で言及した内容は広範多岐にわたっているため、この文献一覧は網羅的なものではないことをあらかじめお断りしておきます。今後の読書案内として、あるいは本書に密接にかかわる文献を限定的に挙げています。ただし、外国語文献に関しては文献一覧中の拙論を参照して下さい。また、本書は同拙論と内容的に一部重なっています）

### 総論

板垣雄三『石の叫びに耳を澄ます—中東和平の探索』平凡社、一九九二年。

臼杵陽『中東和平への道』世界史リブレット、山川出版社、一九九九年。

臼杵陽『イスラエル』岩波新書、二〇〇九年。

永井道雄監修、板垣雄三編『新・中東ハンドブック』講談社、一九九二年（特に、第1章「中東へのアプローチ」）。

中岡三益『アラブ近現代史—社会と経済』岩波書店、一九九一年。

三木亘『世界史の第二ラウンドは可能か—イスラム世界の視点から』平凡社、一九九八年。

### 第一部　パレスチナという場所

第1講　パレスチナという地域とその宗教と言語

宇野昌樹『イスラーム・ドルーズ派—イスラーム少数派からみた中東社会』第三書館、一九九六年。

菅瀬晶子『新月の夜も十字架は輝く—中東のキリスト教徒』山川出版社、二〇一〇年。

中東教会協議会編、村山盛忠・小田原緑訳『中東キリスト教の歴史』日本基督教団出版局、一九九三年。

久松英二『ギリシア正教　東方の知』講談社選書メチエ、二〇一二年。

森安達也『東方キリスト教の世界』山川出版社、一九九一年。

若林啓史『聖像画論争とイスラーム』知泉書館、二〇〇三年。

第2講　ユダヤ教から見たキリスト教と反ユダヤ主義の起源

加藤隆『一神教の誕生―ユダヤ教からキリスト教へ』講談社現代新書、二〇〇二年。

S．サフライ著、カトリック聖書委員会監修『キリスト教成立の背景としてのユダヤ教世界』サンパウロ、一九九五年。

S．サンド著、高橋武智監訳、佐々木康之・木村高子訳『ユダヤ人の起源―歴史はどのように創作されたのか』ランダムハウス講談社、二〇一〇年。

C．ファーブル＝ヴァサス著、宇京頼三訳『豚の文化誌―ユダヤ人とキリスト教徒』柏書房、二〇〇〇年。

D．フルッサル、G．ショーレム他著、手島勲矢訳『ユダヤ人から見たキリスト教』山本書店、一九八六年。

前島誠『増補版　ナザレ派のイエス』、春秋社、二〇〇九年。

第3講　イスラームから見たユダヤ教とキリスト教

井筒俊彦『コーランを読む』岩波書店、一九八三年。

H．A．R．ギブ著、加賀谷寛訳『イスラム入門』講談社学術文庫、二〇〇二年。

小杉泰『イスラームとは何か―その宗教・社会・文化』講談社現代新書、一九九四年。

小杉泰『ムハンマド―イスラームの源流をたずねて』山川出版社、二〇〇二年。

中村廣治郎『イスラム教入門』岩波新書、一九九八年。

藤本勝次『マホメット―ユダヤ人との抗争』中公新書、一九七一年。

第4講　ヨーロッパ対イスラーム―「一四九二年」という転換点

K．アームストロング著、塩尻和子・池田美佐子訳『聖戦の歴史―十字軍遠征から湾岸戦争まで』柏書房、二〇〇一年。
S.ヴィーゼンタール著、徳永恂・宮田敦子訳『希望の帆―コロンブスの夢 ユダヤ人の夢』新曜社、一九九二年。
佐藤次高『イスラームの「英雄」サラディン―十字軍と戦った男』講談社選書メチエ、一九九六年。
F.フェルナンデス=アルメスト著、関口篤訳『1492 コロンブス―逆転の世界史』青土社、二〇一〇年。
A.マアルーフ著、牟田口義郎・新川雅子訳『アラブが見た十字軍〔改訳版〕』ちくま学芸文庫、二〇〇一年。
W.モンゴメリ・ワット著、三木亘訳『地中海世界のイスラム―ヨーロッパとの出会い』ちくま学芸文庫、二〇〇八年。

第5講 オスマン帝国と東方問題

新井政美『オスマン vs.ヨーロッパ―〈トルコの脅威〉とは何だったのか』講談社選書メチエ、二〇〇二年。

新井政美『オスマン帝国はなぜ崩壊したのか』青土社、二〇〇九年。

鈴木董『オスマン帝国―イスラム世界の「柔らかい専制」』講談社現代新書、一九九二年。

鈴木董『ナショナリズムとイスラム的共存』千倉書房、二〇〇七年(鈴木董『イスラムの家からバベルの塔へ―オスマン帝国における諸民族の統合と共存』リブロポート、一九九三年、の増訂)。
A.パーマー著、白須英子訳『オスマン帝国衰亡史』中央公論社、一九九八年。

## 第二部 列強の対立に翻弄されるユダヤ人とアラブ人

第6講 帝国主義時代の宗教、民族、人種

H.アーレント著、大久保和郎他訳『全体主義の起原』全三巻、みすず書房、一九七二年。
G.アントニウス著、木村申二訳『アラブの目覚め―アラブ民族運動物語』第三書館、一九八九年。
加藤博『「イスラム vs.西欧」の近代』講談社現代新書、二〇〇六年。

木畑洋一『イギリス帝国と帝国主義―比較と関係の視座』有志舎、二〇〇八年。
G．M．フレドリクソン著、李孝徳訳『人種主義の歴史』みすず書房、二〇〇九年。
L．ポリアコフ著、菅野賢治・合田正人他訳『反ユダヤ主義の歴史』全五巻、筑摩書房、二〇〇五～二〇〇七年。
W．ラカー著、高坂誠訳『ユダヤ人問題とシオニズムの歴史』第三書館、一九九四年。

第7講　第一次世界大戦とパレスチナ委任統治
臼杵陽「パレスティナ・アラブ反乱」歴史学研究会編『戦争と民衆―第二次世界大戦』（『講座世界史』第八巻）東京大学出版会、一九九六年、七九―一〇八頁。
E．H．カー著、原彬久訳『危機の二十年―理想と現実』岩波文庫、二〇一一年。
佐々木雄太『三〇年代イギリス外交戦略―帝国防衛と宥和の論理』名古屋大学出版会、一九八七年。

中野好夫『アラビアのロレンス〔改訂版〕』岩波新書、一九六三年。

藤田進『蘇るパレスチナ―語りはじめた難民たちの証言』東京大学出版会、一九八九年。
D．フロムキン著、平野勇夫・椋田直子・畑長年訳『平和を破滅させた和平―中東問題の始まり〔一九一四―一九二二〕』上下巻、紀伊國屋書店、二〇〇四年。
S．ムーサ著、牟田口義郎・定森大治訳『アラブが見たアラビアのロレンス』中公文庫、二〇〇二年。

第8講　第二次世界大戦と国連パレスチナ分割決議案
芝健介『ホロコースト―ナチスによるユダヤ人大量殺戮の全貌』中公新書、二〇〇八年。
M．トケイヤー・M．シュオーツ著、加藤明彦訳『河豚計画』日本ブリタニカ、一九七九年。
野村真理『ホロコースト後のユダヤ人―約束の土地は何処か』世界思想社、二〇一二年。

阪東宏『日本のユダヤ人政策 1931―1945―外交史料館文書「ユダヤ人問題」から』未來社、二〇〇二年。

丸山直起『太平洋戦争と上海のユダヤ難民』法政大学出版局、二〇〇五年。

森まり子『シオニズムとアラブ―ジャボティンスキーとイスラエル右派　一八八〇～二〇〇五年』講談社選書メチエ、二〇〇八年。

第9講　イスラエル国家建設とナクバ

H・アーレント著、大久保和郎訳『イェルサレムのアイヒマン―悪の陳腐さについての報告〔新装版〕』みすず書房、一九九四年。

臼杵陽『見えざるユダヤ人―イスラエルの〈東洋〉』平凡社選書、一九九八年。

臼杵陽「イスラエル現代史における『修正主義』―『新しい歴史家』にとっての戦争、イスラエル建国、そしてパレスチナ人」歴史学研究会編『歴史における「修正主義」』青木書店、二〇〇〇年、五五―八一頁。

広河隆一編『パレスチナ1948　NAKBA』合同出版、二〇〇八年。

N・G・フィンケルスタイン著、立木勝訳『イスラエル擁護論批判―反ユダヤ主義の悪用と歴史の冒瀆』三交社、二〇〇七年。

Y・M・ラブキン著、菅野賢治訳『イスラエルとは何か』平凡社新書、二〇一二年。

第10講　アラブ・イスラエル紛争の展開

泉淳『アイゼンハワー政権の中東政策』国際書院、二〇〇一年。

臼杵陽「一九五〇年代におけるアラブ・イスラエル紛争―イラクおよびエジプトからイスラエルへのユダヤ人移民を手がかりにして」『国際政治』第一〇五号、日本国際政治学会、一九九四年一月、三〇―四四頁（臼杵陽『見えざるユダヤ人』平凡社選書、一九九八年、に所収）。

D・コンシャーボク・D・アラミー著、臼杵陽監訳『双方の視点から描く　パレスチナ／イスラエル紛争史』岩波書店、二〇一一年。

佐々木雄太『イギリス帝国とスエズ戦争―植民地主義・ナショナリズム・冷戦』名古屋大学出版会、一九九七年。

高橋和夫『アラブとイスラエル―パレスチナ問題の構図』講談社現代新書、一九九二年。

中岡三益『アメリカと中東―冷戦期の中東国際政治史』中東調査会、一九九八年。

## 第三部 「アメリカの平和《パクス・アメリカーナ》」の終わりの始まり

### 第11講 第三次中東戦争以降のパレスチナ問題とイスラエル

臼杵陽「中東戦争とパレスチナ問題」樺山紘一他編『岩波講座世界歴史 経済成長と国際緊張』第二六巻 岩波書店、一九九九年、二〇七―二二五頁。

臼杵陽『原理主義』岩波書店、一九九九年。

臼杵陽「パレスチナにおけるナショナリズムの起源と展開―『パレスチナ革命』への道」酒井啓子・臼杵陽編『イスラーム地域研究叢書 第五巻 イスラーム地域の国家とナショナリズム』東京大学出版会、二〇〇五年、一五五―一八四頁。

G・ケペル著、中島ひかる訳『宗教の復讐』晶文社、一九九二年。

奈良本英佑『パレスチナの歴史』明石書店、二〇〇五年。

広河隆一『パレスチナ〔新版〕』岩波新書、二〇〇二年。

### 第12講 冷戦終焉後の中東和平の挫折

臼杵陽『世界化するパレスチナ／イスラエル紛争』岩波書店、二〇〇四年。

酒井啓子『〈中東〉の考え方』講談社現代新書、二〇一〇年。

立山良司『中東和平の行方―続・イスラエルとパレスチナ』中公新書、一九九五年。

錦田愛子『ディアスポラのパレスチナ人―「故郷」とナショナル・アイデンティティ』有信堂高文社、二〇一〇年。

船津靖『パレスチナ―聖地の紛争』中公新書、二〇一一年。

森戸幸次『中東和平構想の現実―パレスチナに「二国家共存」は可能か』平凡社新書、二〇一一年。


第13講　九・一一事件後のパレスチナ／イスラエル紛争
板垣雄三編『「対テロ戦争」とイスラム世界』岩波新書、二〇〇二年。

板垣雄三『イスラーム誤認―衝突から対話へ』岩波書店、二〇〇三年。

臼杵陽『イスラムの近代を読みなおす』毎日新聞社、二〇〇一年。

臼杵陽『イスラームはなぜ敵とされたのか―憎悪の系譜学』青土社、二〇〇九年。

小杉泰編『増補版　イスラームに何がおきているか―現代世界とイスラーム復興』平凡社、二〇〇一年。

寺島実郎・小杉泰・藤原帰一編『「イラク戦争」―検証と展望』岩波書店、二〇〇三年。


第14講　アラブ革命とパレスチナ問題の現状
臼杵陽『アラブ革命の衝撃―世界でいま何が起きているのか』青土社、二〇一一年。

臼杵陽「アラブ革命は中東に何をもたらすか」『世界』第八一九号、岩波書店、二〇一一年七月号、二二八―二三四頁。

臼杵陽「ポスト・アメリカ時代に向から中東とイスラエル」『現代思想』第三九巻第一三号、青土社、二〇一一年九月、四八―五八頁。

酒井啓子編『〈アラブ大変動〉を読む――民衆革命のゆくえ』東京外国語大学出版会、二〇一一年。

水谷周編著『アラブ民衆革命を考える』国書刊行会、二〇一一年。

長沢栄治『エジプト革命―アラブ世界変動の行方』平凡社新書、二〇一二年。

山内昌之『中東　新秩序の形成―「アラブの春」を超えて』NHKブックス、二〇一二年。

第15講　パレスチナ問題と日本

浅見定雄『にせユダヤ人と日本人』朝日新聞社、一九八三年。

臼杵陽監修、赤尾光春・早尾貴紀編『シオニズムの解剖―現代ユダヤ世界におけるディアスポラとイスラエルの相克』人文書院、二〇一一年。

B・シロニー著、立木勝訳『ユダヤ人と日本人の不思議な関係』成甲書房、二〇〇四年。

杉田英明『日本人の中東発見―逆遠近法のなかの比較文化史』東京大学出版会、一九九五年。

宮沢正典『増補版　ユダヤ人論考―日本における論議の追跡』新泉社、一九八二年。

牟田口義郎『地中海世界を見た日本人―エリートたちの異文化体験』白水社、二〇〇二年。

N.D.C. 316.88　423p　18cm
ISBN978-4-06-288189-0

講談社現代新書　2189

世界史《せかいし》の中《なか》のパレスチナ問題《もんだい》

二〇一三年一月二〇日第一刷発行　二〇二三年一一月二七日第八刷発行

著者　臼杵《うすき》陽《あきら》

発行者　髙橋明男

発行所　株式会社講談社

東京都文京区音羽二丁目一二―二一　郵便番号一一二―八〇〇一

電話　〇三―五三九五―三五二一　編集（現代新書）

〇三―五三九五―四四一五　販売

〇三―五三九五―三六一五　業務

装幀者　中島英樹

印刷所　株式会社ＫＰＳプロダクツ

製本所　株式会社国宝社

定価はカバーに表示してあります　Printed in Japan

## 「講談社現代新書」の刊行にあたって

教養は万人が身をもって養い創造すべきものであって、一部の専門家の占有物として、ただ一方的に人々の手もとに配布され伝達されうるものではありません。

しかし、不幸にしてわが国の現状では、教養の重要な養いとなるべき書物は、ほとんど講壇からの天下りや単なる解説に終始し、知識技術を真剣に希求する青少年・学生・一般民衆の根本的な疑問や興味は、けっして十分に答えられ、解きほぐされ、手引きされることがありません。万人の内奥から発した真正の教養への芽ばえが、こうして放置され、むなしく滅びさる運命にゆだねられているのです。

このことは、中・高校だけで教育をおわる人々の成長をはばんでいるだけでなく、大学に進んだり、インテリと目されたりする人々の精神力の健康さえもむしばみ、わが国の文化の実質をまことに脆弱なものにしています。単なる博識以上の根強い思索力・判断力、および確かな技術にささえられた教養を必要とする日本の将来にとって、これは真剣に憂慮されなければならない事態であるといわなければなりません。

わたしたちの「講談社現代新書」は、この事態の克服を意図して計画されたものです。これによってわたしたちは、講壇からの天下りでもなく、単なる解説書でもない、もっぱら万人の魂に生ずる初発的かつ根本的な問題をとらえ、掘り起こし、手引きし、しかも最新の知識への展望を万人に確立させる書物を、新しく世の中に送り出したいと念願しています。

わたしたちは、創業以来民衆を対象とする啓蒙の仕事に専心してきた講談社にとって、これこそもっともふさわしい課題であり、伝統ある出版社としての義務でもあると考えているのです。

一九六四年四月　野間省一

## 哲学・思想Ⅰ

66 哲学のすすめ——岩崎武雄
159 弁証法はどういう科学か　三浦つとむ
501 ニーチェとの対話——西尾幹二
871 言葉と無意識——丸山圭三郎
898 はじめての構造主義　橋爪大三郎
916 哲学入門一歩前——廣松渉
921 現代思想を読む事典　今村仁司 編
977 哲学の歴史——新田義弘
989 ミシェル・フーコー　内田隆三
1001 今こそマルクスを読み返す　廣松渉
1286 哲学の謎——野矢茂樹
1293 「時間」を哲学する——中島義道

1315 じぶん・この不思議な存在——鷲田清一
1357 新しいヘーゲル——長谷川宏
1383 カントの人間学——中島義道
1401 これがニーチェだ——永井均
1420 無限論の教室——野矢茂樹
1466 ゲーデルの哲学——高橋昌一郎
1575 動物化するポストモダン　東浩紀
1582 ロボットの心——柴田正良
1600 ハイデガー＝存在神秘の哲学——古東哲明
1635 これが現象学だ——谷徹
1638 時間は実在するか　入不二基義
1675 ウィトゲンシュタインはこう考えた　鬼界彰夫
1783 スピノザの世界——上野修

1839 読む哲学事典——田島正樹
1948 理性の限界——高橋昌一郎
1957 リアルのゆくえ——大塚英志 東浩紀
1996 今こそアーレントを読み直す——仲正昌樹
2004 はじめての言語ゲーム——橋爪大三郎
2048 知性の限界——高橋昌一郎
2050 超解読！　はじめてのヘーゲル『精神現象学』　竹田青嗣 西研
2084 はじめての政治哲学　小川仁志
2099 超解読！　はじめてのカント『純粋理性批判』　竹田青嗣
2153 感性の限界——高橋昌一郎
2169 超解読！　はじめてのフッサール『現象学の理念』——竹田青嗣
2185 死別の悲しみに向き合う——坂口幸弘
2279 マックス・ウェーバーを読む——仲正昌樹

## 哲学・思想Ⅱ

13 論語――貝塚茂樹
285 正しく考えるために　岩崎武雄
324 美について――今道友信
1007 日本の風景・西欧の景観――オギュスタン・ベルク　篠田勝英 訳
1123 はじめてのインド哲学　立川武蔵
1150 「欲望」と資本主義――佐伯啓思
1163 「孫子」を読む――浅野裕一
1247 メタファー思考――瀬戸賢一
1248 20世紀言語学入門　加賀野井秀一
1278 ラカンの精神分析――新宮一成
1358 「教養」とは何か――阿部謹也
1436 古事記と日本書紀　神野志隆光
1439 〈意識〉とは何だろうか　下條信輔
1542 自由はどこまで可能か　森村進
1544 倫理という力――前田英樹
1560 神道の逆襲――菅野覚明
1741 武士道の逆襲――菅野覚明
1749 自由とは何か――佐伯啓思
1763 ソシュールと言語学――町田健
1849 系統樹思考の世界――三中信宏
1867 現代建築に関する16章　五十嵐太郎
2009 ニッポンの思想――佐々木敦
2014 分類思考の世界――三中信宏
2093 ウェブ×ソーシャル×アメリカ　池田純一
2114 いつだって大変な時代――堀井憲一郎
2134 いまを生きるための思想キーワード――仲正昌樹
2155 独立国家のつくりかた　坂口恭平
2167 新しい左翼入門――松尾匡
2168 社会を変えるには――小熊英二
2172 私とは何か――平野啓一郎
2177 わかりあえないことから　平田オリザ
2179 アメリカを動かす思想　小川仁志
2216 まんが　哲学入門――森岡正博　寺田にゃんこふ
2254 教育の力――苫野一徳
2274 現実脱出論――坂口恭平
2290 闘うための哲学書――小川仁志　萱野稔人
2341 ハイデガー哲学入門　仲正昌樹
2437 ハイデガー『存在と時間』入門――轟孝夫

Ⓑ

## 宗教

27 禅のすすめ——佐藤幸治
135 日蓮——久保田正文
217 道元入門——秋月龍珉
606 「般若心経」を読む——紀野一義
667 生命《いのち》あるすべてのものに マザー・テレサ
698 神と仏——山折哲雄
997 空と無我——定方晟
1210 イスラームとは何か——小杉泰
1469 ヒンドゥー教 クシティ・モーハン・セーン 中川正生 訳
1609 一神教の誕生——加藤隆
1755 仏教発見！——西山厚
1988 入門 哲学としての仏教 竹村牧男
2100 ふしぎなキリスト教——橋爪大三郎 大澤真幸
2146 世界の陰謀論を読み解く——辻隆太朗
2159 古代オリエントの宗教 青木健
2220 仏教の真実——田上太秀
2241 科学vs.キリスト教——岡崎勝世
2293 善の根拠——南直哉
2333 輪廻転生——竹倉史人
2337 『臨済録』を読む——有馬頼底
2368 「日本人の神」入門——島田裕巳

## 政治・社会

1145 冤罪はこうして作られる　小田中聰樹
1201 情報操作のトリック　川上和久
1488 日本の公安警察――青木理
1540 戦争を記憶する――藤原帰一
1742 教育と国家――高橋哲哉
1965 創価学会の研究――玉野和志
1977 天皇陛下の全仕事――山本雅人
1978 思考停止社会――郷原信郎
1985 日米同盟の正体――孫崎享
2068 財政危機と社会保障――鈴木亘
2073 リスクに背を向ける日本人　山岸俊男 メアリー・C・ブリントン
2079 認知症と長寿社会――信濃毎日新聞取材班
2115 国力とは何か――中野剛志
2117 未曾有と想定外――畑村洋太郎
2123 中国社会の見えない掟　加藤隆則
2130 ケインズとハイエク　松原隆一郎
2135 弱者の居場所がない社会　阿部彩
2138 超高齢社会の基礎知識　鈴木隆雄
2152 鉄道と国家――小牟田哲彦
2183 死刑と正義――森炎
2186 民法はおもしろい――池田真朗
2197 「反日」中国の真実――加藤隆則
2203 ビッグデータの覇者たち――海部美知
2246 愛と暴力の戦後とその後――赤坂真理
2247 国際メディア情報戦――高木徹
2294 安倍官邸の正体――田﨑史郎
2295 福島第一原発事故 7つの謎　NHKスペシャル『メルトダウン』取材班
2297 ニッポンの裁判――瀬木比呂志
2352 警察捜査の正体――原田宏二
2358 貧困世代――藤田孝典
2363 下り坂をそろそろと下る　平田オリザ
2387 憲法という希望――木村草太
2397 老いる家　崩れる街　野澤千絵
2413 アメリカ帝国の終焉　進藤榮一
2431 未来の年表――河合雅司
2436 縮小ニッポンの衝撃　NHKスペシャル取材班
2439 知ってはいけない――矢部宏治
2455 保守の真髄――西部邁

## 世界史I

834 ユダヤ人――上田和夫
930 フリーメイソン――吉村正和
934 大英帝国――長島伸一
968 ローマはなぜ滅んだか　弓削達
1017 ハプスブルク家――江村洋
1019 動物裁判――池上俊一
1076 デパートを発明した夫婦　鹿島茂
1080 ユダヤ人とドイツ――大澤武男
1088 ヨーロッパ「近代」の終焉――山本雅男
1097 オスマン帝国――鈴木董
1151 ハプスブルク家の女たち　江村洋
1249 ヒトラーとユダヤ人　大澤武男
1252 ロスチャイルド家　横山三四郎
1282 戦うハプスブルク家　菊池良生
1283 イギリス王室物語――小林章夫
1321 聖書vs.世界史――岡崎勝世
1442 メディチ家――森田義之
1470 中世シチリア王国――高山博
1486 エリザベスI世――青木道彦
1572 ユダヤ人とローマ帝国　大澤武男
1587 傭兵の二千年史――菊池良生
1664 新書ヨーロッパ史 中世篇　堀越孝一 編
1673 神聖ローマ帝国――菊池良生
1687 世界史とヨーロッパ　岡崎勝世
1705 魔女とカルトのドイツ史――浜本隆志
1712 宗教改革の真実――永田諒一
2005 カペー朝――佐藤賢一
2070 イギリス近代史講義――川北稔
2096 モーツァルトを「造った」男――小宮正安
2281 ヴァロワ朝――佐藤賢一
2316 ナチスの財宝――篠田航一
2318 ヒトラーとナチ・ドイツ　石田勇治
2442 ハプスブルク帝国――岩崎周一

## 日本語・日本文化

105 タテ社会の人間関係 中根千枝
293 日本人の意識構造——会田雄次
444 出雲神話——松前健
1193 漢字の字源——阿辻哲次
1200 外国語としての日本語——佐々木瑞枝
1239 武士道とエロス——氏家幹人
1262 「世間」とは何か——阿部謹也
1432 江戸の性風俗——氏家幹人
1448 日本人のしつけは衰退したか——広田照幸
1738 大人のための文章教室 清水義範
1943 なぜ日本人は学ばなくなったのか——齋藤孝
1960 女装と日本人——三橋順子
2006 「空気」と「世間」——鴻上尚史
2013 日本語という外国語 荒川洋平
2067 日本料理の贅沢——神田裕行
2092 新書 沖縄読本——下川裕治 仲村清司 著・編
2127 ラーメンと愛国——速水健朗
2173 日本人のための日本語文法入門——原沢伊都夫
2200 漢字雑談——高島俊男
2233 ユーミンの罪——酒井順子
2304 アイヌ学入門——瀬川拓郎
2309 クール・ジャパン!? 鴻上尚史
2391 げんきな日本論——橋爪大三郎 大澤真幸
2419 京都のおねだん——大野裕之
2440 山本七平の思想——東谷暁